Mallorca

Zeit für das Beste!

Lothar Schmidt
Holger Leue

BRUCKMANN

INHALT

Palma – City und Hafen

Die Insel der Wünsche   12

PALMA – DIE STADT

1 Centre històric – Altstadt   32

2 Kathedrale La Seu   42

3 Palau Reial de
l'Almudaina   48

4 Museum Es Baluard   50

5 Santa Catalina   52

6 Museum und
Atelier Joan Miró   54

7 Castell Bellver   58

8 Platja de Palma   62

SÜDWESTEN

9 Portals Nous   72

10 Santa Ponça   74

11 Port d'Antratx   78

12 Sant Elm   82

13 Estellencs und
Banyalbufar   86

14 Sa Granja   92

WESTEN & NORDWESTEN

15 Valldemossa   102

16 Reial Cartoixa
de Valldemossa   106

17 Son Marroig   112

18 Deià   118

Wer gerne Süßes mag, wird in Mallorcas Bäckereien bestimmt fündig.

19 Das Tal von Sóller	122
20 Sóller und Port de Sóller	126
21 Tren de Sóller	136
22 Kloster Lluc	140
23 Sa Calobra	146

NORDEN & NORDOSTEN

24 Pollença und Port de Pollença	156
25 Cap de Formentor	164
26 Alcúdia und Port d'Alcúdia	168
27 Naturpark S'Albufera	176
28 Artà und Capdepera	178

MEHR WISSEN

→ Tourismus	66
→ Mallorcas Küche	96
→ Wandern	132
→ Archäologie	180
→ Radfahren	217
→ Mallorcas Weine	230
→ Kolumbus	256

Die Aromen der Insel sind in den Markthallen und Wochenmärkten zu finden.

MEHR ERLEBEN

→ **Das sollten Sie sich nicht entgehen lassen**   **9**

→ **Grand Tour auf vier Rädern**   **150**

→ **Für Kinder und Familien**   **282**

29 Naturpark Halbinsel Llevant   182

30 Cala Ratjada   184

SÜDEN & SÜDOSTEN

31 Cala Millor   190

32 Porto Cristo   194

33 Von Portocolom bis Cala Figuera   196

34 Santanyí   202

35 Colònia de Sant Jordi   204

36 Cabrera Archipel   208

37 Rund ums Cap Blanc   212

INSELMITTE

38 Jardins d'Alfàbia
   und Raixa   222

39 Binissalem   228

40 Alaró   232

41 Inca   234

42 Muro   238

43 Sineu   240

44 Els Calderers   244

45 Porreres und Montuïri   246

46 Manacor   248

47 Felanitx   250

48 Campos   258

49 Llucmajor   260

50 Puig de Randa   262

Oben: Pfau in Porto Cristo
Unten: Berge und Meer: Willkommen an der Costa Nord.

REISEINFOS

Mallorca von A–Z   270

Kleiner Sprachführer   276

Register   286

Impressum   288

DAS SOLLTEN SIE SICH NICHT ENTGEHEN LASSEN

Es ist angerichtet. Guten Appetit!

Auf schmalen Pfaden durchs Gebirge streifen, mit dem Rad die Küste entlangcruisen, in alten Gemäuern das Staunen lernen oder bei echt mallorquinischen Speisen die Vielfalt der Aromen preisen: Das Inselglück sieht für jeden ein bisschen anders aus. Wetten, mindestens einer der elf folgenden Tipps wird Ihnen so gut gefallen, dass Sie zu Hause davon Ihren Freunden erzählen.

❶ Auf dem Fahrrad entlang der Strände von Palma radeln. (S. 15f., 65)
Schon gesehen? Entlang der Bucht von Palma führt ein Radweg ganz nah an der Küste entlang. Dann mal rauf aufs Rad. Mietstationen gibt es reichlich, zum Beispiel bei »Palma on bike«, unterhalb der Kathedrale. Entlang am großen Hafen, den tollen Sandstränden und schönen Promenaden erleben Sie die Bucht von ihrer schönsten Seite. Von Ballermann bis Kreuzfahrtschiff – es gibt viel zu sehen – und alles ohne Steigungen.

❷ Genießen wie ein Mallorquiner (S. 96)
Unter dem Castell von Alaró eine knusprige Lammkeule. In Valldemossa einen dampfenden Teller mit Schweinelende und Kohl. In Algaida ein Tumbet mit Spiegelei, in Sóller ein Orangeneis und in Port d'Alcúdia einen vielgängigen und

9

sternegekrönten Genussgipfel: Was ist schöner, als eine Insel oder ein Land über die besten Gerichte und Küchen kennenzulernen? Die passenden Adressen finden Sie in den Highlight-Kapiteln.

❸ Erleben, wie die Altstadt von Palma erwacht (S. 48)
Es ist kurz nach neun am Morgen, die Sonne bricht durch die Bäume des kleinen Parks unterhalb des Almudaina-Palasts. Ein Parkpfleger geht seiner Arbeit nach, als sei es eine Übung in Meditation. Auch in die stillen Gassen hinter der Kathedrale wirft die Morgensonne ihre goldenen Strahlen. Dort wandelt man durch den wunderbaren Kreuzgang des Klosters Sant Francesç, schaut in die Innenhöfe herrschaftlicher Paläste und landet irgendwann an einem Tresen oder an einem kleinen Tisch bei Café con Leche und einer ofenfrischen Ensaimada.

Wandertraum: die Serra de Tramuntana in der Nähe des Klosters LLuc

❹ Sich in die Kathedrale von Palma stellen und warten, was passiert (S. 42)
Vorsicht, die Kathedrale von Palma ist so schön, so erhebend, dass auch überzeugte Nichtchristen ins Zweifeln kommen. Unter dem hohen Kirchenschiff mit seinen schlanken Säulen hat man das Gefühl, der Raum ziehe und hebe einen an den Schultern. Das Licht, das durch die riesigen Rosetten fällt, macht alles leicht und spirituell. Dass über dem Hauptaltar ein Baldachin aus schwebenden Laternen segelt, verwundert da kaum.

❺ Durch die Serra de Tramuntana wandern (S. 132)
Vor einigen Jahren wäre man für verrückt erklärt worden, wenn man nach Mallorca reisen wollte, um zu wandern. Heute ist es umgekehrt. Wer nicht einmal den Versuch macht, wenigstens ein paar Stunden durch die herrliche Bergwelt der Tramuntana zu stapfen, ja, dem entgeht etwas. Gute Ausgangspunkte sind Deià, das Kloster Lluc und die Wanderparkplätze bei den Stauseen Cúber und Gorg Blau.

❻ In heiligen Höhen den Überblick bewahren (S. 262 f.)
Wo ein Hügel ist, muss auch ein Heiligtum hin. Diesem Credo scheinen die Mallorquiner über Jahrhunderte gefolgt zu sein. Das Ergebnis sind Einsiedeleien, Klöster oder Kapellen mit fantastischer Aussicht – und kurvenreichen Auffahrten. Versuchen Sie es mal mit der Ermita de Sant Salvador in über 500 Meter Höhe oder dem Tafelberg Puig de Randa.

Treppe mit Aussicht: der Kalvarienberg
von Pollença

7 Auf der Ziegeninsel übernachten (S. 208)

Das Zimmer hat keinerlei Luxus. Sogar die Dusche funktioniert nur morgens bzw. abends. Der Handyempfang ist miserabel, und das einzige Lokal schließt um 9 Uhr. Trotzdem oder gerade deshalb ist ein Zwei-Tagesausflug nach Cabrera ein Erlebnis. Die Stille der Insel, der grandiose Sternenhimmel, die Natur des Nationalparks. Cabrera ist Mallorca wie vor hundert Jahren.

8 365 Stufen in Richtung Himmel gehen (S. 156)

Das Künstlerstädtchen Pollença gehört unbedingt auf Ihre Ausflugsliste. Die schöne Altstadt, die malerische Plaça Major, das Kunstmuseum und die Galerien würden ja schon genügen. Es gibt aber noch mehr zu sehen. Hinter der Hauptkirche steigt eine Treppe schnurgerade in die Höhe. Dass dort oben neben der schönen Aussicht auch eine Kapelle wartet, ist typisch für Mallorca.

9 Sich im Kurvenrausch dem Meer nähern (S. 146)

Diese 12,5 Kilometer Asphalt sind eine einzige Hymne auf die Serpentine. Um die 800 Meter Höhendifferenz auf steilem Terrain zu bewältigen, windet sich das schmale Panoramasträßchen sogar einmal um sich selbst. Der sogenannte »Krawattenknoten«, *Nu de sa Corbata*, ist eines der Wahrzeichen Mallorcas. Unten angekommen, wartet das nächste Highlight: die grandiose Schlucht Torrent de Pareis mit Kiesstrand zum Baden.

10 Den Dorfschönheiten Guten Tag sagen (S. 118)

In den autofreien Gassen von Fornalutx stehen Blumenkübel an natursteinernen Hausfassaden. Alles sieht so malerisch aus, als würde gleich ein mallorquinischer Heimatfilm gedreht. Deià ist auch das reinste Bilderbuchidyll. Selbst der Friedhof hat eine Toplage mit Aussicht über Berge und Meer. Orient sieht aus wie das Bethlehem einer Weihnachtskrippenlandschaft. Und was ist mit Pollença, Sineu, Banyalbufar, Binissalem usw.? Sie sind alle gute Gründe für einen romantischen Landgang.

11 In Bilderbuchbuchten baden (S. 197 f., 200)

Die Buchten im Südosten sind der Natur so gut gelungen, dass man kaum glaubt, was man sieht. Zum Beispiel die Cala Mitjana, Cala Mondragó oder Cala S'Almunia. Oder die Cala Varques, Cala Sa Nau oder Cala Llombards: Sie alle sind tief eingeschnittene Buchten, in denen türkisgrünes Wasser an einen hellen Sandstrand schwappt. Einfach traumhaft.

DIE INSEL
der Wünsche

Kennen Sie Mallorca? Sicher kennen Sie die Baleareninsel, auch wenn Sie noch nie da waren. Bestimmt haben Sie Freunde und Bekannte, die gerade aus dem Urlaub zurückgekommen sind, die regelmäßig auf die Insel fliegen, weil sie dort vielleicht ein Haus oder ein Apartment besitzen. Vielleicht sind Ihre Freunde Radsportler, die im Frühjahr Hunderte von Kilometern auf dem Rennradsattel verbringen. Oder Sie kennen ein Paar, das Jahr für Jahr dasselbe Hotel bucht und traurig ist, wenn ihr Lieblingszimmer bereits reserviert ist. Oder Ihr Kollege fliegt regelmäßig zum Golfen auf die Insel, während ein anderer die Serra de Tramuntana als traumhaftes Wandergebiet entdeckt hat.

Die Deutschen lieben Mallorca. Und auch die Schweizer und Österreicher, die Schweden, die Engländer und viele viele mehr. Aber Hand aufs Herz. Tun Ihre Freunde nicht manchmal so, als sei ihnen diese Inselliebe ein wenig peinlich, als schämten sie sich dafür, dass sie wie alle Welt nach Mallorca fliegen? Nun, lassen Sie sich überraschen, lassen Sie die Vorurteile zu Hause und gehen Sie auf Entdeckungstour. Vielleicht ergeht es Ihnen so, wie fast allen Mallorca-Urlaubern: Wenn Sie erst einmal da waren, kommen Sie immer wieder.

Küste der Künstler. Rund um Deià ist die Nordküste besonders malerisch.

Beste Aussicht. Blick auf die Insel Sa Dragonera bei Sant Elm.

Alles gleichzeitig

Die meisten der rund zehn Millionen Besucher, die jedes Jahr auf der Insel landen, kommen im Sommer und verbringen die Zeit an einem der über 200 Strände. Zugegeben, manchmal ist der Rummel schon fast unheimlich. Doch kaum ist man am Flughafen Sant Joan gelandet, oder hat die Fähre von Barcelona angelegt, kann man sich dem Zauber nicht entziehen. All die Klischees und Vorbehalte – sollte es sie denn geben – lösen sich in Nichts auf.
Schon bei der ersten Inselerkundung wird man feststellen: Mallorca ist eine Insel mit vielen Gesichtern – und eine der kurzen Distanzen. Die Welt der Reichen und des Luxus liegt nur wenige Kilometer neben der des Massentourismus, die an die Ferienhaussiedlung wohlhabender Rentner stößt, die wiederum nur wenige Kilometer fahren müssen, um in einer rustikalen Dorfkneipe mit gebrochenem Spanisch oder sogar in katalanischem Dialekt, dem Mallorquin, den Kontakt zu den Einheimischen zu suchen.
Auf einer Fläche von rund 100 mal 80 Kilometern lassen sich die unterschiedlichsten Urlaubsträume ausleben – und unterschiedlichste Welten besuchen. Wo findet man eine derart große Auswahl an außergewöhnlichen Landhotels, Luxushotels und Golfplätzen? Wo am Mittelmeer stoßen Meer und Gebirge so malerisch aufeinander wie an der Costa Nord? Wo gibt es auf engstem Raum so

Strandvergnügen. Noch immer die beliebteste Art, den Sommer auf Mallorca zu verbringen.

viele gute Weingüter und gastronomische Vielfalt, wo können trinkfeste Kegelclubs ebenso glücklich werden wie Ruhe suchende Wanderer?

Mallorca kann so ziemlich alles. Das heißt natürlich nicht, dass alles nur eitel Sonnenschein ist. Der hohe Ausländeranteil schafft Spannungen. Der Wunsch nach einem Häuschen im Süden treibt die Immobilienpreise in Höhen, die sich ein normal verdienender Mallorquiner kaum leisten kann. Der dichte Verkehr, die dichte Besiedlung und das fragile Wechselspiel aus Ökonomie und Natur – all das sind Begleiterscheinungen des Erfolgs. Der Lebensstandard ist hoch, ebenso wie die Anforderungen an ein zivilisiertes Miteinander. Aber, die Insel entwickelt sich schnell. Sie erfindet sich

immer wieder neu. Und das Schöne daran ist, daneben bleibt das Alte erhalten, als ruhender Pol und Referenz, als lebendige Tradition.

Sommer, Sonne und Strand

Die Baleareninsel hat viele schöne Strände, an denen es sich sogar im Herbst noch angenehm baden lässt. An den weiten Buchten von Palma und Alcúdia wuchsen ab den 1960er-Jahren die Tourismuszentren mit ihrer typischen und fast städtischen Architektur. Die Platja de Palma, Badia de Alcúdia, Magaluf, Palma Nova, Paguera, Cala Millor, Cala Ratjada und die Cales de Mallorca sind die Epizentren des Massen- und

Pauschaltourismus. Wer sich für einen dieser Orte entscheidet, möchte eine komfortable Unterkunft mit Pool, mindestens Halbpension, einen nahe gelegenen Strand und auch am Abend etwas unternehmen. Beach und Party bieten die Platja de Palma mit ihrem berühmten »Ballermann« sowie die britisch geprägten Pendants Magaluf und Cala Millor im Nordosten.

Ländlich und grün

Jahrelang haben die Medien das Bild von Mallorca als Partyhochburg gepuscht. Am sogenannten »Ballermann«, so war der Eindruck, wurde all das ausgelebt, was zu Hause tabu ist. Zumindest, wenn nicht gerade Karneval oder eine andere

In der Ebene bei Marratxi stehen die meisten Windmühlen.

Ausnahmesituation zelebriert wird. Die Partymeile an der Platja de Palma gibt es noch. Und gefeiert wird wie eh und je. Aber gemessen an Gesamt-Mallorca ist das Partyareal nicht mehr als ein Randphänomen, und so wird es hier auch behandelt.

Parallel zur Ballermann-Schelte wurde ab den 1990er-Jahren das »andere Mallorca« gepriesen. Statt Strand, Party und Beton wurden Landschaft, Landleben und Häuser aus Naturstein entdeckt. Das ist alles längst bekannt, und längst ist auch das nselinnere touristisch voll erschlossen. Die herrlichen Landschaften sind ideal für Radtouren, für Wanderungen im Gebirge, für entspannte Tage in einem rustikalen Agroturismo, einem kleinen Landhotel oder auf einer Finca. Das Angebot an Unterkünften ist enorm. Darunter befinden sich die womöglich schönsten und geschmackvollsten Häuser, die meist ebenso gute Restaurants besitzen. Auch wenn man von einem authentischen oder ursprünglichen Landleben nicht mehr sprechen mag, gibt es doch so etwas wie ein traditionelles Leben. Dazu gehören die Wochenmärkte, die Dorfkneipen und Landgasthöfe, die kirchlichen Feste und die Freundlichkeit der Bewohner – vor allem, wenn man außerhalb der Hauptsaison unterwegs ist.

Aktiv unterwegs

Entdeckungen in Naturparks, Wanderrouten, Trekkingrouten, Radsport, Vogelbeobachtung, Kajaktouren, prähistorische Fundstätten, Besichtigungen von historischen Fincas oder Weingütern –

auf dem Land kann man viel erleben. Mit seiner abwechslungsreichen Landschaft hat sich Mallorca auch als Ziel für Wanderurlauber einen Namen gemacht. Hauptwandergebiet ist die Serra Tramuntana, die bis auf 1445 Meter ansteigt. Die spektakulärste Route, der Fernwanderweg GR 221, führt über 150 Kilometer an den höchsten Gipfeln der Tramuntana entlang. Schon seit vielen Jahren wird die Insel auch von Radsportlern besucht. Radprofis aus ganz Europa nutzen die guten Strecken und die Infrastruktur jedes Jahr zum Training. Das Frühjahr ist Radsportsaison auf der Insel. Der dritte Schwerpunkt liegt auf dem Golfangebot. Bei milden Temperaturen und angenehmer Meeresluft lässt es sich gut golfen. Entscheidend für den ausgezeichneten Ruf ist die Qualität der Plätze, die gute Erreichbarkeit und das Angebot von rund 40 Luxus- und Golfhotels.

Da es sich bei Mallorca um eine Insel handelt, die von einem oft türkisfarbenen Meer umgeben ist, darf man den Wassersport natürlich nicht vergessen. Von Mai bis Oktober bietet das Wetter meist ideale Bedingungen. Bootsurlauber haben es gut. Sie können in den schönen und abgelegenen Buchten ankern und sehen beeindruckende Felslandschaften etwa am Kap Formentor, an der Steilküste von Cap Fabioler. Rund 500 Charterboote stehen auf der Insel zur Verfügung.

Wann nach Mallorca?

Die Insel präsentiert sich gern als Ganzjahresziel, doch die Wirklichkeit sieht etwas anders aus. Ohne Zweifel kann man im Winter schöne Tage auf Mallorca ver-

Golfen in Traumlage – die Anlage von Alcanada bei Alcúdia

bringen. Allerdings können die, wie schon George Sand und Frédéric Chopin erleben mussten, regenreich und kühl sein. Schnee ist in der Tramuntana keine Seltenheit. Besonders im Januar wird es auch schwierig, eine Unterkunft zu finden, zumindest auf dem Land. In den Touristenzentren ist bis zur Osterwoche nichts los. Wer im Winter kommt, muss also seinen Standort gut wählen. Nichts falsch machen kann man dann mit einem Hotel in Palma. Der Höhepunkt der ruhigen Wintersaison ist die Mandelblüte, die spätestens Anfang Februar beginnt. In dieser Zeit trainieren internationale Radsportteams auf der Insel, während Maler und Fotografen die schönsten Ansichten des Weiß-Rosa-Blütenmeeres suchen. Spätestens ab der Osterwoche haben wieder alle Hotels, Fincas und Hostals geöffnet. Man findet eine blühende, grüne Insel vor, die sich an sonnigen Tagen von ihrer schönsten Seite zeigt. Mit angenehmen Badetemperaturen kann man erst ab Mai, Juni rechnen. In den Monaten März und April ziehen bisweilen heftige Stürme über die Insel. Im Sommer wird es eng und voll. Vor allem im August, der in den Mittelmeerländern der klassische Urlaubsmonat ist, platzt die Insel aus allen Nähten. Bei den mitunter sehr heißen Temperaturen drängt es Urlauber und Inselbewohner an die Strände, wo es entsprechend eng wird. Entspannt und fern vom Gedränge ist es selbst im Sommer in einem Finca-Hotel oder einem Agroturismo-Landhotel. Wer nicht auf die Sommerferien angewiesen ist und trotzdem Sonne und

Feinkost-Klassiker – Colmado Santo Domingo in Palma

sommerliche Temperaturen sucht, sollte sich vielleicht für den September entscheiden. Das Meer ist noch warm und Baden kein Problem. Zum Wandern und Inselerkunden ist diese Zeit ideal. Das gilt auch noch für den Oktober, in dem es aber zu heftigen Regenfällen kommen kann. Besonders stimmungsvoll ist eine Reise zur Weihnachtszeit. Wer hat die schönste Weihnachtskrippe? Das fragen sich die Mallorquiner Jahr für Jahr, gehen von Kirche zu Kirche, von Kloster zu Kloster und Geschäft zu Geschäft und begutachten, was die Meister der Miniaturkunst geleistet haben.

Die Zyklopmauer mit Tor von Ses Països bei Artà

Kunst und Kultur

Sie sind zum ersten Mal auf Mallorca? Was überrascht Sie am meisten, die abwechslungsreichen Landschaften, die hübschen Dörfer im Inselinnern oder das kulturelle Erbe? Ja, Mallorca ist voll von Kunst und Kultur. Zeugnisse aus prähistorischer Zeit, großartige Bauten der Gotik, herrschaftliche Landgüter des Mittelalters und der Neuzeit prägen das Bild der Insel. Die frühesten Kulturleistungen gehen auf das 2. Jahrtausend v. Chr. zurück. Woher die ersten Siedler kamen, weiß man nicht genau, vielleicht von der Iberischen Halbinsel oder von Nordafrika. Jedenfalls brachten sie eine eigenständige Kultur hervor, die Talayot-Kultur. Ab etwa 1400 v. Chr. errichten die Urmallorquiner runde, manchmal auch eckige Steintürme in Megalithbauweise. Zyklopenmauern wie in Ses Països bei Artà schützten die Siedlungen vor feindlichen Angreifern. Die mehrstöckigen Rundbauten dienten als Schutz, Sakralraum oder Grabanlage. Aus Bronze wurden Waffen wie Beile oder Schmuck gefertigt. Mit der Besetzung der Insel durch die Römer im Jahr 123 v. Chr. endet die Talayot-Zeit. Die Römer errichteten die Städte Palma und Pollentia, brachten eine neue Sprache und ab dem 1. Jahrhundert auch nach und nach das Christentum mit. Vielleicht schauen Sie sich in Alcúdia die Reste der ehemaligen römischen Stadt Pollentia an. Dort findet man auch die beste Adresse für Funde aus der Antike: das Museu Monogràfic de Pollentia. Aus römisch-frühchristlicher Zeit sind die Reste der Kirche von Son Peretó in Manacor bemerkenswert. Nach dem Niedergang des Römischen Reiches im 5. Jahrhundert ergreifen die Vandalen die Herrschaft, ehe sich im ersten Drittel des 6. Jahrhunderts das Byzantinische Reich unter Kaiser Justinian die Inselgruppe einverleibte. Was blieb erhalten? Die dürftigen Relikte einer Kapelle bei Porto Cristo und der Kapelle Son Fiol in Santa Maria del Camí. Wer über Mallorca herrschte, als im Jahr 902 die Araber vom spanischen Festland übersetzten, ist nicht ganz klar. Von 902 bis 1229 waren die damals als »östliche Inseln von al-Andalus« bezeichneten Balearen ein Teil der islamischen Welt und machten eine ähnliche Entwicklung durch wie der

Runde Sache – Castell de Bellver in Palma

Staat Córdoba. Zuerst gehörte die Inselgruppe zum Kalifat von Córdoba (902 bis 1015), dann folgte die Eingliederung in das Taifa-Reich von Denia (1015 bis 1076) unter den Emiren Muyahid und Ali. Als dieses Teilreich den Taifa von Zaragoza zugeschlagen wurde, erhielten die Balearen den Status eines unabhängigen Teilreichs unter der Führung der Emire al-Murtadà und Mubashir. 1115 kamen sie unter die Herrschaft der Almoraviden. Schließlich eroberten 1203 die Almohaden die Insel. Aus der 300-jähriger Herrschaft der Araber über Mallorca blieb, was das bauliche Erbe betrifft, wenig erhalten. Die Mauren – wie die arabisch-nordafrikanischen Eroberer in Spanien genannt werden – bauten die Festungen von Capdepera, Alaró, Santueri und das Castell del Rei an der Nordküste aus. In Palma zeugen ein Torbogen in der Stadtmauer und die arabischen Bäder von der vergangenen Epoche. Nachhaltiger blieb der Einfluss in der Landwirtschaft, in der Terrassierung der Härge bei Estellencs und Banyalbufar und ihrer Bewässerung sowie bei der Einbürgerung neuer Kulturpflanzen. Mallorca wurde erst 1229 von den Christen zurückerobert, zu einer Zeit, als die Gotik bereits der vorherrschende Baustil war. Zunächst gehörte die Insel der Krone von Aragón. Nach dem Tod des Eroberers Jaume I. erklärte sein Nachfolger Jaume II. das mallorquinische Königreich gemeinsam mit den nordkatalanischen Grafschaften und der Stadt Montpellier zu einem unabhängigen Königreich, das sich bis 1349 halten konnte. Danach fiel es wieder der kata-

Modernisme – spanischer Jugendstil in Palma

lanisch-aragonesischen Krone zu. Durch den florierenden Seehandel im 13. und 14. Jahrhundert waren die finanziellen Mittel für große Bauvorhaben wie die Kathedrale La Seu, das Castell de Bellver und die Handelsbörse Sa Lotja vorhanden. Diese Bauwerke sind die Höhepunkte sakraler, profaner und militärischer Architektur der Gotik auf den Balearen. Auch das Kloster Sant Francesç in der Altstadt von Palma gehört zu den kulturellen Highlights dieser Zeit. Das Mittelalter prägten Kriege und Unruhen wie die Judenpogrome von 1391 und 1435, die Germanies-Aufstände und der Handwerkeraufstand von 1521–1523. Wichtigster Künstler dieser Epoche ist Guillem Sagrera, der Architekt von Sa Lotja. Seine Fertigkeiten als Bildhauer kann man an der Portada del Mirador der Kathedrale bewundern.

Ende des 19. Jahrhunderts entwickelte sich vor allem in Barcelona der Modernisme, der mit der neoklassizistischen Ästhetik seiner Zeit brach. Natürliche Formen kommen in dieser Spielart des Jugendstils, die sowohl in der Architektur als auch in der Kunst vorkommt, nicht nur als Dekor, sondern auch als konstituierende Elemente zum Einsatz. Dem strenggläubigen Antoní Gaudí (1852–1926), dem wichtigsten Vertreter dieser Kunst, wurde die Neugestaltung des Chors in der Kathedrale von Palma anvertraut. Auch bei der Neugestaltung der Klosterkirche von Lluc im frühen 20. Jahrhundert wirkte er als Berater. Die sehenswertesten Gebäude dieser Epoche sind das Jugendstilmuseum Can Prunera in Sóller und das 1903 fertiggestellte Gran Hotel in Palma.

Um die Jahrhundertwende und bis zum Ausbruch des Spanischen Bürgerkriegs begeistern sich auch zahlreiche Maler für die Landschaften der Serra de Tramuntana. In Pollença scharen sich um den aus Barcelona stammenden Maler Hermen Anglada Camarasa (1871-1959) einige Künstler. Von 1956 bis zu seinem Tod im Jahr 1983 lebt und arbeitet Joan Miró in Palma. Sein ehemaliges Atelier und eine umfangreiche Sammlung sind in Cala Pi bei Palma zu sehen. Auch einer der derzeit erfolgreichsten spanischen Künstler ist Mallorquiner: Miquel Barceló (geb. 1957). Eindrucksvoll ist seine Ausgestaltung der Capella del Santíssim in der Kathedrale von Palma (2007).

Geografie

Mallorca ist die größte Insel der Balearen. Der Name »Balearen« leitet sich vom griechischen Wort für werfen oder schleudern ab. Die Bewohner der Inselgruppe sollen bekannt gewesen sein wegen ihrer Treffsicherheit beim Steinschleudern. Neben Mallorca gehören zu den Balearen die kleinere, nördlich gelegene Insel Menorca sowie die Pityusengruppe mit Ibiza und Formentera. Neben den vier Hauptinseln zählen außerdem noch rund 150 kleinere Inseln wie etwa der südlich gelegene Cabrera-Archipel dazu. Die Inseln entstanden durch Auffaltungen vor mehr als 180 Millionen Jahren und waren ursprünglich mit dem spanischen Festland verbunden.

Die bis zu 1445 Meter hohe Serra Tramuntana an der Nordwestküste verleiht Mallorca seinen besonderen Charakter und ist prägend für das Klima. Fast spiegelbildlich verlaufen entlang der Südostküste die Serres de Llevant, die allerdings nur 561 Meter Höhe erreichen. Dazwischen spannt sich eine fruchtbare Ebene. Diese sowie die beiden Gebirgszüge sind die drei großen Hauptlandschaften Mallorcas. Eine detaillierte Unterteilung unterscheidet sechs unterschiedliche Landschaftszonen: die *comarques*.

Serra de Tramuntana

Das Gebirge zieht sich entlang der Nordwestküste. Im Südwesten beginnt der Höhenzug mit der Insel Sa Dragonera vor Sant Elm und reicht im Norden bis zur Halbinsel Formentor. Die Serra ist zwischen einem und 15 Kilometer breit und hat eine Länge von etwa 90 Kilometern. Nördlich von Sóller erhebt sich der höchste Gipfel, der Puig Major, mit 1445

Die grandiose Bergwelt in der Nähe des Puig Roig

Seit Jahrhunderten gepflegt – die Terrassengärten von Banyalbufar und Estellencs

Metern. Weitere neun Gipfel erreichen eine Höhe von mehr als 1000 Metern. Die Landschaft ist vielfältig, fruchtbare Täler und Schluchten unterbrechen die Berglinien. Bei Port de Sóller gibt es den einzigen natürlichen Hafen der Küste. In dieser Region stehen nur kleine, manchmal steinige Buchten zum Baden zur Verfügung. Ausnahmen sind Port de Sóller und Cala Sant Vincenç mit etwas breiteren Sandstränden. In der Serra regnet es mehr als in den übrigen Teilen der Insel, und die Temperaturen fallen je nach Höhenlage deutlich kühler aus. Im Winter kann sogar Schnee fallen. Seit 2011 gehört die Serra zum UNESCO-Welterbe.

Es Raiguer

Die Region Es Raiguer, eine Übergangs-zone zwischen Gebirge und Ebene, erstreckt sich südöstlich, parallel zur Tramuntana. Sie reicht vom Umland Palmas über Marratxi, Santa Maria del Camí, Alaró bis Alcúdia und ist insge-samt vergleichsweise wasserreich.

Pla de Mallorca

Die zentrale Ebene der Insel wird immer mal wieder von einzelnen Erhebungen wie dem Tafelberg Puig de Randa unter-brochen. Die Ebene wird intensiv für alle Arten von Landwirtschaft genutzt. Wein und Ackerbau, Obst, Mandeln, Oliven und Gemüse werden durch die Berge der Tramuntana vor kalten Winden geschützt. Im Sommer kann es sehr heiß werden, während die Winter mild und frostfrei sind. Am nördlichen Ende der Ebene bei Can Picafort hat sich ein Feuchtgebiet gebildet, das als Naturpark geschützt wurde: Die artenreiche Albufera ist eine wichtige Station für Zugvögel. Ganz in der Nähe ist die weite Bucht Badia de Alcúdia mit ihren kilometerlangen Sandstränden eines der Hauptzentren des Tourismus.

Llevant

Llevant heißt auf Deutsch »Osten« und lässt schon erahnen, wo diese Region liegt. Die Ostküste beginnt mit der Halbinsel Llevant bei Artà und dem Naturpark Serres de Llevant und zieht sich mit dem gleichnamigen Gebirgszug nach Südwesten. Der höchste Berg der Serres ist der Puig de Morei mit 561 Metern. Neben Artà im Norden gehören zu dieser Region die Gemeinden Capdepera, Manacor, Son Servera und Sant Llorenç des Cardassar. Besser bekannt sind die Touristenzentren, die an den Buchten der Küste entstanden sind: Cala Ratjada, Cala Millor, Cales de Mallorca und Porto Cristo.

Das poröse Karstgestein der Ostküste durchziehen etliche Tropfsteinhöhlen. Die Coves d'Artà bei Canyamel sowie die Coves del Drac und Coves dels Harms bei Porto Cristo können besichtigt werden. Neben den touristischen Zentren gibt es einige unbebaute Buchten mit herrlichen Stränden. Klimatisch zeichnet

sich die Region durch kurze, warme und feuchte Winter aus. Der Sommer ist trocken und zum Teil sehr heiß. In Küstennähe kann man es dank der Meerwinde auch im Sommer gut aushalten.

Migjorn

Die südöstliche Spitze Mallorcas nennt sich wie der Wind, der aus dieser Richtung bläst. Der Migjorn schließt an die Ebene Es Pla und die Llevante an. Bis auf die Ausläufer der Serres de Llevant, die mit dem Klosterberg Sant Salvador eine Höhe von 509 Metern erreicht, ist die Region flach. Rund um Campos, dem Zentrum der Region, werden auf den Feldern Johannisbrot und Oliven, Mandeln und Kapern angebaut. Seit Jahrhunderten wird bei Ses Salines Salz aus dem Meer gewonnen. Die flachen Rück-

Eine von vielen – die Tropfsteinhöhle von Artà

haltebecken, in denen das Meerwasser verdunstet, liegen hinter einem Dünengürtel und dem Sandstrand Es Trenc. Vom nahe gelegenen Touristenzentrum Colonia Sant Jordi kann man zum Nationalpark der Cabrera-Inseln übersetzen. Vom Cap de Ses Salines, dem südlichsten Punkt der Insel, hat man einen guten Blick auf den Archipel. Der Migjorn zieht sich im Westen bis S'Arenal, wo er zwischen dem Cap Blanc und der Feriensiedlung Cala Blava als steile Felsküste ans Meer grenzt.

Palma de Mallorca

Die Hauptstadt Palma de Mallorca umschließt die weite Bucht von Palma und gilt als eigene Region. Als Verwaltungssitz reicht sie im Südwesten von Cala Millor bis nach S'Arenal am östlichen Ende der langen Platja de Palma und dem gleichnamigen Tourismuszentrum, das durch den sogenannten »Ballermann« berühmt geworden ist.

Blühende Aussichten für Frühlingsurlauber

Palma ist das politische und wirtschaftliche Zentrum der Autonomen Gemeinschaft der Balearen und geht geschichtlich auf eine römische Stadtgründung zurück. An der Platja de Palma, auf der Höhe von Can Pastilla, liegt der einzige internationale Flughafen der Insel.

Pflanzen

Die Pflanzenwelt der Baleareninsel ist durchweg mediterran. Wie auch in anderen Gebieten des Mittelmeers, wurden in den vergangenen Jahrhunderten die Wälder abgeholzt oder brannten nieder. An ihrer Stelle hat sich die Macchie breitgemacht mit ihrer typischen Mischung aus Mastixsträuchern, wilden Oliven, Kermeseichen, Zwergfächerpalmen, Zistrosen, Rosmarin, Lavendel und Thymian. Eine Sonderform der Macchie ist die Garrigue, die Strauchheidelandschaft, die durch Beweidung entsteht. Wo sich Wälder erhalten haben, wachsen Steineichen und Aleppo-Kiefern. Letztere befinden sich vermehrt auf der Halbinsel Formentor und im südlichen Teil der Tramuntana. In den unbebauten Küsten- und Dünengebieten wachsen Strandhafer, Stranddistel, Wacholder, Dornginster, Strandflieder, Meeresfenchel und andere Arten. Im Feuchtgebiet Albufera bei Can Picafort gibt es vor allem Schilfpflanzen, Binsen, Orchideen, Pappeln, Weißdorn und weitere Arten. Weite Landstriche werden geprägt durch den Anbau von Wein, Mandel-, Johannisbrot- und Olivenbäumen. Orangen und Zitronen wachsen seit Jahrhunderten im Tal von Sóller.

Begegnung im Gebirge. Noch etwa 1000 wilde Ziegen leben auf Mallorca, vor allem in der Serra de Tramuntana und auf der Halbinsel Alcúdia.

Tiere

Die Insellage und die Besiedlung vor Jahrtausenden sind mitverantwortlich, dass es keine wild lebenden großen Säugetiere gibt. 1909 wurden die Knochenreste einer heimischen Bergziegenart gefunden. Die Höhlenziege (*Myotragus balearicus*) gehört zur Gattung der Antilopen und wurde als Haustier gehalten. Der letzte Vertreter dieser Art lebte um 2000 v. Chr. Kaum ein Besucher wird die scheue Ginsterkatze zu Gesicht bekommen. Sie lebt in der Serra de Tramuntana in Steineichen- oder Kiefernwäldern und ist nachtaktiv. Hasen, Kaninchen, Igel sind ebenso anzutreffen wie Schildkröten sowie, besonders zahlreich, Eidechsen. Eine eigene Art hat sich auf der Insel Sa Dragonera entwickelt. Freunde von Fledermäusen können auf ein knappes Dutzend unterschiedlicher Arten treffen Geckos sieht man häufiger, ebenso die harmlose Hufeisennatter.

Giftig ist dagegen der Biss der seltenen Kapuzinernatter. Mallorcas vielfältige Vogelwelt umfasst rund 300 Arten, wobei etwa zwei Drittel von ihnen auf Durchreise sind und auf dem Weg nach oder von Afrika in der Albufera oder im Feuchtgebiet bei Ses Salines eine Rast einlegen. Die riesigen Mönchsgeier waren fast ausgestorben. Dank eines Tierschutzprojektes bei Campanet sind sie auf der Baleareninsel wieder heimisch. Im Meer um Mallorca leben Pott- und Finnwale, Delfine und Tümmler, Tintenfische, Muränen, Barsche und die kulinarisch sehr geschätzten roten Garnelen neben vielen anderen Arten.

Umwelt- und Naturschutz

Angesichts der hohen Bevölkerungsdichte und der jährlich rund 10 Millionen Urlauber fällt die Bilanz zwischen Naturschutz und den wirtschaftlichen Interessen recht positiv aus. Eines der größten Probleme Mallorcas ist der Gebietsschutz.

Ohne den Kampf von Umweltverbänden sähe die Insel wahrscheinlich überall so aus wie in Santa Ponsa oder Cala Millor oder wie an den Hängen von Port d'Andratx. Selbst die Dracheninsel vor Sant Elm wäre mit Ferienhäusern bestückt worden, hätten nicht Umweltschützer vehement protestiert. Wichtigster Akteur, wenn es um das Bewahren der Landschaft, Artenvielfalt und Natürlichkeit Mallorcas geht, ist die Grup Ornitològic Balear i de Defensa de la Naturalesa. Der balearische Verein für Vogelkunde und Naturschutz wurde 1973 gegründet und hat in seiner

Geschichte schon etliche Erfolge aufzuweisen. Ihm ist der Erhalt der Naturräume der Insel Sa Dragonera, der Platja des Trenc, der Cala Mondragó, des kleinen Feuchtgebietes s'Albufereta und des Cabrera-Archipels zu verdanken.

Umweltbewusstes Verhalten, das Ressourcen schont, sollte auch für Urlauber selbstverständlich sein. Derzeit werden nur etwa 20 Prozent des Mülls in Containern gesammelt und wiederverwertet. Der Hausmüll wandert in die Müllverbrennungsanlage Son Reus bei Palma, die vor Jahren erweitert wurde. Um sie auszulasten wird auch Müll aus anderen Ländern importiert und verbrannt.
Viel hat sich in den letzten Jahrzehnten beim Abwasser getan. Kläranlagen kommen verstärkt zum Einsatz und bereiten Abwasser auf, etwa, um damit Golfplätze zu bewässern. Verbesserungsbedarf gibt es noch beim Wasserverbrauch.

Auf Esel und Maultiere trifft man nur noch selten auf Mallorca.

Steckbrief Mallorca

Lage: Mallorca liegt ca. 180 km östlich vom spanischen Festland, auf der Höhe von Valencia. Es ist die größte Insel der Balearen, zu denen auch die Inselgruppe der Pityusen mit Ibiza und Formentera zählt.

Fläche: 3620 qkm (einschließlich der vorgelagerten Inseln)

Küste: 554 km

Hauptstadt: Palma de Mallorca

Flagge:

Amtssprache: Katalanisch und Spanisch (Castellano). Auf der Insel wird neben Spanisch der katalanische Dialekt Mallorquí gesprochen.

Einwohner: 861 000 Menschen leben auf Mallorca. Die größten Städte sind Palma de Mallorca (403 000 Einw.), Manacor (40 000 Einw.) und Inca (31 000 Einw.).

Währung: Euro

Zeitzone: MEZ und MESZ von Frühsommer bis Herbst.

Geografie: Grob lässt sich Mallorca in drei Zonen unterteilen. Im Nordwesten erhebt sich die Serra Tramuntana parallel zum Meer. Der Gebirgszug ist etwa 80 km lang und erreicht mit dem Puig Major eine Höhe von 1445 m. Parallel dazu verläuft an der Ostküste die Serres de Llevant mit max. 561 m Höhe. Dazwischen spannt sich eine fruchtbare Ebene.

Staat und Verwaltung: Mallorca, Menorca, Ibiza und Formentera gehören zum Autonomiegebiet der Balearischen Inseln. Das Autonomiestatut trat 1983 in Kraft und ist mit dem eines deutschen Bundeslandes vergleichbar. Die Hauptstadt ist Palma de Mallorca, wo auch die Regierung, das Govern de les Illes Baleares, ihren Sitz hat. Sie wird alle vier Jahre gewählt. Das Parlament wählt den Regierungschef. Wie auch Menorca und Ibiza, wird Mallorca von einem Inselrat (*Consell Insular*) verwaltet. Die Insel ist in 53 Gemeinden mit jeweiliger Verwaltung (*municipis*) gegliedert. Mit Unterstützung der linksorientierten Gruppierungen Podemos und Colalición Més regiert Francina Armengol von der Sozialistischen Partei PSOE als Ministerpräsident die Balearen.

Wirtschaft und Tourismus: 80 Prozent der Wirtschaftsleistung der Insel stammen aus Dienstleistung und Tourismus. Der Rest entfällt auf Bauwirtschaft (9%) Handwerk, Industrie, Energie (9%) sowie Landwirtschaft und Fischfang (1%).

Religion: ca. 95 Prozent der spanischen Bevölkerung gehören der röm.-kath. Kirche an.

Bevölkerung: Von den registrierten 861 000 Einwohnern lebt die Hälfte in der Hauptstadt Palma. Die Bevölkerungsdichte von 243,7 Einwohnern pro qkm liegt deutlich über dem spanischen Durchschnitt von 92 pro qkm. Der Anteil registrierter Ausländer liegt bei ca. 20 Prozent.

Geschichte im Überblick

6000–4000 v. Chr. Erste Siedlungsspuren. Womöglich kamen die ersten Inselbewohner von der Iberischen Halbinsel oder Nordafrika. Funde in Höhlen bei Esporles, Sóller und Valldemossa.

1300 v. Chr. Beginn der Talayot-Kultur. Durch die Seefahrt vergößert sich die Bevölkerung. Einführung der Technik der Zyklopmauern. Mehrere Hundert Steinbauten (*talaiots*) werden errichtet, z.B. Ses Païsses und Capocorb Vell.

ab ca. 700 v. Chr. Die Phönizier treiben Handel bis ins westliche Mittelmeer und errichten Handelsstandorte. Bei Colònia de Sant Jordi betreiben sie eine Saline. Der Hauptstadtort ist aber auf Ibíza. Mallorquinische Steinschleuderer (lat. *balearii*) kämpfen als Söldner, z. B. bei den Karthagern.

123 v. Chr. Nach den Punischen Kriegen erobern die Römer die Balearen. Palma, Alcúdia und andere Orte werden von den Römern besiedelt. Ab dem 2. Jahrhundert beginnt die allmähliche Christianisierung der Bevölkerung.

426–534 Vandalen besetzen Mallorca, nachdem sie bereits die Iberische Halbinsel geplündert hatten.

534–902 Der byzantinische Feldherr Belisar erobert Mallorca. Die Insel wird Teil des oströmischen Imperiums. Byzanz verliert zunehmend an Macht und Einfluss. Die Baleareninsel wird gegen Ende der Herrschaft von selbsternannten Statthaltern beherrscht.

711 Tariq ibn-Nasyr landet bei Tarifa auf dem spanischen Festland. Beginn der Eroberung der Iberischen Halbinsel und der sich über sieben Jahrhunderte hinziehenden Reconquista.

756 Abd ar-Rahman I. gründet das Emirat von Córdoba.

902 Muslimische Truppen aus Córdoba erobern Mallorca. Palma (Medina Mayurca) wird als Hauptstadt ausgebaut. Beginn der maurischen Herrschaft. Das von den Römern angelegte Bewässerungssystem wird verbessert und erweitert sowie Terrassen angelegt. Wechselnde Herrscherhäuser.

1229 Der junge Jaume I., König von Aragón und Graf von Barcelona, erobert Mallorca. Die Insel wird wieder christlich und festigt den Seehandel der Krone Aragóns.

1276–1349 Mallorca wird selbstständig und ein von Aragón unabhängiges Königreich.

1349 In der Schlacht von Llucmayor fällt Mallorca an den König von Aragón zurück. Ende des unabhängigen Königreichs Mallorca.

1492 Die Katholischen Könige Ferdinand und Isabella nehmen Granada ein, die letzte Bastion eines muslimischen Herrschers. Ende der sogenannten Rückeroberung.

1516 Der spätere Karl V. tritt als Carlos I. die spanische Thronfolge an. Vom Handel mit Lateinamerika bleiben die Balearen bis ins 19. Jahrhundert ausgeschlossen.

15.–18. Jh. Nach Übergriffen von Piraten wird ein Netz von Verteidigungstürmen errichtet. Inquisition und Vertreibung der jüdischen Bevölkerung, Ende des 18. Jahrhunderts erlebt die Insel einen moderaten wirtschaftlichen Aufschwung.

19. Jh. Politische Instabilität. Proklamation Amadeos zum König (1871), Zweite Republik (1873). Wiedereinsetzung der Bourbonen mit Alfons XII. (1874).

1936 Nach einem Staatsstreich durch General Francisco Franco besetzen aufständische Militärs das spanische Festland und seine Inseln. Es kommt zum Bürgerkrieg, aus dem die Putschisten 1939 als Sieger hervorgehen. Von Mallorca aus wurden Luftangriffe auf das republikanische Barcelona geflogen.

ab 1960 Mallorca wird als Urlaubsziel vom spanischen Staat gezielt gefördert und ausgebaut.

1978 Nach dem Tod Francos 1975 leitet König Juan Carlos I. den Übergang zur Demokratie ein (Transición). Die Balearen erhalten 1983 den Status einer Autonomen Gemeinschaft, der u.a. den bis dahin zensierten Gebrauch der mallorquinischen bzw. katalanischen Sprache erlaubt.

1993 Ein Drittel der Küstenregion wird unter Naturschutz gestellt. Der bis dahin

ungebremste Bauboom soll gebremst und besser reguliert werden.

2006 Besucherrekord: 9,8 Mio. Touristen kommen nach Mallorca. Neue Autobahnen werden gebaut.

2007 Spanien und Mallorca werden von der Weltwirtschaftskrise und einer nationalen Finanzkrise erschüttert.

2009 Auch auf Mallorca steigt die Zahl der Arbeitslosen. Spanienweit sind knapp 24 Prozent ohne Arbeit.

2009 Bombenattentate. Die baskische Terrorgruppe ETA zündet im Juli/August insgesamt vier Bomben in Palma. Zwei Polizisten finden den Tod.

2011 Der Hafen von Palma wird zu einem wichtigen Drehkreuz für die Kreuzfahrttouristik. Sein vorläufiger Rekord: 537 Kreuzfahrtschiffe legen in 2011 an.

2011 Die Serra de Tramuntana wird von der UNESCO zum Weltkulturerbe erklärt.

2016 Der 2014 eingeführte Regelkatalog, der die Exzesse an der Platja de Palma zum Teil mit hohen Geldbußen belegt hat, wurde aufgrund einer Klage wieder ausgesetzt.

2018 Steigende Urlauberzahlen bedeuten auch immer mehr Mietwagen: Die Zufahrten zum Kap Formentor, die Straße Sa Calobra und andere Touristenmagneten sollen beschränkt werden.

PALMA –
DIE STADT

1 Centre històric – Altstadt 32

2 Kathedrale La Seu 42

3 Palau Reial de l'Almudaina 48

4 Museum Es Baluard 50

5 Santa Catalina 52

6 Museum und Atelier
Joan Miró 54

7 Castell Bellver 58

8 Platja de Palma 62

1 Centre històric – Altstadt
Schönes Palma

Die lebendige Hauptstadt, die von den Mallorquinern einfach »Ciutat« (»Stadt«) genannt wird, ist eine eigene Reise wert: Unter Palmen flaniert man am Hafen entlang, schaut sich in Museen spanische und internationale Kunst an, erkundet verwinkelte Gassen und findet auch zum Einkaufen beste Bedingungen vor.

Die Hauptstadt von Mallorca ist zugleich der Parlaments- und Regierungssitz der Balearen sowie die einzige Universitätsstadt der Insel. In der Altstadt liegen die Hauptattraktionen, die Kathedrale, das Kloster Sant Francesç, der Almudaina-Palast, herrschaftliche Adelspaläste sowie die arabischen Bäder. Das alte Hafenviertel Sant Pere ist das Zentrum des Nachtlebens, der Restaurants und Kunstgalerien. Etwas außerhalb des Zentrums liegen das Miró-Museum, das Castell Bellver mit großartigem Blick über die Bucht und das Poble Espanyol.

Geschichte

Als die Römer das heutige Mallorca 123 v. Chr. eroberten, bauten sie zwei größere Städte, Pollentia an der Nordostküste und Palmaria Palmensis im Südwesten. Nach dem Zerfall des Römischen Reiches wurden ab Mitte des 5. Jahrhunderts die Vandalen die neuen Herrscher. Als das Kalifat von Córdoba 903 die Insel eroberte, wird Palma, das die Mauren Medina Mayurca nennen, ausgebaut und befestigt. Es wurden Moscheen errichtet, die Medina und der innere Bezirk, die Almudaina-Festung. Mit dem Einzug der Christen unter Jaume I.

S. 30/31: Hauptsehenswürdigkeit ist die gotische Kathedrale La Seu im Süden der Altstadt unweit der Küste.
Oben: Rund 400 000 Menschen leben in der Hauptstadt Palma.
Unten: Auch in der Nacht ein Tempel des Lichts – die Kathedrale La Seu

Centre històric – Altstadt

blieb Palma Residenzstadt. Nach und nach verschwanden die Zeugnisse der arabischen Kultur, die Almudaina wurde zum Palast ausgebaut. Mallorca entwickelte sich im 13. und 14. Jahrhundert zum Verkehrsknotenpunkt im westlichen Mittelmeer. 1901 fielen die Stadtmauern. In der Altstadt war es zu eng geworden, außerdem wollte man die hygienischen Verhältnisse verbessern. Der Stadtring mit den Straßen Avinguda de Portugal, Alexandre Rossello und Villalonga folgten den ehemaligen Mauern. Heute leben mehr als 400 000 Menschen in der Hauptstadt.

Rund um La Seu

Die meisten Palma-Besucher werden von der Kathedrale La Seu (s. S. 42) und dem Königspalast Palau de l'Almudaina (s. S. 48) mit seinen Türmen und Zinnen angezogen. Am Fuß des Hügels, dem ältesten Siedlungsgebiet der Stadt, liegt ein lauschiger Garten, der S'Hort del Rei. Der »Garter des Königs« erinnert mit seinem langen und schmalen Becken und den Wasserfontänen an die Gartenanlage des Generalife in Granada. Alexander Calders »Nancy«-Plastik bewegt sich leicht im Wind. Auch eine Skulptur von Joan Miró und ein Steinschleuderer von Llorenç Rosselló beleben den Park.

Obwohl sich im Kathedralbezirk Sa Portella die wichtigsten Sehenswürdigkeiten befinden, ist es in den Gassen hinter der *Seu* still. Selbst das sehenswerte Diözesanmuseum auf der Rückseite der Kathedrale lockt nicht allzu viele Besucher an. Dabei kann man den Besuch des Bischofspalastes (Palau Diocesà) aus dem 13. und 17. Jahrhundert seit seiner Restaurierung noch mehr genießen. Erlesene Kirchenkunst wie gotische Tafelbilder, Skulpturen, liturgische Kostbarkeiten

Geheimtipp

Jüdisches Palma
Das Judenviertel *Es Call* entwickelte sich im Mittelalter zu einem bedeutenden Zentrum am Mittelmeer. Dort lebten auch die großen Kartografen Jehuda und Abraham Cresques, der Talmudist Jonah Desmaestre und die Astronomen Isaak Nifoci und Vidal Efrai. Die erste Generation der christlichen Einwanderer schikanierte die Juden, während man am Hof das Wissen und Können jüdischer Berater und Finanzverwalter schätzte. Unter den katholischen Königen Ferdinand und Isabella verschlechterte sich die Situation dramatisch. Eine Ideologie von der Reinheit und Überlegenheit des christlichen Blutes zwang alle Nichtchristen, sich taufen zu lassen oder ohne Hab und Gut das Land zu verlassen. In den folgenden Jahrhunderten lebten die zum Christentum konvertierten *xuetóns* (katalan. »Jüdlein«) unter dem wachsamen Auge der Inquisition am Rand der Gesellschaft. Seit den 70er-Jahren des letzten Jahrhunderts gibt es wieder eine kleine jüdische Gemeinde (Führungen s. S. 45).

Skulpturen im Palau March

Einfach gut!

IN KLEINEN PORTIONEN

Ein opulentes Abendmahl ist schön, hemmt aber den Bewegungsdrang. Vor allem in einer Stadt wie Palma ist es schade, Stunden in einem Restaurant zu verbringen, während draußen durch die vermutlich warme Sommernacht gut gelaunte Menschen ziehen. Es gibt eine Alternative: das *tapeo*, die typisch spanische Kombination aus Essen und Ausgehen. Die kleinen Häppchen *(tapas)*, die man sich zu einem Glas Wein oder Bier bestellt, wurden zwar vom Festland importiert, aber was spielt das schon für eine Rolle. Wer es probieren möchte, hier einige empfehlenswerte Stationen:

Für den Anfang bietet sich die **Bar Bosch** (Plaça Joan Carles I) an. Nur wenige Meter entfernt, im Tast, werden mit die besten Tapas der Stadt zubereitet (C/ Unió 2).

La Bodeguilla (C/ Jaume 3) hat das Häppchen-Prinzip auf edle Art weiterentwickelt – was sich auch in den Preisen niederschlägt. Hervorragend ist die Auswahl an Weinen.

Einige Meter weiter in der **Taberna El Burladero** (C/ Concepció 38) wird es typisch spanisch.

Weinliebhaber sollten einen Stopp im **Wineing** (C/ Apuntadores 24) einlegen, wo es knapp 50 offene Weine zu verkosten gibt.

La Cueva (C/ Apuntadores 5) hat leckere Fleischspieße im Tapasprogramm. Eine Institution ist **La Taberna Del Caracol** (C/ San Alonso 2). Die Taverne mit der klassischen Tapas-Auswahl liegt ein gutes Stück hinter der Kathedrale in Richtung der arabischen Bäder.

werden dort ebenso gezeigt wie Gemälde, die eine Vorstellung des historischen Palma vermitteln.

Vom *Mirador* mit der schönen Aussicht über die Bucht von Palma gelangt man über die Gassen Palau und Sant Pere in die *Portella*, wo sich ein Besuch im Museu de Mallorca anbietet. Der große Stadtpalast, in dem das wichtigste Museum der Insel residiert, entstand im 16. Jahrhundert durch die Zusammenlegung mehrerer kleiner Gebäude und gehörte dem Grafen Amayans. Die Fundamente stammen von einem maurischen Vorgängerbau. Die Sammlung beginnt mit Funden ab der Frühphase der Talayot-Kultur. Über die Siedlungsphasen der Römer, Goten, Byzantiner, Araber erzählen Keramiken, Schmuck, Waffen und andere Objekte, bevor man die Gemäldesäle mit Werken des 15. bis 18. Jahrhunderts erreicht. Der jüngste Ausstellungsteil widmet sich dem Modernisme, dem spanischen Jugendstil.

Das Museum wird schon seit Jahren restauriert und noch sind nicht alle Räume fertig. Wenn man sich für Kunst und Kunstgewerbe aus Mallorca interessiert, sollte man hingehen: Die Ausstellung wird derzeit in 14 Sälen gezeigt.

GUT ZU WISSEN

NACH PALMA – ABER NICHT AM SONNTAG

Der Sonntag ist ein schwieriger Tag in Palma. Am Vormittag lässt sich noch etwas unternehmen, viele Museen haben geöffnet, die Gläubigen zieht es in die Messe, und in den Cafés werden die Sonntagsausgaben der spanischen Zeitungen gewälzt. Doch spätestens ab 14 Uhr ist Schluss. Alles hat zu, die Straßen sind leer, die Stadt braucht Ruhe.

Centre històric – Altstadt

Eine Vorstellung von der alten arabischen Kultur Mallorcas bekommt man in den Banys Àrabs, den arabischen Bädern in der *Can Serra*. Durch den ehemaligen Obst- und Gemüsegarten des Herrenhauses Can Fontirroig betritt man die Anlage aus dem 10. Jahrhundert. Auf zwölf Säulen spannt sich ein Gewölbe über den zentralen ehemaligen Heißraum, der wahrscheinlich noch von den Christen genutzt wurde. Zu einem arabischen Bad gehören ein Kaltbaderaum zum Waschen, ein Dampf- oder Heißbaderaum zum Regenerieren und ein Warmbaderaum, in dem man sich ausruhen konnte.

Nebenan, im verschachtelten Palast Can Formiguera (Hausnummer 11), wohnte zeitweilig der Erzherzog Ludwig Salvator. Der einstige Besitzer, der Graf Santamaria de Formiguera, ist angeblich die historische Person hinter dem »Comte Mal«, dem »bösen Graf«, der als unheimlicher Reiter durch eine Reihe von Legenden spukt.

Weiter südlich, im ehemaligen Judenviertel Es Call, lohnt ein Blick in die Església Monti-Sion, die von den Jesuiten im ausgehenden 16. Jahrhundert auf den Fundamenten einer Synagoge errichtet wurde. Hinter dem Barockportal verbirgt sich ein vergoldetes Altarretabel von Camilo Silvestre Perinos (1607). An der reizvollen Plaça de Sant Jeroni passiert man die ehemalige Ordensburg der Templer, El Temple. Die Klosterkirche des Franziskanerklosters Claustre wurde im 13. Jahrhundert auf den Resten einer Moschee errichtet. Nach einem Brand musste die Fassade im 17. Jahrhundert erneuert werden. Das Hauptportal schmücken die Skulpturen der Philosophen Johannes Duns Scottus auf der linken und Ramon Llull auf der rechten Seite. Ins Innere der Basilika, die nur aus einem Langhaus besteht, gelangt man über das Seminargebäude. Zunächst betritt man den herrlichen spätgotischen Kreuzgang, dessen unterschiedliche Bau-

Oben: Palmas Altstadt soll die größte in Europa sein.
Mitte: Der weise Philosoph – Ramón Llull grüßt die Besucher der Altstadt.
Unten: Urbane Kultur – Lifestyle und Design sind in Palma zu Hause.

Stadtrundgang

Ⓐ Fundación Bartolomé March – Im Stadtpalast des ehemaligen Magnaten March werden Skulpturen von Moore, Chillida u. a. Künstlern gezeigt. Palau Reial 18, Apr.–Okt. Mo–Fr 10–18.30; Nov.–März Mo–Fr 10–14 Uhr. http://fundacionbmarch.es

Ⓑ Palau de l'Almudaina – Im 14. Jh. wurde die ehemalige maurische Residenz zum Königspalast ausgebaut. C/ Palau Reial, Di–So 10–20 Uhr, Okt. bis März bis 18 Uhr, www.patrimonionacional.es

Ⓒ Catedral – La Seu, die Kathedrale von Palma, ist das Wahrzeichen der Stadt und ein Meisterwerk gotischer Kirchenbaukunst. Plaça die Almoina, April/Mai/Okt. Mo–Fr 10–17.15, Juni–Sept. Mo–Fr 10–18.15, Nov./März Mo–Fr 10–15.15, Sa 10–14.15 Uhr, www.catedraldemallorca.org

Ⓓ Museu Diocesà – An der Rückseite der Kathedrale zeigt das Diözesanmuseum bedeutende Kirchenkunst sowie Malerei der Gotik bis zum Barock. C/ Mirador 5, Juni–Sept. Mo–Sa 10–19.15, Apr./Mai/Okt. bis 18.15 Uhr.

Ⓔ Museu de Mallorca – Das wichtigste Museum der Insel zeigt archäologische Funde, gotische Kunst und historisches Kunsthandwerk von Mallorca. C/ Portella 5, wegen Umbau teilweise geschlossen; Di–Fr 10–18, Sa/So 11–14 Uhr, http://museudemallorca.caib.es

Ⓕ Banys Àrabs – Die ehemaligen arabischen Bäder aus dem 10.–12. Jh. sind eines der wenigen Überbleibsel muslimischer Architektur. C/ Serra 7, Apr.–Nov. 9–19, sonst bis 17.30 Uhr.

Ⓖ Basilica Sant Francesc – Klosteranlage aus dem 13. und 17. Jh. mit herrlichem Kreuzgang. Grabkapelle von Ramón Llull, Mo–Sa 10–18 Uhr.

Ⓗ Museu Fundación Juan March – Sammlung moderner spanischer Kunst. C/ Sant Miquel 11, Mo–Fr 10–18.30, Sa 10.30–14 Uhr.

Ⓘ Fundació »La Caixa« – 1903 im Jugendstil eröffnet, beherbergt das Gran Hotel heute die La Caixa-Stiftung und eine Ausstellung mit Gemälden von H. A. Camarasa. Pl. Weyler 3, Mo–Sa 10–20, So 10–14 Uhr.

Ⓙ Casal Solleric – Der herrschaftliche Stadtpalast aus dem 17. Jh. dient heute als städtisches Ausstellungszentrum. Passeig des Born 26, Di–Sa 11–14 und 15.30–20.30, So 11–14.30 Uhr.

Ⓚ Sa Llotja – Die ehemalige Handelsbörse, das bedeutendste Bauwerk gotischer Profanarchitektur, wurde im 15. Jh. erbaut. Passeig Sagrera, unregelmäßige Öffnungszeiten.

Ⓛ Museu Es Baluard – In Palmas Museum für zeitgenössische Kunst sind Werke von Miró, Picasso, Barceló, Gauguin, Magritte u. a. zu sehen. Plaça Porta Santa Catalina 10, Di–Sa 10–20, So 10–15 Uhr, www.esbaluard.org

Stolze Schönheit – Palma, Stadt am Meer

phasen sich an den Kapitellen ablesen lassen. Die darüberliegende Galerie wurde im 16. und 17. Jh. hinzugefügt. In der Seitenkapelle links des Hauptaltars liegt der Philosoph Ramón Llull begraben.

Ungeachtet ihrer neugotischen Hauptfassade wurde die dreischiffige Església Santa Eulalia im 14. Jahrhundert erbaut. Bereits 1236, unmittelbar nach der Rückeroberung Mallorcas, hatte man eine Kapelle an der Stelle errichtet. Das Kruzifix, das Jaume I. bei seinem Feldzug gegen die Mauren bei sich trug, wird in der Capella Sant Crist aufbewahrt.

Bis zur Plaça Cort, wo der Hauptstrom der Touristen verläuft, sind es nur ein paar Meter. Die dreieckige Plaça dominiert das beeindruckende Rathaus, das Ajuntament. Im Stil eines italienischen Renaissancepalasts zeigt seine Fassade den typischen Marès-Stein von Santanyí; der Marmor des Sockels wurde in Binissalem gebrochen. Das weit ausladende Dachgesims wird von elf holzgeschnitzten Figuren getragen. Am Stadthaus Can Corbella gegenüber lässt sich der Stil des Neomudéjar erkennen.

Auf dem Rückweg in Richtung Kathedrale liegt rechter Hand das Museu Palau March. Der mallorquinische Magnat Joan March (1879–1962), ehemaliger Schweinehirt und nun fast reichster Mann Spaniens, platzierte seinen riesigen Palast direkt neben das Parlament, angeblich als Reaktion darauf, weil ihn die Aristokraten Palmas nicht in ihre Paläste einluden. Der Palast beherbergt u. a. eine Sammlung illuminierter Handschriften, alte Seekarten (14. und 15. Jh.) und eine Weihnachtskrippe aus Neapel.

Oben: Das Herz der Stadt – die Plaça Major
Unten: Schönheit des Jugendstils. Der Modernisme kam über Barcelona nach Mallorca.

Vila de Dalt – die Oberstadt

Die Oberstadt reicht noch weiter als über die alten Viertel im Schatten der Kathedrale. Zwischen den Plätzen Cort, Maior, Olivar und Espanya erstreckt

sich das Geschäftsviertel von Palma. Sehenswert sind die Modernisme-Häuser an der Plaça Marquès del Palmer. Die Plaça Maior mit ihren einheitlichen Fassaden entstand im 19. Jahrhundert. Straßenkünstler, Marktstände und Cafés bevölkern den rechteckigen Platz, wo man gut auf seine Wertsachen achten sollte. In der *Sant Miquel* reiht sich Laden an Laden, aktuelle Mode, Haushaltswaren, Schmuck – hier findet man, was man braucht. Im Stadtpalast mit der Hausnummer 11 zeigt die Fundació Juan March ihre Kunstschätze. Das Museu d'Art Espanyol Contemporani ist auf zeitgenössische spanische Kunst spezialisiert. Zu sehen sind Werke von Picasso, Gris, González, Miró, Dalí sowie Künstlern aus Cuenca und Madrid der 1960er-Jahre.

Einige Häuser weiter wurde nach der Reconquista wahrscheinlich die erste Kirche gebaut. Die Esglèsia de Sant Miquel steht auf den Resten einer Moschee. Sehenswert sind das gotische Portal und die Marienfigur Nostra Senyora de la Salut. Auf der anderen Straßenseite folgt das Kloster Sant Antoni Abad, das im 18. Jahrhundert erbaut wurde. Jedes Jahr am 17. Januar kommen viele Mallorquiner mit ihren Haustieren, um sie segnen zu lassen. Auf der Plaça Olivar ist die Markthalle Palmas: Der Mercat Olivar ist am Vormittag der ideale Ort, um sich mit frischen Lebensmitteln zu versorgen. Von der Plaça Espanya verkehren der historische Zug nach Sóller, aber auch Bus, Bahn und Metro stadtauswärts.

Oben: Pool muss sein – Dachlandschaft vom Hotel Tres aus gesehen.
Mitte: Jeder ist anders – eine freundliche Dame in Palma de Mallorca.
Unten: In der Altstadt von Palma

Vila de Baix – Unterstadt

Der Passeig des Born ist nicht nur das Zentrum der Unterstadt, er ist die gefühlte Mitte von ganz Palma. Am oberen Ende der baumgesäumten Promenade lädt die Bar Bosch, das bekannteste Café der Stadt, zu einer Rast ein. Der Palast Casal Solleric (18. Jh.) schräg gegenüber wurde zum Kulturzentrum umfunktioniert (Tourist-Info). An der Plaça Mercat sind zwei Jugendstilhäuser, die schon auf das Highlight vorbereiten, das an der nächsten Straßenecke wartet: Das Gran Hotel wurde von dem katalanischen Architekten Lluis Domènech i Montaner entworfen, von dem auch in Barcelona einige Bauten des Modernisme stammen. Als das Hotel 1903 eröffnete, bot es einen bis dahin nicht gekannten Luxus. Während des Spanischen Bürgerkriegs musste es schließen und sein langsamer Verfall begann. 1987 ließ der neue Eigner, die Stiftung La Caixa, das Gebäude restaurieren. 1992 wurde es zum Weltkulturerbe und ein Jahr später als Kulturzentrum der Fundació La Caixa eröffnet. Im Untergeschoss befinden sich ein Café und eine Kunstbuchhandlung, in der oberen Etage werden Gemälde von Hermen Anglada i Camarasa (auch Anglada-Camarasa, 1871–1959) gezeigt.

Sant Pere

Westlich des Passeig des Born liegt das einstige Fischerviertel Sant Pere. Heute haben sich in den Gassen um die *Apuntadores* viele Bars und Restaurants angesiedelt. An der Plaça Drassana wurden früher Schiffe gebaut. Guillem Sagrera begann 1421 mit dem Bau der Handelsbörse Sa Llotja. Der gotische Hallenbau ist von einzigartiger Schönheit: Der dreischiffige Innenraum wird von in sich gedrehten Säulen gestützt. Neben La Llotja schließt sich das Consolat de Mar an. Das Gebäude des ehemaligen Seehandelsgerichts ist aktuell Amtssitz des Ministerpräsidenten der Balearen.

Oben: Es gibt sie noch – Fischer im Hafen von Palma.
Unten: Blick auf den Hafen von Portixol

Infos und Adressen

INFORMATION

O.I.T. Municipal de Palma-Casal Solleric.
Passeig des Born 27,
Tel. 902 10 23 65.

O.I.T. de Mallorca (Consell de Mallorca).
Plaça de la Reina 2,
Tel. 971 17 39 90,
oit@conselldemallorca.net,
www.infomallorca.net

O.I.T. Parc de les Estacions, Plaça d'Espanya,
Tel. 902 10 23 65, palmainfo@palma.es,
www.visitpalma.cat

ESSEN UND TRINKEN

Marc Fosh. In einem der besten Restaurants der
Stadt speisen, ohne arm zu werden? Kein Problem: Der englische Sternekoch serviert ein köstliches Mittagsmenü für 27,50 €. C. Missió 7a, Hotel
Convent de la Missió, Tel. 971 72 01 14.

Forn Sant Joan. Elegant-rustikales Design und
eine sehr gute mediterrane Küche. C/ San Juan, 4,
Tel. 971 728 422, www.forndesantjoan.com

13 %. Lecker, einfach und natürlich – so isst der
urbane Mensch im sympathischen Souterrain-
Bistro. C. Sant Feliu 13, Tel. 971 42 51 87.

ÜBERNACHTEN

Tres. Der Klassiker unter den Designhotels der
Stadt. Klares skandinavisch inspiriertes Design
in einem zentral gelegenen Stadtpalast. Schöne

Die Junior Suite im Hotel Tres

Die Carrer Sindicat – eine sehr beliebte Einkaufsstraße

Dachterrasse mit Pool. C. Apuntadores 3,
Tel. 971 71 73 33, reservation@hoteltres.com,
www.hoteltres.com, DZ: ab 187 €.

Palacio Avenica. Italienisches Design in einem
ehemaligen Lichtspielhaus der 1940er-Jahre.
Alexander Rossello 42,
Tel. 971 90 81 08, www.urhotels.com,
DZ: ab 90 €.

EINKAUFEN

Modeboutiquen, Feinkost, Schmuck und Acces-
soires sind in den Straßen Jaume II und Jaume III
sowie in der C./ Sant Miguel und dem Passeig des
Born vertreten. Mode internationaler Designer bekommt man vor allem am Passeig des Born und in
den Gassen östlich davon. Palma wird mehr und
mehr ein Zentrum für den Kunsthandel. In den
Markthallen Mercat Olivar und Santa Catalina kaufen auch viele Restaurants frische Zutaten ein
(Mo–Sa 7–14 Uhr). Der Flohmarkt Es Rastre findet
am Sa vormittags im Altstadtviertel Sa Portella
rund um die Plaça Villalonga und die Plaça des
Camp statt.

NACHTLEBEN

In den Gassen hinter der Llotja im Altstadtviertel
Puig de Sant Pere: Cocktailbair Abaco (C/ Sant
Joan 1), Opio (C/ Montenegro 12), Jazz Voyeur
Club (C./ Apuntadores 5). Am Passeig Maritim
westlich der Festung Sant Pere befinden sich wei-
tere Bars und Discos, wie der Klassiker »Tito's«,
wo vor sehr langer Zeit sogar schon Marlene
Dietrich zu Gast war.

2 Kathedrale La Seu
Der Tempel des Lichts

Seit der Künstler Miquel Barceló eine Seitenkapelle in der prächtigen und pompösen Kathedrale La Seu ausgestaltet hat, ist ein Besuch in Palmas größtem Kunstschatz erst recht Pflicht. Wenn sich die Sonne durch die riesigen Buntglasrosetten bricht, erstrahlt das Innere in einem verzauberten Licht.

Die Urlauber auf den Kreuzfahrtschiffen sind wahrhaftig zu beneiden: Das Erste, was sich aus der Ferne abzeichnet, wenn ihr Schiff sich dem Hafen von Palma nähert, ist ein monumentaler Block, ein helles sandfarbenes Bauwerk: La Seu (»der Bischofssitz«), eine der schönsten gotischen Kathedralen der Welt.

Im Sonnenlicht treten die massiven Strebe- und Stützpfeiler besonders eindrucksvoll hervor, sie geben dem Baukörper Rhythmus und Struktur. Fast scheinen sie wie Kühlrippen, als wäre der Gottestempel eine gigantische Licht- und Erleuchtungsmaschine. Vom Meer oder dem Parc de la Mar zeigt sich die ganze Schönheit der rund 120 Meter langen Südfassade. Der 15 Meter hohe und tiefe Einschnitt der Porta Mirador, des »Aussichtstors«, könnte auch an den Eingang einer Moschee erinnern, würde er nicht von den fünf Propheten und fünf Erzvätern geschmückt. Die wunderbaren Steinmetzarbeiten des Portals wurden ab 1380 von den Meistern Jean de Valenciennes, Pere Morey, Guillem Sagrera und anderen ausgeführt. Die prächtige Haupt- oder Westfassade entstand deutlich später. Im Bereich des Portals überwiegt die Renaissance-Baukunst des 16. Jahrhunderts, ansonsten erkennt man neogo-

Um das Jahr 1300 wurde mit dem Bau der Kathedrale begonnen. 70 Jahre zuvor hatte ein katalanisch-aragonesisches Heer die bis dahin von den Mauren regierte Insel wiedererobert. Die Westfassade wurde im 19. Jahrhundert so umgebaut, wie sie heute zu sehen ist.

Kathedrale La Seu

tische Elemente des ausgehenden
19. Jahrhunderts.

Geschichte

Kirchen sollen nicht nur ein Haus Gottes sein, sie
dienen auch zur Überzeugung oder Überwältigung der Gläubigen. Besonders nach der Rückeroberung Mallorcas durch den erst 21-jährigen
König Jaume I. von Aragonien waren Zeichen der
Überlegenheit und der Macht der neuen christlichen Herrscher gefragt. Ob die Kathedrale von
Palma de Mallorca tatsächlich einem Gelübde des
jungen Herrschers zu verdanken ist oder es doch
eher sein Nachfolger Jaume II. war, der den Bau
in Auftrag gab, ist umstritten.

Um das Jahr 1300 wird mit dem Bau der Kathedrale begonnen. Der erste Architekt war Ponç
des Coll, der die Dreifaltigkeitskapelle errichtet
hat. Sie befindet sich hinter der Königskapelle,
der Capella Reial, in der Apsis. Letztere wurde
wiederum von Jaime Fabre erbaut, der bereits in
Barcelona an einer Kathedrale mitgewirkt hatte.
Mitte des 14. Jahrhunderts entstehen der dreischiffige Zentralraum sowie Teile der Puerta del
Mirador. Nach Vollendung des Hauptportals 1601
wird die Kathedrale geweiht. Bis ins frühe
20. Jahrhundert hinein erfolgen an dem Bau immer wieder Veränderungen und Ausbesserungs-
arbeiten. Vor allem nach einem Erdbeben im Jahr
1851 müssen Teile neu errichtet werden. Zwischen 1904 und 1914 übernimmt der katalanische Architekt Antoni Gaudí die Umgestaltung
des Innenraums. Die letzte Episode in der Bau-
geschichte von La Seu stellt die Ausgestaltung
der Capella de Sant Pere durch den mallorquinischen Künstler Miquel Barceló dar. Wegen seiner
Schönheit wird das Gotteshaus auch Kathedrale
des Lichts und Kathedrale des Raums genannt.

Nicht verpassen

LICHTSPIEL

An zwei Tagen im Jahr
macht die »Kathedrale des
Lichts« ihrem Namen alle
Ehre. Jeweils am 2. Februar, dem
Tag, an dem im Kirchenjahr Mariä
Lichtmess gefeiert wird, und am
11. November ist ein doppelter Licht-
kreis zu sehen. Gegen 8.30 Uhr hat
die Morgensonne den richtigen Win-
kel. Das Licht fällt durch die 1236
bunten Glasteilchen der elf Meter
großen Rosette über den Hauptchor
und projiziert einen farbigen Kreis
auf die gegenüberliegende Seite,
direkt unter die Rosette der Westfassade. An den beiden Tagen öffnet
La Seu bereits um 8 Uhr.

Das Hauptportal der Kathedrale
La Seu

43

Innenraum

Bevor man sich vom lichten und hohen Hauptschiff verzaubern lässt, betritt man die Anlage durch die Sagristia de Vermells. Dort, wie auch in den angrenzenden gotischen und barocken Kapitelsälen, ist ein Teil des Domschatzes zu sehen. Unter anderem werden eine 120 Kilogramm schwere Monstranz aus vergoldetem Silber, eine Marienfigur aus dem 13. Jahrhundert sowie gotische Tafelbilder gezeigt. Historisch interessant ist die Abschrift eines Grundbuchs aus dem 13. Jahrhundert.

Beim Betreten der Kathedrale ist man erst einmal überwältigt: Die Proportionen des Raumes, die schlanken Säulen, die die hohen Seitenschiffe von dem nur wenig höheren Mittelschiff trennen, erzeugen eine einmalig lichte und leichte Atmosphäre. Fast schwebend erscheint der massive 43 Meter hohe Kirchenraum. Durch die angeblich größte Fensterrosette der Welt, einem Farbrad mit 12,5 Metern Durchmesser, sowie durch eine weitere gegenüberliegende Rosette wird der Sakralraum in ein verzaubertes Licht getaucht.

Oben: Barocker Figurenschmuck
Unten: Der Hauptaltar mit Baldachin, gestaltet von Antoni Gaudí.

Kathedrale La Seu

Im ältesten Teil, der Trinitätskapelle, befindet sich eine Marienfigur aus dem 14. Jahrhundert. In den Sarkophagen ruhen die Könige Jaume II. und III. Den Hauptaltar krönt ein Baldachin, den Antoni Gaudí entworfen hat. Im Jahr 1912 wurden die schwebend wirkenden 35 Lampen montiert. Unter den 18 Seitenkapellen verdient die Capella Sant Pere, rechts neben dem Hauptaltar, besondere Erwähnung: Miquel Barceló, einer der renommiertesten spanschen Gegenwartskünstler und gebürtiger Mallorquiner, hat darin die alte Bindung von Kunst und Kirche erneuert. 2007 wurde die Capella Sant Pere (auch Capella del Santissimo), die sieben Jahre hinter schwarzen Plastikplanen versteckt war, der staunenden Öffentlichkeit präsentiert. Thema des Raumkunstwerks ist das »Wunder der Brotvermehrung« oder »die Speisung der 5000«.

Die Kapelle des Miquel Barceló

Miquel Barceló (geb. 1957 in Felanitx) ist einer der bekanntesten Gegenwartskünstler Spaniens. Der Biennale-Künstler und gebürtige Mallorquiner bezeichnet sich selbst als Atheisten, dennoch wurde ihm die Ausgestaltung der Capilla del Santissimo anvertraut. So mutig und liberal zeigt sich die Kirche nicht immer. 15 Tonnen Terrakotta hat Barceló mit vollem Körpereinsatz in sieben Jahren bearbeitet, hat Tonkrüge, Schaltiere und Schädel in das weiche Material gedrückt. Angesichts mehrerer Tausend Stücke gebrannten Tons, die 300 Quadratmeter Wand umkleiden, und der schwarz-grauen Fenster, die das Sonnenlicht filtern, als wäre man einige Meter unter der Wasseroberfläche, fühlt sich der Betrachter wie Jonas im Wal. Eine Stimmung, die gut ist fürs Gebet, sagt der Künstler. An der linken Wand sieht man allerlei Fische und das Meer. Rechts dagegen wachsen die Früchte der Erde aus der Wand: Brot, Feigen, Auberginen, Gra-

Nicht verpassen

Abendmahlszene im Innern der Kathedrale La Seu

natäpfel und Tonkrüge. Mit den Krügen will Barceló eine Verbindung zwischen der Speisung der Fünftausend und der Hochzeit von Kanaan hesteller. In der Mitte, hinter dem fünf Tonnen schweren Altarblock, ist eine blasse, kaum sichtbare Christusfigur auszumachen. In ihr soll sich Barceló selbst verewigt haben.

Einigen Mitgliedern des Domkapitels geht die künstlerische Freiheit an diesem Punkt zu weit. Überhaupt wäre die ungewöhnliche Zusammenarbeit wohl nie ohne das Engagement des verstorbenen Bischofs Teodor Ubeda zustande gekommen. Nach eigenem Wunsch wurde er in der Kapelle zwischen dem Altarblock aus Binissalem und der umstrittenen Christus-Darstellung beigesetzt.

Dommuseum

Das Dommuseum befindet sich in den Kapitelsälen und der ehemaligen Sakristei. Die bedeutendsten Stücke sind eine 120 Kilogramm schwere Monstranz aus Silber, eine gotische Marienskulptur von Guillem Sagrera, Barockkandelaber, Tafelbilder und ein Reliquienschrein, der ein mutmaßliches Stück vom Kreuz Jesu aufbewahrt (Eintritt 7 Euro; Nov.–März Mo–Fr 10–15.15, April–Mai Mo–Fr 10–17.15, Juni–Sept. 10–18.15 Uhr. Sa das ganze Jahr über von 10–14.15 Uhr; www.catedraldemallorca.org).

Oben: Im Dommuseum der Kathedrale
Unten: Detail der Barceló-Kapelle – Thema ist die Speisung der 5000.

Lageplan

Ⓐ Rosette
Die knapp 100 qm große Buntglasrosette in der Ostfassade gilt als größte der Welt.

Ⓑ Capella Reial
Hauptaltar von Antoni Gaudí von 1912. Königs-kapelle mit Chorgestühl aus dem 15. Jh.

Ⓒ Trinitätskapelle
Ältester Teil der Kathedrale mit den Sarkophagen der Könige Jaume II. und Jaume III.

Ⓓ Capella Sant Pere
Ausgestaltung von Miquel Barceló (2007), »Die Speisung der 5000«.

Ⓔ Capella Sant Antoni de Padua
Geplant von Guillem Sagrera; Altarretabel von Francisco de Herrera (18. Jh.).

Ⓕ Capella Verge de la Corona
Kapelle aus dem 14. Jh., Altaraufsatz im churri-guceresken Stil des 18. Jh.

Ⓖ Capella Sant Martí
Kapelle des hl. Martin, Altaraufsatz von F. de Herrera von 1725 und barockem Gemälde.

Ⓗ Capella Sant Benedict
Glassarg des Märtyrers Vicentius (2. Jh.), bemerkenswertes Kunstschmiedegitter.

Ⓘ Capella del Baptisteri
Taufkapelle mit valenzianischen Malereien.

Ⓙ Capella de Sant Sebastià
Barockkapelle u. a. mit Bildnissen der Helden von Alaró, G. Cabrit und G. Bassa.

Ⓚ Capella de Sant Jeroni
Altaraufsatz von Gaspar Oms aus dem 16. Jh. Rechts bemerkenswertes Grabmal aus 19. Jh.

Ⓛ Capella de Corpus Cristi
Bedeutender Altaraufsatz von Jaume Blanquer Mitte des 17. Jh.

Ⓜ Hauptkanzel
1531 von Juan de Salas gearbeitet.

Ⓝ Kreuzgang
Kleiner Kreuzgang des Domkapitels mit Zisterne.

Ⓞ Alter Kapitelsaal
Gotischer Kapitelsaal mit Gemälden.

Ⓟ Neuer Kapitelsaal
Barocker Kapitelsaal mit Reliquienschrein und Portal im Churrigueresk-Stil.

Ⓠ Sacristia Vermells
Sakristei mit Domschatz und Marienstatue von Guillem Sagrera.

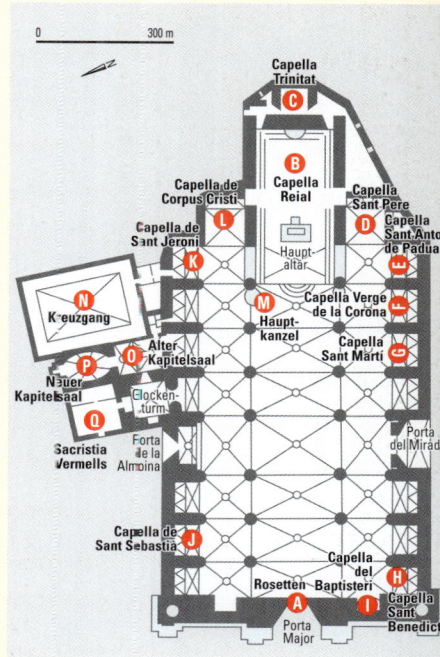

3 Palau Reial de l'Almudaina
Palast der Könige

Gegenüber dem Hauptportal der Kathedrale thront der Almudaina-Palast. Die offizielle Residenz der spanischen Könige war einst eine arabische Zitadelle. Im Salón Gótico empfängt der spanische König einmal im Jahr Gäste. Neben dem prächtigen Thronsaal sollte man sich unbedingt auch die gotische Kapelle Santa Ana ansehen.

Wo immer sich in einer alten Stadt ein strategisch günstiger Hügel erhebt, kann man sicher sein, dass sich darauf frühe Siedlungsspuren finden. So auch in Palma. Die bescheidene Erhebung, auf der sich die Kathedrale und der Königspalast, der Palau Reial de l'Almudaina, befinden, wurde schon von den Römern genutzt und vermutlich waren sie nicht die Ersten. Die Goten machten es ihnen nach und danach die Mauren, die die Insel um 903 eroberten.

Sie bauten die Festung zu einer Al-Mudaina aus, wie der innere Bezirk einer befestigten maurischen Siedlung genannt wird. Damals reichten die Wellen des Mittelmeers noch bis an die Festungsmauern, und die Schiffe des letzten muslimischen Regenten Abu Yahya konnten einen kleinen Hafen innerhalb der Zitadelle anlaufen. Der Arc de la Mar an der Südseite des Palastareals, das einstige Meerestor, ist heute eines der wenigen Relikte, das aus maurischer Zeit erhalten geblieben ist. Der Zugangskanal zu dem 18 Meter breiten Bogen existiert allerdings heute nicht mehr. Ebenfalls noch aus maurischer Zeit stammen die Mauern, die die Festung zur Meeresseite hin schützen. Die Torre de l'Angel mit der Figur des Erzengels Gabriel ist das Wahrzeichen der Anlage.

Oben: Trutzig und wehrhaft – der Königspalast Almudaina
Unten: Blick in den Thronsaal mit seinen kostbaren Boden- und Wandteppichen

Palau Reial de l'Almudaina

Palast für die Könige von Mallorca

Mit dem Bau der Residenz wurde erst nach der Reconquista begonnen. Über das genaue Datum sind sich die Historiker nicht einig, es könnte 1281 oder 1309 gewesen sein. Unter Jaume III., Mitte des 14. Jahrhunderts, waren die Arbeiten abgeschlossen.

Pere Salvat, der Baumeister des Castell Bellver, plante auch den Palast, den Jaume II. gelegentlich als Sommerresidenz nutzte. Die meiste Zeit weilte der König jedoch in Perpignan, wo die Könige von Mallorca einen Sitz besaßen, der dem von Palma sehr ähnelte. Noch heute ist die Almudaina einer der offiziellen Königspaläste der spanischen Monarchie. Die rechteckige Anlage hat mit ihren massiven Mauern eher Festungs- als Palastcharakter. Lediglich zur Meeresseite hin öffnet sich das Gebäude mit einer arkadengestützten Loggia. 14 zinnenbewehrte Wachtürme umgeben den Bau, in dem heute auch die Kommandantur des Militärs untergebracht ist. Der einstige Burgfried, die Torre de homenatge, wurde möglicherweise schon von den Mauren gebaut. Er wird von einer Bronzefigur des Erzengels Gabriel bekrönt.

Besichtigung

Der Besucherrundgang der nur teilweise zugänglichen Anlage beginnt auf dem Patio de las Armas, dem »Waffenhof«. Im Rahmen einer Führung oder mit Audioguide betritt man seitlich des Innenhofs die gotische Capella de Santa Ana mit einem romanischen Marmorportal. Über den Patio de las Reinas, den »Hof der Königinnen«, mit den ehemaligen arabischen Bädern schließen sich die Gebäudeflügel Palau del Rei und Palau de la Regina an, die nur dem Königspaar vorbehalten waren. In Ersterem befinden sich ist der große Audienzsaal, der Salón Gótico, und der kostbare Thronsaal.

Infos und Adressen

INFORMATION
Palau Reial:
Tel. 971 21 41 34,
www.patrimonionacional.es

Öffnungszeiten:
April–Sept. Di–So 10–20 Uhr, sonst Di–So 10–18 Uhr. Eintritt: 7 €.

Führungen:
Die Besichtigung ist im Rahmen von Gruppenführungen oder allein mit Audioguide möglich.

Gratis in den Palast:
Die Liegenschaften der spanischen Krone sind Staatseigentum und werden vom Patrimonio Nacional verwaltet. Bis auf den privaten Miravent-Palast im Westen Palmas, wo die Königsfamilie sich im Sommer aufhält, und dem Hauptwohnsitz Zarzuela bei Madrid können die königlichen Paläste besichtigt werden. Den Almudaina-Palast besucht man am besten mittwochs oder donnerstags zwischen 17 und 20 Uhr im Sommer und zwischen 15 und 18 Uhr im Winter. Dann ist der Eintritt für EU-Bürger frei. Ausweis nicht vergessen!

Das Arbeitszimmer des spanischen Königs

4 Museum Es Baluard
Eine Festung für die Kunst

Palmas Museum für moderne und zeitgenössische Kunst ist ein echtes Highlight. Kontrastreich fügt sich die moderne Architektur in die Mauern der ehemaligen Festung Es Baluard ein. Die Sammlung zeigt eine hochkarätige Auswahl moderner Positionen, die Wechselausstellungen sind den Arbeiten zeitgenössischer Künstler vorbehalten. Auch wer an Kunst kein so großes Interesse hat, wird zumindest die Caféterrasse mit schöner Aussicht über die Bucht schätzen.

Einfach gut !

GALERIERUNDGANG

Um einen Eindruck über das aktuelle Kunstgeschehen zu bekommen, bietet sich ein Rundgang durch die Galerien Palmas an. Zu den wichtigsten der Insel gehört die Galería Maior zwei Häuserecken weiter in der C/ Can Sales 10. Die Galerie Kewenig bespielt das Oratorio de Sant Feliu in der gleichnamigen Straße. Eigentlich ist dieses Gebetshaus ein spätromanisches Schmuckstück. Ebenfalls sehenswert ist die Galería Altair im Carrer Sant Jaume 15. Sie nutzt die Räumlichkeiten eines alten Stadtpalasts. In der Hausnummer 23A befindet sich die sehenswerte Galería Xavier Fiol. Die L21 Gallery im Carrer San Martí 1 ist ebenso auf junge Kunst spezialisiert wie Aba Art an der Plaza Porta de Santa Catalina 21.

Obwohl es erst wenige Jahre besteht, kann man sich das Zentrum für moderne Kunst heute schon nicht mehr wegdenken. Das avantgardistische Bauwerk, das sich auf mehreren Rampen in die ehemalige Festungsanlage Baluard de Sant Pere duckt, gibt dem vielfältigen Kunstschaffen der Insel einen angemessenen Ort.

Kunstsammlung Pere A. Serra

1997 stellten die Stadt Palma und die Inselregierung 17,5 Mio. Euro für Restaurierung und Ausbau der ehemaligen Festung am nördlichen Ende von Sant Pere bereit. Hinter den alten Mauern versteckt sich heute ein strahlend weißer Museumsbau, der mit Kunstwerken aus der Sammlung Pere A. Serra bestückt wurde. Der Großverleger – zur Grup Serra gehören mehrere Zeitungen und Radiostationen sowie das deutschsprachige *Mallorca Magazin* – hat im Lauf seines Lebens Werke der klassischen Moderne von Cézanne, Gauguin, Picasso gesammelt, ebenso wie Miró, Magritte,

Museum Es Baluard

Giacometti und Künstler der 1980er- und 1990er-Jahre wie Sigmar Polke, Anselm Kiefer Julian Schnabel und Miquel Barceló. Bis 2013 hat der deutsche Sammler Hans Grothe dem Haus vier Werke von Anselm Kiefer überlassen. Im Gespräch war sogar mal ein spezielles Kiefer-Museum auf Mallorca.

Spannend, weil nur an wenigen Orten zu sehen, sind die Landschaftsmalereien mit mallorquin-schen, katalanischen und mediterranen Sujets von Santiago Rusiñol, Joaquim Mir, Hermenegild Anglada-Camarasa oder Manuel H. Mompó.

Kunst und Kultur gratis

Die Stadt Palma organisiert das ganze Jahr über zahlreiche Veranstaltungen wie die Internationale Woche des Tanzes, Palma amb la Dansa, mit Auf-führungen von April bis Mai. Jedes Jahr im Au-gust kann man Konzerte, Film- und Theaterauf-führungen im Parc de la Mar zwischen Kathedrale und Meer im Rahmen des Sommerprogramms ›Palma Nit a Nit« verfolgen. Kostenlosen Eintritt hat man im Casal Solleric (Passeig des Born), im Kultur-zentrum Sa Nostra (C/ Concepciò) und im Museum der Juan March Stiftung (C/ Sant Miquel).

Infos und Adressen

INFORMATION

Fundació Es Baluard Museu d'Art Modern i Contemporani de Palma:
Plaça Porta Santa Catalina 10,
Tel. 971 90 82 00, Eintritt: 6 €, frei-tags ab 0,10 €, www.esbaluard.org

Öffnungszeiten:
Di–Sa 10–20 Uhr, Sa 10–15 Uhr

Führungen:
Zu den jeweiligen Ausstellungen werden Führungen angeboten. Anmeldung unter 971 90 82 01.

Museumsrestaurant:
Eine Kombination aus historischer und zeitgenössischer Architektur. Von der Caféterrasse aus genießt man das Panorama über Bucht und Hafen von Palma.

Ca'n Toni: Es gibt sie noch, die un-verfälscht mallorquinischen Lokale. Hier werden köstliches Spanferkel und andere Spezialitäten serviert –, sofern man einen Platz bekommt. Costa de Santa Creu 5, Tel. 871 71 66 61, www.cafecantoni.com

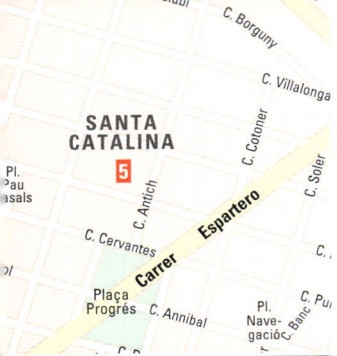

5 Santa Catalina
Trends mit Geschmack

In kleinen Boutiquen nach ausgefallener Mode, Vintage-Möbeln und Kleinigkeiten schauen, ob zum Essen gehen oder ausgehen: Santa Catalina ist derzeit wohl das angesagteste Viertel der Stadt. In der kleinen Markthalle schlägt schon seit vielen Jahren das kulinarische Herz Mallorcas.

Was ist typisch für die Skyline von Palma de Mallorca? Natürlich, die Kathedrale. Vielleicht auch noch der braune, leer stehende Büroblock, das sogenannte Gesa-Gebäude, das jüngst unter Denkmalschutz gestellt wurde. Malerischer sind da schon die alten Windmühlen, die sich über einer Felskante oberhalb des Hafens ins Blau strecken. Natürlich sind auch sie als Kulturgut geschützt und dürfen nicht zugunsten schicker Apartments abgerissen werden.

Es Jonquet, das Viertel mit den kleinen Fischerhäusern und den Windmühlen, vermittelt einem noch eine Ahnung, wie es in den vortouristischen Zeiten in Palma war. Gerade deshalb und wegen der guten Lage haben die Bewohner Angst vor dem Ausverkauf ihrer lange übersehenen Idylle.

Ein Markt der Aromen

Das ist kein Wunder. Nur wenige Straßen entfernt kann man auf die Hipster von Palma treffen. Das Viertel Santa Catalina ist der lebendige Beweis, dass es auch in Palma so etwas wie eine urbane Kultur gibt. Der Vergleich ist etwas weit hergeholt, aber wer in Palma nach einer kreativen Atmosphäre sucht, wie man sie in Barcelona oder Berlin finden kann, der muss nach Santa Catalina.

Oben: Ein charmantes Plätzchen
Unten: Wandgemälde an einer Hausfassade

Santa Catalina

Dort gibt es kleine Läden, Lokale und Bars, die jenseits des Mainstream und dennoch voll im Trend liegen. Santa Catalina könnte man etwas großspurig auch das Epizentrum der neuen mallorquinischen Küche nennen. Da die Gastronomie zweifellos eine wichtige Rolle im Viertel spielt, beginnt man folgerichtig seinen Besuch im Mercat de Santa Catalina. Dieser ist aufgrund seiner ausgesuchten Stände und der intimen Atmosphäre die heimliche Nummer eins. Er ist einerseits eine klassische Markthalle, aber mittlerweile ebenso ein Feinkostmarkt mit Stehlokalen für die Nachbarn und Foodies.

Das, wenn man so will, offizielle Gesicht dieser neuen Esskultur ist die Carrer Fàbrica, die schon vor Jahren zur Fußgängerzone umgebaut wurde. Hier reiht sich Lokal an Lokal. Spannender ist es aber, sich in den Nebengassen nach einer neuen Lieblingsbar umzusehen.

Auf einmal in Sevilla

Hält man sich in Richtung Castell de Bellver, kann es sein, dass man plötzlich in Sevilla landet. Schließlich gehört doch die Torre del Oro in die Stadt am Guadalquivir. Und was macht die Alhambra von Granada – beziehungsweise ein Teil von ihr – in einem Vorort von Palma? Wem das spanisch vorkommt, der liegt ganz richtig. 1967 wurde das Museumsdorf Poble Espanyol errichtet. Dort sollten die Touristen kennenlernen, was es sonst noch so im Land zu sehen gibt.

Seit einigen Jahren hat das Spanische Dorf eine zusätzliche Rolle übernommen. Im Advent findet dort Mallorcas stimmungsvollster Weihnachtsmarkt statt. Zumindest in dieser Zeit wird einem das Spanische Dorf aber auch ziemlich deutsch vorkommen.

Infos und Adressen

SEHENSWÜRDIGKEITEN

Mercat Santa Catalina. Plaça de Navegació,
www.mercatsantacatalina.com

Nuevo Poble Espanyol. C/ Poble Espanyol, Tel. 971 73 70 75, Nov.–März, tgl. 9–17, Apr.–Okt. tgl. bis 18 Uhr,
www.puebloespanolmallorca.com

ESSEN UND TRINKEN

La Coqueria. Coca statt Pizza. Köstlich sind die mallorquinischen Teigfladen, und wer möchte, lässt sie sich zum Mitnehmen hübsch verpacken. Mercat de Santa Catalina, Stand 13, Tel. 971 45 30 98.

Patron Lunares. Trendiges Restaurant-Bistro hinter alten Türen. C/ Fàbrica, 30, Tel. 971 57 71 54, www.patronlunares.com

Viêt nam. Wer Lust auf leichte und köstliche asiatische Küche hat, liegt hier richtig. Pl. Progres, 14, Tel. 971 28 50 23.

Xoriguer. Der Klassiker unter den Restaurants in der Carrer Fàbrica. Köstliche baskisch geprägte Küche. C/ Fàbrica, 60, Tel. 971 28 83 32.

ÜBERNACHTEN

Cuba Colonial. Unten ist ein beliebtes Café-Restaurant und oben ein schickes 4-Sterne-Hotel. Mitten im Getümmel und perfekt für Nachtschwärmer. C/ Sant Magí, 1, Tel. 971 45 22 37, www.hotelhostalcuba.com

53

6 Museum und Atelier Joan Miró
Miró und Mallorca

1956 zogen Joan Miró und seine von der Insel stammende Frau Pilar nach Mallorca. Im modernistischen Atelierhaus von Josep Lluis Sert arbeitete der Künstler bis zu seinem Tod 1983. Durch den Verkauf von Bildern aus dem Nachlass konnte die Stiftung den sternförmigen Museumsbau finanzieren, den der spanische Stararchitekt Rafael Moneo entworfen hat.

Joan Miró gehört zu den wenigen Künstlern des 20. Jahrhunderts, deren Arbeiten eine enorme Breitenwirkung hatten und haben. Via Plakat und Kunstdruck und allerlei Nachahmungen haben es die Strichmenschen im typischen Miró-Design bis in die Kinderzimmer dieser Welt geschafft. Das ist verblüffend, zumal der Katalane eine eigene, durchaus private Bildsprache entwickelt hat, die sich nicht ohne Weiteres erschließt. Zweifellos aber strahlen die Werke häufig etwas Fröhlich-Lebendiges aus, etwas Heiteres, das man sofort mit dem Süden und dem Mittelmeer in Verbindung bringt. Die reinen, unvermischt aufgetragenen Farben kontrastieren mit schwarzen Linien, die sie zu Formen oder Figuren verbinden. Miró-Bilder wirken zeichenhaft-primitiv und scheinen einer Welt der Fantasie oder Poesie zu entstammen, die nur auf den ersten Blick dekorativ wirkt.

Neben Barcelona mit seinem Miró-Museum ist Palma de Mallorca durchaus ein geeigneter Ort, um sich mit dem Schaffen des Spaniers Joan Miró und seinem Arbeitsumfeld vertraut zu machen.

Oben: Der kühle und sternförmige Museumsbau wurde von Rafael Moneo entworfen und 1993 eröffnet.
Unten: Transparenter Alabaster wirft ein sanftes Licht in die Museumsräume.

Museum Joan Miró

Vom Buchhalter zum Künstler

Geheimtipp

NOCH MEHR ARCHITEKTUR

Joan Miró wurde 1893 in Barcelona geboren. Bevor er sich an der Academia Gali einschrieb, arbeitete er als Buchhalter. Schon nach drei Jahren beschloss der 22-Jährige die Ausbildung abzubrechen und die Laufbahn eines freien Künstlers einzuschlagen. Die wichtigsten Einflüsse erfährt er aus Paris, wo er zunächst die Malerei der Fauvisten und Kubisten kennenlernt. Im Jahr 1918 fand seine erste Einzelausstellung in Barcelona statt, in der bedeutenden Galerie Dalmau. Ein Jahr später reiste er erstmals nach Paris, wo er mit seinem schon berühmten Landsmann Picasso zusammentraf. 1921, zur großen Zeit des Surrealismus, zog er in die französische Hauptstadt. Miró lernt Bretón und seine Anhängerschaft kennen und greift deren Konzept der »automatischen Malerei« auf, die durch verschiedene Techniken versucht, die Bereiche des Unterbewussten in die Werke einfließen zu lassen. Nach Versuchen mit der Collage zeigen die Arbeiten jener Zeit bereits die für Miró typische Abstrahierung zu zeichenhaften Formen.

Leben auf Mallorca

In den 1950er- und 1960er-Jahren erreichte der Katalane den Höhepunkt seines Erfolgs. 1956 verlegte Miró seinen Wohnsitz nach Mallorca. Durch seine Mutter und seine Frau Pilar, die beide von der Insel stammten, gab es enge Bindungen zur Insel. Zu dieser Zeit wurde er bereits in zahlreichen Museen Europas ausgestellt, das MoMa in New York bereitete eine Retrospektive vor. Trotz der internationalen Anerkennung lebte und arbeitete Miró auf Mallorca weitgehend isoliert. Bis Ende der 1970er-Jahre gab es keinen öffentlichen Auftrag für den zurückhaltenden Katalanen, dennoch wurde Mallorca zu einem wichtigen Ab-

Das von Josep Lluis Sert entworfene Atelier-Studio von Joan Miró ist eines der wenigen herausragenden Gebäude der 1950er- bis 1970er-Jahre. Architekturkenner werden bei dem Namen Jørn Utzon (geb. 1918) aufhorchen. Der dänische Architekt wurde vor allem durch die Oper von Sydney berühmt, an der er zwischen 1956 und 1966 arbeitete. 1971–1972 baute er sich auf Mallorca seinen Alterssitz. Das Wohnhaus Can Lis liegt an den Klippen von Porto Petro. Mit seiner klaren Struktur und der Verwendung lokaler Materialien (Marès-Stein) gilt es als Neuinterpretation eines mediterranen Hauses. 1994 baute er sich ein zweites Haus weiter im Landesinneren, das Can Feliz in s'Horta de Felanitx. Auch von diesem Bau im Valle de Calonge aus ist das Meer zu sehen, über ihm thront stolz das Castillo de Santueri. Federico Climent hat ein Buch über die beiden Häuser geschrieben, die leider nicht besichtigt werden können.

Buchtipp: Jørn Utzon, *Dos Casas en Mallorca*, Federico Climent, Conselleria de Turisme, 2000

Ein Highlight der modernen Architektur – das Atelierhaus von Joan Miró

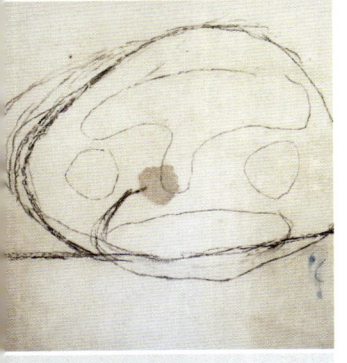

schnitt in seinem Leben. Auf dem Grundstück der Finca Son Abrines ließ er sich von seinem Freund, dem Architekten Josep Luis Sert, ein Atelierhaus bauen. Sert, der seinerzeit zu den wichtigsten Architekten Spaniens gehörte, entwarf ein Gebäude, das durch seine gebrochene Dachstruktur auffällt, die an die gespreizten Flügel von Möwen erinnert.

Im angrenzenden Landhaus Son Boter wurden Gäste untergebracht. Später kaufte der Künstler die trutzige *masia*, ein Bauernhaus aus dem 17. Jahrhundert, hinzu und nutzte sie als Werkstatt für Keramik und Skulptur.

Mit zunehmendem Alter wendet sich der Künstler immer wieder neuen Ansätzen und Arbeitsbereichen zu, seine Kunst wird experimenteller. Er entwickelt den sogenannten Sobreteixismus, Materialbilder aus Textilien, er malt Kirchenfenster und entwirft riesige Skulpturen.

Fundació Pilar i Joan Miró

Aus Sorge um sein kreatives Erbe, das Atelier und das Landgut Son Boter rief er 1981 gemeinsam mit seiner Frau Pilar eine Stiftung ins Leben. Neben dem Atelierhaus und der Finca erhielt die Stadt Palma gut einhundert Gemälde als Schenkung. Rund 40 Arbeiten werden bei Sotheby's versteigert und garantieren die Finanzierung eines Museumsbaus, der im Jahr 1993, zehn Jahre nach dem Tod des Künstlers und zu seinem 100. Geburtstag, fertiggestellt wurde.

Besichtigung

Der modern-eleganten Bau von Rafael Moneo wird im Inneren durch transparente Alabasterscheiben erhellt. Neben der sehenswerten Gemäldesammlung befinden sich in der Miró-

Oben: Graffiti-Zeichnungen in Mirós Wohnhaus
Mitte: Keramikarbeiten von Miró
Unten: Wandzeichnungen im Wohnhaus des Künstlers

Museum Joan Miró

Im Atelier des Meisters

Stiftung auch eine Bibliothek, ein Dokumentationszentrum, eine Werkstatt und ein Café. Im Außenbereich wurden Skulpturen des Künstlers aufgestellt.

Unbedingt sehenswert ist das von Sert entworfene Atelierhaus. Mit den farbigen Türen in Rot, Gelb und Blau und den Backsteinwänden, die von einer weißen Betonstruktur getragen werden, erinnert die Fassade an eine konstruktivistische Komposition, deren Strenge durch die Bogenfragmente des Dachs aufgelockert wird. Im Inneren befindet sich das große Malatelier Mirós: Pinsel, die Staffeleien, Werkbank und zahlreiche Entwürfe und einige fertige Bilder machen den Eindruck, als hätte er die Arbeit nur für einen Moment unterbrochen. Etwas oberhalb, in Son Boter, hatte der Meister seine Skulpturenwerkstatt eingerichtet. Gelegentlich malte er auch in diesem Anwesen aus dem 17. Jahrhundert. Das Haus Son Abrines, in dem Pilar und Joan Miró lebten, befindet sich heute im Privatbesitz und kann nicht besichtigt werden.

Infos und Adressen

NFORMATION

Fundació Pilar i Joan Miró:
Joan de Saridakis 29, Sommer Di–Sa 10–19, im Winter bis 18 Uhr, So ganzjährig 10–15 Uhr. http://miro.palmademallorca.es, Eintritt 7,50 €. Neben dem Museumsbau mit wichtigen Werken aus dem Nachlass des Künstlers kann sein Atelierhaus besichtigt werden.

Anfahrt: Stadtbus Linie 3, Haltestelle Marivent oder Linie 6, Haltestelle Joan de Saridakis

Die Fassade des Atelierhauses von Pilar und Joan Miró

7 Castell Bellver
Rundburg mit Ausblick

Fünf Kilometer vom Stadtzentrum entfernt wacht das Castell Bellver über der Bucht von Palma. Die Festung aus dem 13./14. Jahrhundert ist die einzige Rundburg Spaniens, sie wurde schon bald als Gefängnis genutzt. Im Inneren befindet sich ein Innenhof mit einem doppelstöckigen Rundgang, und vom Dach der Anlage bietet sich eine grandiose Aussicht.

Schon für die ersten Reisenden, die im 19. Jahrhundert nach Mallorca kamen, gehörte das Castell Bellver als fester Bestandteil zum Besichtigungsprogramm. Sie ließen sich, wie es Jules Verne in seiner Erzählung *Clovis Dardentor* beschreibt, von einem Kutscher auf den Hügel im Westen der Stadt Palma bringen und genossen, – genauso wie die Touristen auch heute noch, – das Panorama über den Hafen und die Bucht von Palma de Mallorca.

GUT ZU WISSEN

SPANNENDE GESCHICHTEN

Das Castell de Bellver ist nicht nur ein einmaliges Zeugnis mittelalterlicher Architektur. In den Räumen der Rundburg werden – neben der Dauerausstellung – auch immer wieder spannende Wechselausstellungen gezeigt. Meistens liegt der Fokus auf einem historischen Thema mit Bezug zur Insel, seien es internationale Fotografen, die Mallorca in der ersten Hälfte des 20. Jahrhunderts in Bildern festgehalten haben oder archäologische Funde der Cabrera-Inseln. Mallorca-Liebhaber finden hier immer wieder neuen Stoff für ihre Leidenschaft.

Oben: Das Castell de Bellver, von dem sich eine grandiose Aussicht bietet.
Unten: Das Museum der Festungsanlage

Von der königlichen Residenz zum Staatsgefängnis

Nicht verpassen

Schon aus einiger Entfernung erkennt man die charakteristische Form der Anlage. Bellver gehört zu den wenigen Rundburgen Europas. Noch im 13. Jahrhundert, nach der Rückeroberung Mallorcas durch König Jaume I., wurde mit dem Bau auf dem rund 100 Meter hohen Hügel begonnen. Es sollte eine Sommerresidenz entstehen, die zugleich die strategisch wichtige Position über dem Hafen nutzt. 1311 konnte der Sohn des ersten mallorquinischen Königs, Jaume II., einziehen und das Regierungsgeschäft vor der neuen Residenz aus leiten. Die Planung der in Spanien einzigartigen Anlage hatte der Architekt Pere Selvá übernommen, der auch den Umbau des Almudaina-Palastes begleitete.

1343 musste Bellver nach der Belagerung durch den König von Aragón übergeben werden. Die Witwe des gefallenen Königs Jaume III. sperrte man ins Burgverlies. Mitte des 15. Jahrhunderts bekam das Kloster Valldemossa die Aufgabe, die Festung zu unterhalten. Die Mauern von Bellver

GANZ SPANIEN IN EINEM DORF

In der Nähe des Castell de Bellver beim Kongresszentrum liegt das Poble Espanyol. Das »Spanische Dorf« besteht aus 22 berühmten Bauwerken, etwa dem Haus El Grecos aus Toledo, dem Innenhof der Alhambra, auch Valencia, Madrid, Teneriffa, Ciudad Real und Córdoba sind vertreten. Als das Dorf 1967 errichtet wurde, galt es im franquistischen Spanien, die nationale Einheit aller Regionen zu demonstrieren. Zugleich wollte man den Touristen zeigen, dass es in Spanien noch mehr zu sehen gibt als die Strände von Mallorca. Der neue Eigentümer, der Immobilienunternehmer Mathias Kühn, hat das Dorf zu einer edlen Ausgehzone verwandelt. Im »Nuevo Pueblo Español« befinden sich ein modisches Fusionsrestaurant, das Alhambra Lounge Café und eine Chillout-Bar im Nachbau der Kathedrale.

Oben: Patio d'armes: Der Waffenhof beeindruckt durch seinen dop-
pelten Säulengang.
Unten: Das Castell de Bellver ist
der einzige runde Festungsbau in
Spanien.

trotzten nicht nur den zahlreichen Angriffen der
Piraten, die im 16. und 17. Jahrhundert zu einer
wahren Plage wurden, sie eigneten sich auch bestens, um dahinter all jene einzusperren, die den
Plänen und Machenschaften der jeweiligen
Machthaber gefährlich werden konnten. Bellver
wurde Staatsgefängnis. Besonders gefürchtet war
die Torre de homenatge, der »Ehrenturm«, in dessen Sockel sich *la olla* (»das Loch«) befindet. Der
Name lässt schon vermuten, dass die Insassen mit
dem Schlimmsten rechnen mussten. Der prominenteste Gefangene war der Schriftsteller und
Staatsmann Gaspar Melchor de Jovellanos. Wegen
seiner Kritik an der Staatsführung Karls III. wurde
er 1790 verbannt und zwischen 1802 und 1808 in
Bellver eingesperrt. Allerdings hatte er eine etwas
angenehmere Zelle. Man findet sie beim Rundgang im ersten Obergeschoss.

Rund und rätselhaft

Der kreisrunde Grundriss der Burganlage ist in Spanien einzigartig. Nach einer bislang nicht schlüssig belegten Theorie ist die Formgebung vom Mystiker und Missionar Ramón Llull beeinflusst. Llull hatte ein System von Kreisen entwickelt, das eine Art Mechanik der Logik simulieren sollte und mit dessen Hilfe er Antworten auf grundlegende Fragen zu finden hoffte.

Im Zentrum der runden Festung öffnet sich ein repräsentativer Innenhof, der den Residenzcharakter der Anlage unterstreicht. Ein doppelstöckiger und einheitlicher Arkadengang umschließt die freie Mitte mit seiner frühgotischen, rational anmutenden Eleganz. Vier Türme umgeben die Festung, wobei die Torre de homenatge frei steht und durch eine kleine Brücke mit dem Hauptbau verbunden ist.

Rundgang mit Aussicht

Besucher finden im Erdgeschoss ein Museum zur Stadtgeschichte Palmas (Museu d'Historia de la Ciutat). Dort wird die Geschichte der Hauptstadt der Balearen von der Bronzezeit bis zur Gegenwart dokumentiert. Im Obergeschoss sind der Thronsaal, die Kapelle Sant Marc, die ehemalige Küche sowie die Sala Jovenallos zu sehen. Es ist der Raum, in dem der spanische Staatsmann festgesetzt war. Die Colleció Despuig zeigt die Skulpturen, d e vom kunstsinnigen Kardinal Antoni Despuig Dameto (1745–1813) gesammelt worden waren, der einer der reichsten Familien der Insel entstammte. Ursprünglich befand sie sich im Herrenhaus Raixa (s. Highlights S. 224 f.), wo der Kardinal log erte. Der Burgfried, die Torre de homenatge, kann nach Anmeldung im Rahmen einer geführten Tour besichtigt werden. Unübertroffen ist die Panoramaussicht, die sich vom Dach der Festung bietet.

Oben: Sammlung des Kardinal Despuig Danneto im Castell de Bellver
Unten: Brunnen im Innenhof der Burg von Castell de Bellver

Infos und Adressen

INFORMATION

Castell Bellver: Camilo José Cela, April–Sept. Di–Sa 10–19, So 10–15; Okt.–März Di–Sa 10–18 Uhr, Eintritt: 4 €, http://castelldebellver.palma.cat

Anfahrt: Buslinie 50 (Sightseeingbus, Haltestelle Bellver), Buslinie 3 und 46 (Haltestelle C/ Joan Miró 16)

Nuevo Poble Espanyol: Poble Espanyol 55, Nov.–März, tgl. 9–17, Apr.–Okt. tgl. bis 19 Uhr, Eintritt: 6 €, www.puebloespanolmallorca.com

8 Platja de Palma
»Einer geht noch«

Südöstlich der Hauptstadt schwappt das Meer an kilometerlange Strände. Die Platja de Palma ist einer der Geburtsorte des Massentourismus. Berühmt und berüchtigt wurde sie durch den sogenannten »Ballermann« in den S'Arenal-Ortsteilen Les Meravelles und Ses Cadenes. Insgesamt macht die Partyzone aber nur einen kleinen Teil der Platja de Palma aus. Malerische kleine Häfen und eine herrliche Promenade sind ideal für eine entspannte Radtour.

Auf alten Fotografien sieht die Platja de Palma ungefähr so aus wie der Strand von Es Trenc. Das heißt, außer Sand und Meer trübt fast nichts das robinsonhafte Idyll. Wer das Glück hat, in einem Reiseband aus den späten 1950er- oder frühen 1960er- Jahren zu blättern, wird feststellen, dass

Oben: Die Hauptattraktion der Platja de Palma bleibt der lange Sandstrand.
Unten: Hauptsache Spaß – Partyurlauber am »Ballermann«

GUT ZU WISSEN

DIE PLATJA UND DIE PARAGRAPHEN

Jahr für Jahr gibt es neue Auflagen für die Platja de Palma. 2014 wurde ein Katalog mit 113 Verboten verabschiedet, der das »zivilisierte Zusammenleben« in Palma Stadt und der Platja de Palma regeln soll. Nachdem die Sangría-Eimer verboten wurden und die Musik heruntergedreht werden muss, ist nun auch Schluss mit den Trinkgelagen am Strand. 2016 wurde das Regelwerk wieder kassiert. Für die Polizei gilt das Areal dennoch als Interventionszone. Sie kann Bußgelder verhängen, etwa beim Konsum von Alkohol auf der Straße, Exhibitionismus und Sex am Strand.

Platja de Palma

S'Arenal auch zu jener Zeit kaum mehr war, als ein paar Häuser, die sehr nah ans Meer gebaut waren.

Einfach gut!

Soweit zur Geschichte. Wenn es eine Gegend auf Mallorca gibt, die das Bild des Massentourismus geprägt hat, dann ist es die Platja de Palma beziehungsweise die Playa de Palma, wie sie auf Kastilisch heißt. S'Arenal musste über Jahrzehnte für das billige und oft vulgäre Urlaubsbild herhalten. Der Teutonengrill, der Bratwurstarchipel, die Putzfraueninsel – diese schon fast nostalgisch klingenden Namen meinen oder meinten immer auch die Platja de Palma.

4,5 Kilometer Sandstrand

S'Arenal hat mit dem sogenannten Ballermann eigentlich nicht viel zu tun, und doch wurde und wird noch manchmal das eine mit dem anderen gleichgesetzt. S'Arenal liegt ganz im Osten der Strandbucht, ist eng bebaut und eigentlich recht spannend. Es ist ein multikultureller Ort mit einigen Hotelruinen aus der Gründerzeit des Massentourismus und natürlich vielen angenehmen, immer wieder renovierten Hotelanlagen und einer schönen Marina. S'Arenal ist ein Konzentrat der mallorquinischen Tourismusgeschichte.

Vor den Fassaden der recht hohen Gebäude zieht sich ein mehrere Kilometer langer Sandstrand bis Can Pastilla hin. Gesäumt wird dieses Prachtexemplar einer Platja von einer breiten Meerespromenade mit Palmen und Fahrradweg und insgesamt 15 Balnearios. Theoretisch ist ein Balneario eine Badeanstalt. Das Wörterbuch bietet noch die Übersetzungen Kurort und Heilbad an. Wenn damit ausgiebige Trinkkuren gemeint sein sollen, kommt es den Balnearios, die schön nummeriert die Platja de Palma säumen, schon näher.

HALLO HAI!

Mallorca ist bekanntlich eine Insel und als solche vom Meer umgeben. Wer nicht gerade Hobbytaucher ist, bekommt vom Lebensraum Wasser allerdings nichts mit. Aber es gibt ja das Palma Aquarium. In den 55 Aquarien leben rund 700 Arten. Herzstück der Anlage ist »the Deep Blue«. Mit einem Fassungsvermögen von 3,5 Mio. Litern Meerwasser gehört es zu den größten Aquarien in Europa. Darin tummeln sich Rochen, Barracudas, Goldbrassen und natürlich Haie, deren Futter täglich frisch vom Markt kommt. Für den Besuch im Palma Aquarium sollte man etwa zwei Stunden einplanen. Der Parcours beginnt mit einem Abstecher in die Antike und dem Leben unserer Vorfahren an den Küsten des Mittelmeers. Etwa die Hälfte der Aquarien sind den Ökosystemen des Mittelmeers gewidmet. In den anderen tummeln sich Meeresbewohner des Atlantischen, Pazifischen und des Indischen Ozeans.

Palma Aquarium. Manuela de los Herreros i Sorà 21, Can Pastilla (Palma de Mallorca)
Tel. 902 702 902, tgl. 9.30–18.30 Uhr
Eintritt 24,50 €, Kinder 4–12 Jahre 14 €
www.palmaaquarium.com

Palma – die Stadt

Die Nummer sechs auf Höhe von Les Meravelles ist der Geburtsort des berüchtigten »Ballermanns«, bei dem das Wort Balneario noch zu erahnen ist. Die Politik, aber auch viele Mallorquiner, möchten vom »Ballermann« nichts mehr hören. Fast jedes Jahr gibt es ein neues Verbot: keine Sangria aus Eimern, keine laute Musikbeschallung im Freien, keine Gelage am Strand. Trotzdem bleibt die Partyzone ein Problemviertel; nicht zuletzt, weil die Verbote kaum eingehalten werden.

Schöne Stunden in Portixol und El Molinar

Mit einem ambitionierten Programm wollte die Inselregierung vor Jahren zeigen, dass das neue Mallorca mit dem Sauftourismus und dem Schmuddelimage nichts mehr zu tun hat. Die Zone sollte in eine ökologisch nachhaltige und klimaneutrale Zukunftsstadt mit Vorbildcharakter verwandelt werden. Theoretisch gibt es noch die Absicht, die Platja de Palma umzugestalten, faktisch ist das Vorhaben aber gescheitert.

Vielleicht braucht es auch gar keinen Masterplan, der in einem Schwung der östlichen Bucht von Palma ein Facelift verpasst. Denn schon wandeln sich einzelne Ortsteile. Portixol, der ehemalige Fischervorort, der am nächsten an Palma liegt, ist zu einem der neuen Trendspots geworden. Auch das dörfliche El Molinar hat seinen Charme, was sich nicht zuletzt an den stark gestiegenen Immobilienpreisen ablesen lässt. Dass sich die Platja de Palma nicht auf den Remmidemmi-Tourismus reduzieren lässt, merkt man spätestens zwischen Coll de'n Rabassa und Ca'n Pastilla. In dem felsigen Gebiet sieht es fast so aus wie auf den frühen Fotografien der Platja de Palma. Dass über dem unbebauten Streifen die Urlaubsflieger zum Landen ansetzten, hört man auf einem Foto ja nicht.

Oben: Der Mega-Park in der Schinkenstraße auf dem »Ballermann«
Mitte: Symbole deutscher Kultur
Unten: Auch bei frisch gebackenen Abiturienten ist die Party am »Ballermann« beliebt.

Infos und Adressen

INFORMATION

O.I.T Municipal Platja de Palma. Plaça de les Meravelles, Platja de Palma, Tel. 902 102 365, www.visitpalma.cat

Oficina d'informació turística. C/ Trencadors esquina Terral 23, S'Arenal, Tel. 971 66 91 62, www.llucmajor.org

ÜBERNACHTEN

Hotel Ciutat Jardí. Das älteste Hotel an der Playa de Palma ist auch das schönste. 1921 wurde es strandnah in einer Mischung aus Kolonial- und Jugendstil erbaut. Seine 20 Zimmer sind stilvoll-neutral eingerichtet. Die Atmosphäre der Anlage lebt vom parkähnlichen Garten und den eleganten Gemeinschaftsräumen. C/ Illa de Malta 14, Ciutat Jardí, Tel. 971 74 60 70, www.hciutatj.com, DZ ab 112 €.

AKTIVITÄTEN

Jetski, Wind- und Kitesurfing, Parasailing, Banana-Boat, Beachvolleyball. Auf dem Radweg, der entlang der Promenade bis nach La Palma führt, genießen Inliner und Radler den Blick auf die Bucht.

Aquacity. Das größte Spaßbad der Insel liegt am Ortsausgang von Arenal in Richtung Cala Blava (15. Mai – Ende Sept. tägl. 10–17 Uhr, Juli und Aug. bis 18 Uhr).

AUSGEHEN

Das Nachtleben konzentriert sich auf die Zone hinter den Balnearios 5 bis 8, spielt sich also nicht in Arenal, sondern im Ortsteil Les Meravelles ab. Dort befinden sich die Bierhallen und Hofbräuhaus-Imitate wie »Bierkönig« und »Mega-Park« sowie die Schinkenstraße mit ihren zahlreichen Lokalitäten. In den Freiluftlokalen beginnt in der Saison (April bis September) das allabendliche und feucht-fröhliche Massengelage. Animiert von DJs, Schlagerstars, Gogo-Tänzerinnen oder einfach durch eine Sportübertragung auf Großleinwand kommt die deutsche Seele in Schwingung. Ab Mitternacht verlagert sich das Geschehen in die Diskotheken. Prostitution und Kriminalität sind feste Größen im Nachtleben rund um den »Ballermann«.

Bierkönig. Riesiges Lokal mit Festzeltatmosphäre, Schinkenstraße.

Bamboleo. Beliebtes Lokal mit dem typischen Musikmix aus Schlagern, Mallorca-Hits und Gassenhauern, Schinkenstraße.

Mega-Park. Ein 8000 Besucher fassender Biergarten mit Außenwänden, die ein gotisches Kastell nachahmen: gegenüber dem Balneario 5.

Riu Palace. Die größte Disco an der Platja de Palma ist bei jüngerem Publikum beliebt. Internationale DJs in den Sommermonaten: C/ Llaut.

Party im Mega-Park

TOURISMUS
Die Insel der Wünsche

1903 eröffnet – das Gran Hotel in Palma de Mallorca

In den letzten Jahren sind die Besucherzahlen auf knapp 10 Mio. pro Jahr gestiegen. Warum wollen so viele Menschen nach Mallorca, und war das schon immer so? Mallorca lebt nicht nur vom Tourismus, es hat ihn auch immer wieder neu geprägt. Wahrscheinlich gibt es nur wenige Flecken auf der Welt, wo sich die Entwicklung des Massentourismus so gut verfolgen lässt wie auf der größten Baleareninsel.

Sie waren die ersten Promis auf Mallorca, George Sand und Frédéric Chopin. Als das Künstlerpaar am 8. November 1838 im Hafen von Palma de Mallorca anlegt, ist die Insel auf Reisende noch nicht vorbereitet. Es gibt noch nicht einmal ein Hotel. Nach einigem Hin und Her beziehen sie eine Kammer in der leer stehenden Kartause von Valldemossa. Immerhin war der nicht eben komfortable Aufenthalt so nachhaltig, dass George Sand ihn in einem Buch festhielt: *Ein Winter auf Mallorca* ist noch immer lesenswert. Vieles, was Madame Sand bewegte, fasziniert auch die Reisenden von heute.

Die erfolgreiche Tourismusgeschichte der Baleareninsel beginnt dennoch erst im ausgehenden 19. Jahrhundert. Dass Mallorca langsam wahrgenommen wird, zeigt sich daran, dass der *Baedeker* in seiner Spanienausgabe von 1901 erstmals ein Kapitel den Balearen widmet.

Und es zeigt sich noch offensichtlicher nach der Eröffnung des prachtvollen Gran Hotel in Palma de Mallorca im Jahr 1903. Zwei Jahre später wird der »Fomento de Turismo« gegründet. Er ist einer der ältesten Tourismusverbände der Welt und rührt bis heute die Werbetrommel. In dieser Frühphase des Tourismus war das Reisen einigen wenigen vorbehalten: Zum Beispiel wohlhabenden Privatiers, die genug Geld und Künstlern, die genug Zeit hatten, die Sonneninsel zu besuchen. Viele Maler lockte es, das Licht der Tramuntana-Küste auf die Leinwand zu bannen. Einer von ihnen war Santiago Rusiñol. Auch er hat ein lesenswertes Buch geschrieben: *Die Insel der Ruhe* (1912).

Exklusiv und luxuriös – Mallorca in den 1930er-Jahren

Es gab also einen Tourismus, bevor die Massen aus Deutschland und England Mallorca okkupierten. Im Jahr 1934 etwa werden inselweit beachtliche 88000 Besucher gezählt. Deià, das schon früh zu einem Künstlertreff wird, zieht ebenso internationale Gäste an wie Cala Ratjada und das Luxushotel Formentor, das 1928 eröffnet und zu einem Jetset-Treff am Ende der Welt wird. Um den Glanz vergangener Tage zu spüren, kann man sich auch das 1921 eröffnete Hotel Ciutat Jardí an der Platja de Palma ansehen. Trotzdem sind die schönen Tage gezählt. Während des Spanischen Bürgerkriegs (1936–39) und des Zweiten Weltkriegs bricht der Tourismus nahezu zusammen. Viele Hotels müssen dichtmachen, so auch das Grand Hotel von Palma, das heute ein sehenswertes Kulturzentrum ist.

Die Düsenflieger landen

Das ändert sich ab den 1950er-Jahren. Die westliche Staatengemeinschaft braucht Spanien. Trotz der Verbrechen des Franco-Regimes wird die Wirtschaftsblockade aufgehoben und der Staat in die UNO aufgenommen. Innerhalb kürzester Zeit schnellen die Besucherzahlen in die Höhe. Aus rund 100000 in 1950 sind es 1970 1,85 Mio.. Staatschef Franco fördert Mallorca massiv als Tourismusziel. Entscheidend für den Erfolg wird der Flugbetrieb. Zunächst noch über den Flughafen Son Bonet, eröffnet 1960 der Flughafen Sant Joan. Mallorca wird zunehmend auch für deutsche Urlauber interessant. Dafür sind mehrere Faktoren verantwortlich: Im Wirtschaftswunderland steigen stetig die Löhne, der gesetzliche Mindesturlaub wird 1963 von 15 auf 18 Tage erhöht (1970 auf 20 Tage). Außerdem fliegen ab 1960 erstmals zivile Düsenjets ferne Ziele an. Das wiederum ermöglicht den Reiseveranstaltern, neue

Reisepakete zu schnüren: die Pauschalreise ist geboren.

Anfang der 1970er-Jahre reisen bereits zwei Mio. Urlauber an. Zur Popularität von »Malle« trägt auch eine Partyzone an der Platja de Palma bei. Im Umfeld der Strandbude »Balneario 6« entstehen Kneipen und Lokale, die sich auf trinkfreudige Kundschaft aus Deutschland einstellen: Der »Ballermann« lockt gleichermaßen die Massen und die Boulevardmedien.

Erfolg und Ernüchterung

Ab Mitte der 1980er-Jahre wandelt sich langsam die Stimmung. Mehr als drei Mio. Touristen besuchen mittlerweile Mallorca. Weite Teile der Küste sind von ausufernden Urlaubszentren und wenig attraktiven Hotels verbaut.

Die Insel kämpft immer mehr mit einem Negativimage, sie wird zum Inbegriff eines dumpfen Tourismus, der sich seine Erfüllung in Saufen, Sex und Sonne sucht.

Eine neue Bauordnung zum Küstenschutz und eine veränderte Tourismusstrategie sollen das Ruder herumreißen. Luxus und Qualität sind jetzt gefragt. Es werden Jachthäfen, Golfplätze und schicke Hotels gebaut. Für sie, ebenso wie für den neuen Residententourismus, also für luxuriöse Zweitwohnsitze, werden weitere Naturräume geopfert. Insgesamt, so der Plan, soll der Tourismus entzerrt und ausgeweitet werden. Nicht nur die Küsten, auch das Landesinnere, das »andere« Mallorca, soll Ziel werden. Und nicht nur im Sommer, sondern auch in den übrigen Jahreszeiten sollen die Urlauber vom Reiz der Insel überzeugt werden.

Baden mit Beton in Santa Ponça

Das ländliche Mallorca wird ab den 1990er-Jahren populär.

Landleben und Lifestyle

Und sie kommen. Mallorca positioniert sich als die Destination für Radsportler, Wanderer und Golfer. Die Pauschalreise ist längst nicht mehr das Maß der Dinge. Ab den 1990er-Jahren, die Besucherzahlen haben die Acht-Millionenmarke erreicht, reisen immer mehr Individualurlauber an. Sie beziehen urige Fincas und suchen auf den Bauernmärkten der Dörfer nach regionalen Spezialitäten. Zusätzlich strömen Tausende von Kreuz-fahrtgästen in die Altstadt von Palma. In den letzten Jahren kamen jährlich knapp zehn Mio. Urlauber nach Mallorca.

Das letzte Kapitel dieser Geschichte, so schien es, ist die Aufwertung von Palma als urbanes Trendziel mit neuen Luxushotels in der Altstadt und trendigen Lokalen. Doch es geht noch weiter. Die Platja de Palma, jahrelang gebrandmarkt als Ziel für Billig- und Partyurlauber, wird langsam hip. In Orten wie Portixol und Ses Palmeres ist die Veränderung bereits deutlich spürbar.

SÜDWESTEN

9   Portals Nous   72

10 Santa Ponça   74

11 Port d'Andratx   78

12 Sant Elm   82

13 Estellencs und Banyalbufar   86

14 Sa Granja   92

9 Portals Nous
Masse und Klasse

Wer hat die teuerste Jacht, wer hat das schnellste Auto? In Portals Nous kann man zeigen, ob man es zu etwas gebracht hat. Der dazugehörige Hafen Porto Portals ist Mallorcas Jetset-Adresse. Schicke Boutiquen, edle Restaurants und die Kulisse sündhaft teurer Jachten machen die Atmosphäre des Privathafens aus. Weiter westlich schließen sich mit Palmanova und Magaluf die Hochburgen des britischen Massentourismus an.

Ist Marbella schön oder Monaco? Nein, darum geht es nicht, auch nicht in Porto Portals, dem Hafen von Portals Nous. Hier geht es um Träume, Sehnsüchte, ums Haben und ums Zeigen. Und darum, dabei zu sein oder sich im Glanz der anderen zu sonnen. Porto Portals ist Spaniens Jetset-Hafen, ein Ort der Reichen und manchmal auch Schönen. Selbstverständlich tummeln sich auch viele Nor-

Seite 70/71: Im Hafen der Bucht Port d'Andratx liegen öfter Hunderte kleine Boote.
Oben: Urlaub auf der Jacht
Unten: Die Hafenpromenade von Puerto Portals

GUT ZU WISSEN

AB IN DIE BUCHT
Die Küste zwischen Palma und Port d'Andratx ist dicht bebaut. Lust auf idyllische Badebuchten? Auf zur Cala Portals Vells und ihren Sandbuchten: dem kleinen FKK-Strand El Mago und dem größeren Familienstrand Portals Vells. Von Letzterem führt ein Pfad zur Höhle Cova Mare de Déu. Ein Händler aus Genua soll im 15. Jh. vor der Küste in Seenot geraten sein, konnte sich aber retten und stiftete zum Dank eine Marienfigur, die lange Zeit in der künstlichen Höhle stand. Die Höhle wurde später von Seeleuten und Anwohnern der Region als Kapelle genutzt.

malsterbliche an den Kais, in den Bars und Restaurants. Und das ist auch gut so, denn ohne Zuschauer macht auch der Urlaub auf der größten Jacht keinen Spaß.

Historische Wurzeln hat der Hafen nicht. Er wurde erst in den 1980er-Jahren angelegt. Eigner ist ein deutscher Unternehmer, dem übrigens nicht nur Porto Portals gehört, sondern auch der malerische Weiler Biniagual und das gleichnamige Weingut bei Binissalem. 2017 feiert der Jetset-Hafen sein 25-jähriges Bestehen. Zweifellos eine Erfolgsgeschichte – die 670 Liegeplätze gehören nicht nur zu den teuersten des Mittelmeerraums, es ist auch schwer, an einen zu kommen. Wer mit seiner 18-Meter-Jacht dauerhaft in Porto Portals festmachen möchte, muss mindestens eine Million Euro für den Liegeplatz investieren.

Zum Luxus auf See gesellt sich der an Land. Parallel zum Hafen befindet sich eine Shopping- und Gastrozone mit edlen Boutiquen und exklusiven Restaurants. Neben dem »Tristán«, dem über viele Jahre lang einzigen Restaurant, das auf der Insel mit zwei Michelin-Sternen ausgezeichnet wurde, gibt es noch weitere ausgesprochen gute Adressen, wo es neben dem Genuss auch immer ums Sehen und Gesehenwerden geht.

Palmanova und Magaluf

Verlässt man Portals Nous auf der alten Landstraße in Richtung Andratx kommt man nach Palmanova und Magaluf. Pubs und Pints, Fish and Ships, Snooker, Karaoke, Darts – kein Problem. In der Hochburg des britischen Massentourismus kann man sich vergnügen wie in Brighton. Im Sommer patrouillieren sogar englische Bobbys in den Straßen. Magaluf und Palmanova sind konsequent. Hier wurde erst gar nicht versucht, mediterranes Flair zu bewahren.

INFORMATION

OMIT Palmanova. Passeig del Mar 13, Palmanova, Tel. 971 68 23 65, omtpalmanova@calvia.com

OMIT Magaluf. Pere Vaquer Ramis 1, Magaluf, Tel. 971 13 11 26, omtmagaluf@calvia.com

ESSEN UND TRINKEN

Flanigans. Hier speisen auch Juan Carlos und die königliche spanische Familie gerne. Daneben auch Treffpunkt der Jachtbesitzer und anspruchsvollen Residenten. Porto Portals, Local 16, Tel. 971 67 91 91.

Terrazas del Bendinat. Tolle Aussicht und ausgezeichnete mediterrane Küche. Im Hotel Bendinat. C/ Andres Ferret Sobral 1, Portals Nous, Tel. 971 67 57 25.

ÜBERNACHTEN

Hotel Bendinat. Traumhaft gelegen an einer Felsklippe und von Pinien umgeben ist dieses Traditionshotel. Mit seinen 52 Zimmern ist das Haus angenehm überschaubar. C/ Andres Ferret Sobral 1, Portals Nous, Tel. 971 67 57 25, www.hotelbendinat.es, DZ ab 270 €.

NACHTLEBEN

BCM Planet Dance. Mallorcas größte Disco mit Platz für 5000 Gäste. Im Sommer tägl. ab 23 Uhr. Avinguda S'Olivera, Magaluf, www.bcmplanetdance.com

AKTIVTIPPS

Western Water Park. Wasser- und Vergnügungspark mit Westernambiente. Eintritt 27 €, Kinder bis 1,40 m, 18 €. Ctra. Magaluf – Sa Porrasa, Tel. 971 12 12 03, westernpark.com

10 Santa Ponça
Zuhause im Süden

Santa Ponça mit seinen 12 000 dauer- haften Einwohnern hat mehrere Gesichter. Rund um die Bucht tummeln sich die Urlauber. Nach Süden hin erstreckt sich eine ausufernde Villen- und Apartment- siedlung. Dort kommt man auch zum neuen Vorzeigehafen Port Adriano. Der Nachbarort Peguera ist fest in der Hand deutscher Pauschalurlauber.

Als am 12. September 1229 der junge König Jaume I. von Aragón mit 143 Schiffen bei Sa Caleta landet, soll die Bucht von Santa Ponça weiß von all den Segeln der Schiffe gewesen sein. Was dann geschah, ist bekannt. Nach erbitterten Kämpfen siegte das Heer aus Barcelona und Ara- gonien, und die 300-jährige Herrschaft der Araber über Mallorca ging zu Ende. Auf der Halbinsel Sa Caleta erinnert ein großes Gedenkkreuz an die Invasion, mit der ein neues Kapitel der Inselge- schichte begann. Ein Spaziergang auf der Halb- insel lohnt nicht nur wegen des Creu de Rei, dem Kreuz des Königs. Wenn man schon einmal da ist, kann man sich auch den schön gelegenen Jacht- hafen anschauen und das Panorama der Bucht von Santa Ponça auf sich wirken lassen. Das sieht mit all den großen Hotel- und Apartmentbauten fast großstädtisch aus.

Oben: Den Strand vor der Tür – das ist einer der Gründe, die für Santa Ponça sprechen.
Unten: Die weite Bucht wird von großen Hotel- und Apartmentblocks gerahmt.

Wer in Santa Ponça Urlaub macht, schätzt den weiten Hausstrand, das Bar- und Shoppingangebot. Der Ort ist bei deutschen Residenten beliebt, die sich hier in einer Parallelgesellschaft mit eigenen Bäckern, Metzgern, Ärzten, Handwerkern etc. bewegen. Auch TV- und Schlagerprominenz wie Daniela Katzenberger, Jürgen Drews zählt dazu.

Designerhafen

An der Südspitze der Bucht von Santa Ponça liegen die Islas Malgrats. Die unbewohnten Kleininseln sind ein Vogelschutzgebiet. Weiter östlich, am Ende der Villensiedlung El Toro, kommt man zum Port Adriano. Der neue Nobelhafen stellt sogar den von Portals Nous in den Schatten, zumindest ist er auf dem besten Weg dahin. Das Kernstück der Anlage ist eine doppelstöckige, 250 Meter lange Shopping-Mole mit exklusiven Boutiquen, Restaurants und Bars, die Stardesigner Philipp Starck entworfen hat.

Peguera

Der westlich gelegene Nachbarort verdankt seine Existenz dem Touristenansturm, den es ab den 1960er-Jahren an die schönen Strände im Südwesten zog. Einen alten Ortskern gibt es nicht, was die meist deutschen Pauschalurlauber aber nicht stört. Peguera ist so etwas wie der massentouristische Mittelweg. Die Hotels sind groß, aber nicht zu hoch gebaut, die Strände sind weit und sandig, einige Palmen wachsen darauf in den blauen Himmel, und wen sollte es stören, dass der Sand aufgeschüttet wurde. Die Flaniermeile ist am Abend autofrei und gut besucht, und wer mit Fremdsprachenkenntnissen am Tresen oder Tisch glänzen will, liegt völlig daneben.

Oben: Durch das Umland kann man Wander- und Radtouren unternehmen.
Unten: Die Apartmentsiedlung Cala Fornells erinnert in ihrer verwinkelten Struktur an ein gewachsenes Dorf.

Rückzugsraum für Vögel und Meerestiere – die Malgrats-Inseln

Geheimtipp

PUIG DE SA MORISCA

Santa Ponça lässt mit seinen Apartment- und Villensiedlungen, seinen Hotelblocks und den Golfplätzen weder der Natur noch der Kultur viel Raum. Ganz verzichten muss man aber nicht. Man kann sogar das eine mit dem anderen verbinden. Die archäologische Fundstädte Puig de Sa Morisca liegt zwischen Golf Santa Ponsa und Port Adriano. Auf dem hügeligen Areal von 35 Hektar wurden Siedlungsreste aus dem 1. Jahrtausend v. Chr. gefunden. Ein Talaiot-Turm mit neun Metern Durchmesser ist zu sehen, dessen Portal noch einigermaßen erhalten geblieben ist. Insgesamt sind 15 Fundstätten zu besichtigen. Von den Aussichtspunkten wie dem Puig de sa Morisca überschaut man den Küstenort und seine Urbanisationen. Zugang über C/ Puig de sa Morisca.

Cala Fornells

Romantisch, wenn auch verbaut, ist die weiter westlich liegende Cala Fornells. In der Nachbarbucht wurde ein anderer Weg gefunden, das Massentaugliche mit dem Individuellen beziehungsweise Landestypischen unter einen Hut zu bringen. Während andernorts grobe Hotelklötze die Landschaft verstellen, wurde hier bereits in den 1970er-Jahren eine Art mediterranes Apartmentdorf gebaut. Eng und verschachtelt, mit vielen Bögen, Terrassen und angenehmen Farben schmiegt sich die Aldea Cala Fornells an den Hang über dem blauen Meer. Leider hat man den Fehler begangen, dass, motiviert vom großen Erfolg dieser Anlage, auch noch eine Aldea II und eine Aldea III gebaut wurden. Es ist also recht eng geworden im Westen von Peguera. Das ändert aber nichts daran, dass die eigentliche Cala Fornells eine wirklich malerische Bucht ist, mit einem kleinen Strand und flachen Felsplatten, auf denen ein paar Glückliche ihre Handtücher ausbreiten können.

Infos und Adressen

INFORMATION

OMT Santa Ponça. Puig de Galatzó 1, Santa Ponça, Tel. 971 69 17 12, omtsantaponsa@calvia.com, www.visitcalvia.com

OMT Peguera. C/ Ratolí 1, Peguera, Tel. 971 68 70 83, omtpeguera@calvia.com, www.visitcalvia.com

ESSEN UND TRINKEN

Bruno. Frische mediterrane Küche im modernen Jachthafen. Port Adriano, Tel. 971 23 24 98, www.restaurantebruno.com

El Chiringuito. Felsterrassen mit Sonnenliegen, Sprungbrett und Holzbrücke. Schöne Beach-Bar an der Cala Blanca. C/ Palmera o.N., Santa Ponça, www.elchiringuito.com

Mar y Mar. Die Lage ist perfekt, das Angebot in Restaurant und Beach Bar überzeugend. Ceviche, gegrillte Garnelen oder Black Angus Burger – im schicken Lokal kann man es sich gut gehen lassen. C/ Pinaret 1, Tel. 670 52 86 65, www.marymar-mallorca.com

La Hacienda. Wenn der Peguera-Urlauber sich mal was gönnen will, steuert er La Hacienda an. Gegrillter Fisch oder Steaks sind erste Wahl. C/ Pau Casals 1, Peguera, Tel. 971 68 54 73.

La Gran Tortuga. Was für eine Terrasse! In Sachen Ausblick können nur wenige Restaurants auf der Insel mithalten. Ctra. Cala Fornells 37, Cala Fornells, Tel. 971 68 60 23, www.lagrantortuga.net

ÜBERNACHTEN

Bahía. Überschaubare Größe und für ein Touristenhotel viel Atmosphäre. Avenida Paguera 81, Peguera, Tel. 971 68 61 00, www.hotelbahia.com

Hotel Petit Cala Fornells. Das erste Hotel am Platz liegt im landschaftlich schönsten Bereich der Cala Fornells. Tel. 971 68 54 05, www.petitcalafornells.com

VERANSTALTUNGEN

Festa del Rei en Jaume. Die Landung von Jaume I. im Jahr 1229 wird mit einem Kostümfest begangen. Dazu gehören auch der Feuerlauf »Correfoc«, ein Mittelaltermarkt etc. Erste Septemberwoche.

AKTIVTIPPS

Ausflugsboot. In Richtung Cala Fornells und Cap Andritxol legt in der Hauptsaison von Peguera aus ein Ausflugsboot ab, www.cruceroscormoran.com

Eines von vielen – Party- und Ausflugsboote steuern im Sommer malerische Buchten an.

11 Port d'Andratx
Umschwärmte Hafenschönheit

Der natürliche Hafen von Port d'Antratx, wird malerisch von Felsen gerahmt. An der Hafenmole und in den mondänen Cafés pflegt man einen entspannt-luxuriösen Lebensstil. Kein Wunder, Port d'Andratx ist die teuerste Wohngegend Mallorcas. Der Hauptort Andratx im Landesinnern versprüht noch den ländlich mallorquinischen Charme. Davon überzeugt man sich am besten an einem Mittwoch, wenn Wochenmarkt ist.

Es bleibt ein Geheimnis, weshalb es attraktiver ist, seine Villa neben, über oder unter die des reichen und manchmal prominenten Nachbarn zu drängen, als an einen anderen, ebenso schönen, aber weiträumigeren Ort der Insel zu ziehen. Aber da die Welt nun mal so ist, wie sie ist, kleben die millionenschweren Bauten aus Glas und Beton an den Felsnasen um Port d'Andratx wie die sprichwörtlichen Schwalbennester. Ebenfalls zu den Grundge-

In der ehemals malerischen Bucht von Port d'Andratx treffen der mondäne Lebensstil wohlhabender Zweit- oder Dritthausbesitzer auf Reste eines romantischen Fischerdorfs.

GUT ZU WISSEN

DER BERG IST VOLL

Knapp 30 Prozent der Gemeindebewohner von Andratx sind Ausländer. Die größte Gruppe stellen die deutschen Landsleute dar. Ein Plätzchen im sogenannten Düsseldorfer Loch hat seinen Preis, und der soll in Port d'Andratx höher sein als an jedem anderen Ort der Insel. Daher wird jedes nutzbare Fleckchen bebaut und zu Geld gemacht. Die schöne Landschaft wuchert mit Beton zu. Den Einheimischen ist das zu Recht suspekt, auch wenn viele dabei durch den Verkauf von Grundstücken gut verdient haben.

setzen unserer Welt gehört, dass da, wo viel ist, auch gern viel genommen wird. Damit sind nicht nur die enormen Boden- und Immobilienpreise gemeint, sondern auch die Anfälligkeit von Politik und Baubranche für illegale Geschäfte. Port d'Andratx ist das Musterbeispiel für die illegalen Machenschaften zwischen Politik und Bauwirtschaft auf der Insel.

So sichtbar die Schattenseiten auch sein mögen, es gibt auch vieles, was versöhnt: Gemeint sind der schöne natürliche Hafen und der alte Ortskern. Der liegt an der südöstlichen Seite der Bucht. Hier sind die Cafés und Restaurants, und hier liegen die Segel- und Motorjachten der Residenten aus Deutschland, England, Spanien und Russland. Wie auch an anderen Marinas, dümpeln an den Kais auch etliche Llaüts. Die typischen Holzboote der Balearen werden oft noch von Freizeitfischern genutzt oder eben als Freizeitboot für den Sonntagsausflug. Von zwei Firmen in Marratxi werden sie noch gebaut.

Künstlerhaus von Daniel Libeskind

Es lohnt sich auch, die Parallelstraße zur Hafenpromenade entlangzugehen. Hier befinden sich nicht nur Shops und Boutiquen sowie die alte Dorfkirche. Fährt oder geht man in Richtung Cap de sa Mola weiter, kommt man an einem ungewöhnlichen Betongebäude vorbei. Das spannendste Haus im mondänen Hafenort wurde von Daniel Libeskind für die amerikanische Künstlerin Barbara Weil entworfen. Wer an einer Besichtigung interessiert ist, kann sich telefonisch anmelden. Die offene Struktur von ineinander verschränkten Kreisbögen ist aber auch gut von außen zu erkennen. Sie soll übrigens von den Schriften des mittelalterlichen Philosophen und größten Denkers der Insel, Ramón Llull, inspiriert sein.

Geheimtipp

MUSIK IM WEINKELLER

Das Weingut fügt sich so malerisch in die Berglandschaft oberhalb von Andratx ein, als hätte es sich ein Maler erdacht. Tatsächlich ist es noch gar nicht alt, sondern wurde erst 1985 von der schwedischen Familie Lundqvist aufgebaut. Zum Teil ragen die Weinkeller in den Berg hinein. Mittlerweile wird das Gut von der deutschen Lena-Luiza Hertle in Kooperation mit der Bodega Macià Batle betrieben. Außer der üblichen Weinprobe kann man auch ein Picknick in den Weinbergen buchen. Dazu werden Chorizo-Wurst, Serrano-Schinken, Manchego-Käse, Oliven und Brot in einen Korb gepackt – und natürlich eine Flasche Wein.

Bodegas Santa Catarina. Crta Andratx – Capdellá, km 4, Andratx, Tel. 971 23 54 13, www.santacatarina.es, Mo–Fr 10–18, So 12–14 Uhr.

Blick von der Wehrkirche

Wenn nicht gerade Mittwoch und Markttag ist, ist im Hauptort Andratx wenig los. Das Land-städtchen hat den typisch mallorquinischen Charme, der den Dörfern Südfrankreichs näher ist als denen des spanischen Festlands. Die Wehr-kirche Santa Maria geht auf das 13. Jahrhundert zurück. Vom Kirchplatz hat man einen schönen Blick über den alten Ortskern. Am Ortsausgang fällt das neugotische bzw. historistische Stadt-schloss Son Mas auf, in dem das Rathaus unter-gebracht ist. Jeden Mittwochvormittag, wenn auf dem Wochenmarkt Früchte, Gemüse, lokale Wurst- und Käsespezialitäten, Kleidung und anderes zum Verkauf stehen, wird es eng und lebhaft im Städtchen. Im 19. Jahrhundert war Andratx ein Zentrum für Seifenherstellung und Holzverarbeitung. Mit der Industrialisierung auf dem Festland, vor allem um Barcelona, waren die Mallorquiner jedoch nicht mehr kon-kurrenzfähig. Es begann eine harte Zeit; viele suchten ihr Glück in Kuba, das damals eine spanische Kolonie war. Erst mit dem Tourismus, ab Mitte des 20. Jahrhunderts, ging es wieder aufwärts.

Kunst und Kultur

Andratx hat auch ein für seine Größe bemer-kenswertes Kunstzentrum. Das Centro Cultural Andratx wurde von den dänischen Galeristen Jacob und Patricia Asbaek gegründet. Es liegt an der Straße in Richtung Es Capdellà. Neben der sehenswerten Sammlung zeitgenössischer Kunst finden regelmäßig Sonderausstellungen statt. Kleiner, aber nicht weniger ambitioniert sind die Veranstaltungen des Kulturhauses Sa Taronga, das mit seinen Workshops, Konzerten und einem netten Gartenlokal bei Mallorquinern und Neu-Mallorquinern sehr beliebt ist.

Oben: Der Hafen von Port d'An-dratx – von Felsen eingerahmt
Unten: Der Südosten wird auch gern für Incentive-Reisen genutzt, wie hier bei der Weinprobe in der Bodega Santa Catarina.

Infos und Adressen

INFORMATION

OIT Port d'Andratx. A. Mateo Bosch, Es Port, Tel. 971 67 13 00.

O.I.T. Andratx. Av. de la Cúria 1, Andratx, Tel./Fax 971 62 80 19, info-andratx@andratx.cat, www.andratx.cat

SEHENSWÜRDIGKEITEN

Hafen von Port d'Andratx. Treffpunkt und Zentrum des Ortes. Auf der Promenade lässt sich die gesamte Hafenbucht erkunden.

Studio Weil. Der Architekt Daniel Libeskind hat das Galeriehaus für die amerikanische Künstlerin Barbara Weil gebaut. Nach Voranmeldung kann es auch besichtigt werden, Tel. 971 67 16 47.

Centro Cultural Andratx. Kunstzentrum, Ausstellungen zeitgenössischer Kunst. C/ Estanyera 2, Andratx, Tel. 971 13 77 70, Di–Fr 10.30–19, So 10.30–16 Uhr, www.ccandratx.com

ESSEN UND TRINKEN

Galicia. Angenehmes und unkompliziertes galicisches Restaurant. Spezialität sind Fischgerichte. C/ Isaac Peral 37, Port d'Andratx, Tel. 971 67 27 05.

Limón y Chelo. Restaurant mit netter und gemütlicher Gartenterrasse sowie guter mediterraner Küche. Beim Kulturzentrum Sa Taronja. C/Andalucía 23, Andratx, Tel. 971 13 63 68, www.limonychelo.com

Trespais. Köstlich und ausgezeichnet zubereitete Fusionsküche. C/Antonio Callafat, 24, Tel. 971 672 814, www.trespais-mallorca.com

ÜBERNACHTEN

Villa Italia. Charmantes, intimes Luxushotel. Die schönsten Zimmer sind im alten Villengebäude und kosten ab 280 €. Camino de San Carlos 13, Port d'Andratx, Tel. 971 67 40 11, www.hotelvillaitalia.com

Finca Son Esteve. Ein romantischer Rückzugsort zwischen Andratx und seinem Hafen. Im 15. Jahrhundert wurde die Finca zur Verteidigung gegen Piraten erbaut. Heute ist sie ein komfortables Landhotel unter mallorquinischer Leitung. Camí C'as Vidals 42, Andratx, Tel. 655 572 630, www.sonesteve.com

NACHTLEBEN

Dafür, dass es nicht sehr groß ist, besitzt Port d'Andratx ein reges Nachtleben. Man trifft sich im »Mitj & Mitj« oder im »Havanna« (beide Av. Riviera Alemany). Im Disco-Klassiker »Barracuda« (Av. Mateo Bosch, im Einkaufszentrum »Ses Veles«) fühlen sich auch Promis wohl.

Nach den langen Nächten im Hafen lockt auf »Son Esteve« ein bequemes Bett.

12 Sant Elm
Baden, wandern, sich erholen

Ein kleiner Badestrand, eine Handvoll Hotels und ein Hafen im Miniaturformat. Es ist fast ein Wunder, dass es an der Küste Mallorcas noch einen beschaulichen Ort wie Sant Elm gibt. Für einen ruhigen und entspannten Badeurlaub eignet sich die Südspitze des Tramuntana-Gebirges ebenso gut wie als Basis für Aktivurlauber. Die Wandertour zum ehemaligen Trappistenkloster hoch über dem Meer ist ein beliebter Klassiker.

Mallorca ist die Insel der kurzen Distanzen. Von einem Ort zum nächsten sind es selten mehr als 13 Kilometer. Das hat seinen Grund, denn genau diese Distanz war in den unmotorisierten Zeiten problemlos mit einem Eselskarren zu bewältigen. Hin und zurück sind das also 26 Kilometer für einen Tag. Die Entfernung zwischen zwei Orten ist aber nicht nur eine Frage der Geografie und der Verkehrsmittel, sie ist auch eine des Lebens- oder sagen wir des Urlaubsstils.

Von Port d'Andratx bis Sant Elm sind es knapp zehn Kilometer. Die letzten fünf ab dem Weiler S'Arracó sind besonders schön. Dann ist man in einer anderen Welt, einer, wo Ruhe und Meeresrauschen und gute Wandermöglichkeiten zusammenkommen. Ob es sich hier besser oder angenehmer urlauben lässt als im mondänen Port d'Andratx, muss jeder für sich entscheiden. Es ist eine Frage des Geschmacks und der Bedürfnisse. Wer Party und Unterhaltung sucht, wird von Sant Elm enttäuscht sein, für den ruhigen und preisgünstigen Badeort – auch für Familien – gibt es auf Mallorca wenig Vergleichbares.

Ruhiger Badeurlaub in dem beschaulichen Sant Elm

Wanderung zum Trappistenkloster La Trapa

Schwierigkeitsgrad: Mittelschwer;
An- und Abstieg: jeweils ca. 400 Höhenmeter;
Reine Wanderzeit ca. 3,5 Std.;
Möglichkeiten zum Einkehren nur in Sant Elm.

Die Wandertour beginnt in Sant Elm, das Sie über die l'Avinguda de la Trapa verlassen. Auf dem GR 221 folgen Sie dem Wanderweg und orientieren sich am besten an den kegelförmigen Steinen, oder Sie fragen sicherheitshalber einen anderen Wanderer. Nach einem Kiefernwald beginnt rechterHand ein schweißtreibender Anstieg. Sogar eine Passage mit kleiner Klettereinlage will bewältigt werden.

Am Ende der Kletterstrecke erreichen Sie ein Plateau mit grandiosem Panoramablick. Dann sehen Sie auch schon Finca la Trapa in einem Tal liegen. Folgen Sie dem Abstieg zum Kloster, das Mönche des Trappistenordens errichteten, nachdem sie vor der napoleonischen Herrschaft aus Frankreich geflohen waren. 14 Jahre später mussten die Mönche das Kloster wieder aufgeben.

Nachdem Sie La Trapa besucht und die Cala en Basset mit ihrem Turm gesehen haben, starten Sie den Rückweg über den Osthang des Hügels über den Pass Ses Animes. Über einen schönen Waldweg geht es steil bergab bis zu einer Finca. Kurz darauf markiert ein Wegweiser die Richtung nach Sant Elm.

Die Ruinen von La Trapa während des Umbaus

Sant Elm wurde als Ferienort konzipiert und stellt kein gewachsenes Dorf dar, daher fehlen auch die kulturellen oder historischen Highlights. Nett ist es trotzdem, vor allem am kleinen Hafen, wo es einige rustikale Restaurants gibt mit Blick auf die »Dracheninsel« Sa Dragonera. Gleich am Ortseingang bietet der 180 Meter lange Sandstrand einen Platz fürs Badevergnügen. Hier sind die Dimensionen überschaubar, ebenso wie die Zahl der Hotels, auch wenn es am Strand im Sommer eng wird.

Sa Dragonera

Sie liegt da wie ein riesiger schlafender Drachen. Es bereitet keine Probleme, den Namen Sa Dragonera, »die Dracheninsel«, auf das 4,2 Kilometer lange und bis zu 900 Meter breite Eiland zu übertragen. Auf dem schmalen Inselrücken geht es steil bergauf. Den höchsten Punkt markiert der Puig Na Pòpia mit 353 Metern, auf dessen luftigen Höhen ein ehemaliger Leuchtturm thront. Vom kleinen Hafen von Sant Elm verkehrt regelmäßig ein Boot zum noch kleineren Hafen Cala Lladó, der an der dem Festland zugewandten Seite liegt. Auch wer nicht hinüberfährt, kann mithilfe eines Feldstechers erkennen, dass über dem kleinen Naturhafen Terrassen angelegt wurden und die Insel bis heute landwirtschaftlich genutzt wird. Die dem Meer zugewandte Seite fällt steil ab und ist nicht zu begehen. Wer sich für die Überfahrt entschieden hat, kann zur Nordostspitze wandern (1 Std.) oder auf einem breiteren Weg in die entgegengesetzte Richtung zum Cap des Llebeig (knapp 3 Std.). Steil wird es beim Aufstieg zum Leuchtturm »Far Vell« (3 Std.). Im Sommer muss man an einen ausreichenden Wasservorrat denken, denn auf dem mit Macchia bewachsenen Bergrücken im Meer kann die Sonne ganz schön brennen und eine Strandbar gibt es nicht. Die Sonne ist der Dragonera-Eidechse gerade recht.

Oben: Essen mit Blick übers Meer – Restaurant Na Cargola
Mitte: Vom kleinen Hafen legen Boote zur Insel Sa Dragonera ab.
Unten: Wandern von Sant Elm zur Klosterruine Sa Trapa

Diese Art gibt es nur auf der kleinen Insel, die darüber hinaus Heimat von mehr als 300 Pflanzenarten ist.

In den 1970er-Jahren plante ein Investor, die Insel mit einem Feriendorf für 3600 Urlauber zu bebauen, zu dem ein Kasino wie auch ein Hafen mit 600 Liegeplätzen gehören sollten. Den Widerstand gegen das Vorhaben kann man als Geburtsstunde des mallorquinischen Umwelt- und Naturschutzes sehen. Der Inselrat lenkte ein und kaufte die Insel, die im Jahr 1995 als Naturschutzgebiet ausgewiesen wurde.

Zum Trappistenkloster La Trapa

Die Wanderung zur Klosterruine ist gewiss kein Geheimtipp. Das stört aber nicht, denn auch mit Gleichgesinnten ist es ein Vergnügen, die südwestlichen Ausläufer der Serra Tramuntana zu erkunden. In Sant Elm folgt man hinter der Windmühle rechts dem Schild »La Trapa« bis zum Ortsende. Nach einem anstrengenden Kilometer bergauf kommt man an der Finca Ca'n Tomeví vorbei, die man rechter Hand liegen lässt. Weiter geradeaus erreicht man nach weiteren zwei Kilometern das Trappistenkloster, das zur Wanderherberge ausgebaut wird (La Trapa ist eine Station auf dem Weitwanderweg GR 221).

Die Mönche des Trappistenordens flohen während der napoleonischen Herrschaft aus Frankreich und landeten 1810 auf der Mittelmeerinsel. Ganz im Westen Mallorcas fanden sie die Abgeschiedenheit für ihr gottgefälliges Leben. In den 14 Jahren, die sie in La Trapa verbrachten, legten sie Terrassen an und bauten das Kloster samt Kapelle. Danach verfiel die Anlage, bis sie schließlich in den 1980er-Jahren vom Umweltverband GOB mit Spendengeldern gekauft wurde.

Infos und Adressen

INFORMATION

OIT Municipal Sant Elm. Av. Jaume I 28, Sant Elm.

SEHENSWÜRDIGKEITEN

Sandstrand. Der kleine Strand am Ortseingang ist auch für Kinder gut geeignet.

Trappistenkloster Sa Trapa. Eine beliebte Wanderung führt zum ehemaligen Kloster im Nordwesten. Für die ausgeschilderte Route kann man einen halben Tag einplanen.

Sa Dragonera. Die als Naturpark geschützte Insel wird zwischen März und Nov. ab Sant Elm tägl. von Fähren angelaufen. Im Infozentrum am Hafen von Es Lladó informiert eine Ausstellung über den Naturpark und die vier Wanderrouten auf der Insel. Weitere Informationen: Naturpark Sa Dragonera, Tel. 971 18 06 32.

ESSEN UND TRINKEN

El Pescador. Oberhalb des Hafens genießt man auf der Terrasse Fischgerichte oder Paella. Al Puerto, Tel. 971 23 91 98, gegrillter Fisch des Tages ca. 15 €.

ÜBERNACHTEN

Hostal Dragonera. Die Herberge steht direkt am Meer und hat eine schöne Sonnenterrasse. Die Zimmer mit Meerblick sind teurer, aber ungleich reizvoller. Ansonsten einfach, aber familiär und solide. Av. Jaume I, Tel. 971 23 90 86, hostaldragonera@teleline.es, www.hostaldragonera.es, DZ 75–85 €.

13 Estellencs und Banyalbufar
Die Gärten über dem Meer

Malerisch verschachtelt liegen die beiden Dörfer mit den Natursteinhäusern am Berg. Das Zusammenspiel von Dorfidylle und maurischen Terrassengärten wird umrahmt vom Meer und den vielfältigen Landschaften der Serra Tramuntana. Am Minihafen von Port d'es Canonge kann man baden und träumen.

Hinter Andratx, wenn die Ma10 in Richtung Coll de Sa Gremola ansteigt, wechseln Atmosphäre und Landschaft merklich. Die Südwestküste mit ihrer dichten und nicht immer vorteilhaften Bebauung bleibt zurück, während das Land und die Landschaft immer mächtiger werden. In der Nebensaison kann es sehr ruhig sein auf der Bergstrecke, die waldreiche Gegend ist still und einsam. Bis zum nächsten Ort sind es 35 Kilometer – so dünn besiedelt kennt man die Insel kaum. Bald öffnet sich das Hochtal, und die Straße verläuft in etwa 300 Metern Höhe parallel zur Tramuntana-Küste – grandioser Ausblick inklusive. Unbedingt möchte man anhalten und schauen, doch leider gibt es kaum Parkmöglichkeiten. Daher gilt es den Mirador de Ricardo Roca nicht zu verpassen. Der ehemalige Wachturm liegt sechs Kilometer vor Estellencs. Hier kann man halten und das fantastische Küstenpanorama auf sich wirken lassen.

Estellencs

Würde man von Mallorca nur Estellencs kennen, könnte man glauben, auf der Insel wäre die Zeit an der Schwelle zum 20. Jahrhundert stehen ge-

Malerische Restaurantterrasse in Estellencs

Banyalbufar und seine Gärten

blieben – oder früher. Die Häuser sind aus hellem Sandstein gebaut, keine Ferien- oder Wohnsiedlung im Stil des spanischen Einerleis trübt das Bild. Estellencs ist ein echtes Dorf, keine romantische Dorfimitation für wohlhabende Residenten, obwohl auch hier schon rund 100 der insgesamt 400 Einwohner aus dem Ausland stammen. Im Sommer kommen zahlreiche Ruhesuchende und Wanderer hinzu.

Zentrum ist die Wehrkirche Sant Joan aus dem 17. Jahrhundert. Ihr Glockenturm stand schon früher und diente zur Verteidigung vor Piraten. Beim Spaziergang durch die engen Gassen, die teilweise durch steile Treppen miteinander verbunden sind, kann man sich von der mittelalterlichen Atmosphäre des Dorfes verzaubern lassen. Immer wieder bieten sich Ausblicke über die Terrassengärten der Umgebung, auf denen vor allem Wein und aromatische Tomaten angebaut werden.

Ehe es auf der Ma 10 nach Banyalbufar geht, darf man sich noch eine Auszeit an der Cala Estellencs gönnen. Eine schmale Straße führt in vielen Kurven zur kleinen steinigen Badebucht, wo auch einige Fischerboote ihren Liegeplatz haben. Im Sommer bietet eine Bar Erfrischungen an.

Einfach gut!

FRUCHTIGER MALVASIER-WEIN

Auch Genuss und Geschmack haben eine Geschichte. Wie schmeckte zum Beispiel der in früheren Jahrhunderten geschätzte Malvasier, der auf den Terrassen der Costa Nord wuchs? Nachdem die Reblaus 1891 dem Weinbau auf Mallorca ein abruptes Ende gesetzt hatte, war es auch mit dem Vorzeigewein zu Ende. Seit 2004 wachsen wieder Malvasierreben auf den Terrassen von Banayalbufar und Estellencs. Manche kommen aus Italien, andere sind virusfreie Sprösslinge jener alten Sorte, die auf der Insel heimisch war. Probieren Sie den *Cornet* von der Kooperative Malvasia de Banyalbufar oder den *Juxta Mare* der Bodega Son Vives. Dort gibt es auch eine nette Cafeteria mit Blick über die Terrassengärten und das Meer.

Cooperativa Malvasía de Banyalbufar. C/ Compte Sallent 5, Banyalbufar

Celler Son Vives. Ctra. Ma 10, Banyalbufar

Banyalbufar

Es gibt kein Dorf auf Mallorca, dessen Landwirtschaft ein schöneres Bild abgäbe als Banyalbufar. Von der Küste bis hinauf zur ehemals arabischen Siedlung in 290 Metern Höhe sind die Abhänge in Terrassen gestuft. Wahrscheinlich hatten bereits die Römer mit der Gestaltung der Berghänge begonnen. Als die Mauren Mallorca eroberten, perfektionierten sie die Gärten. Sie fassten die Quellen in den höher gelegenen Bereichen der Serra Tramuntana und legten ein System aus Kanälen an. Darüber werden bis heute die einzelnen Terrassen bewässert. Ideal waren und sind die schmalen Felder für den Weinanbau. Auch die Araber kultivierten hier Weinstöcke, deren Früchte sie dann zu Rosinen trocknen ließen.

Oben: Typisch Banyalbufar – Terrassen für den Anbau von Wein, Obst und Gemüse
Unten: Blick vom Hotel Son Borguny aus

Estellencs und Banyalbufar

Seit dem Mittelalter, vor allem aber seit dem 16. und 17. Jahrhundert, wurden die Weine aus Ban-yalbufar auch außerhalb der Insel sehr geschätzt. Bekannt war die Küstenregion durch die Malvasiertraube und deren Weine, die hier gekeltert wurden. Mit dem Niedergang des mallorquinischen Weinbaus im ausgehenden 19. Jahrhundert verlor sich diese Tradition, die erst mit Beginn des 21. Jahrhunderts wieder auflebt.

Der Gesamteindruck der ehemaligen Baronie von Banyalbufar ähnelt dem von Estellencs. Allerdings ist der Ort größer und besitzt auch herrschaftlichere Häuser, teilweise auch Adelspaläste. Der 1392 erbaute Palast der Baronie, Sa Baronia, steht am südlichen Ortseingang und ist heute Teil des gleichnamigen Hotels. Ein Stück außerhalb des Ortes in südlicher Richtung kommt man zum ehemaligen Wachturm Ses Animes, einem der beliebtesten Aussichtspunkte der Insel. Die im 16. Jahrhundert errichteten Wachtürme (*talaias*) dienten als Signal-, Wach- und Verteidigungstürme gegen drohende Piratenangriffe.

Port d'es Canonge

Von Banyalbufar führt ein schöner Wanderweg durch die Küstenlandschaft mit ihren Kiefern, Steineichen und Felsformationen zum kleinen Hafen Port d'es Canonge. Seine urigen Bootsgaragen und der kleine Kiesstrand machen ihn zu einem wirklich romantischen Fleckchen. Zum Einkehren empfiehlt sich das beliebte Fischrestaurant Ca'n Toni Moreno (Tel. 971 61 04 26, Mo geschl.). Für die einfache Strecke braucht man ca. 60 Minuten. Man erreicht Port d'es Canonge auch mit dem Auto. Doch da die Fahrstrecke etwas weiter ist, braucht man fast genauso lang. Zudem muss man sich einen schmalen Weg mit engen Serpentinen hinunterquälen.

Erst Wachturm, jetzt Aussichtsturm – die Torre Ses Animes

Infos und Adressen

ESSEN UND TRINKEN

Cafe Restaurant Es Trast. Ein deutscher Familienbetrieb – Gastgeberin ist Julia Bürgel. In der Küche zaubern ihre Eltern mediterrane Köstlichkeiten. Alles marktfrisch und in einem einladenden Ambiente serviert. Gutes Preis-Leistungs-Verhältnis. Conde Sallent 10, Banyalbufar, Tel. 971 14 85 44, Mi geschl.

Montimar. Die traditionelle mallorquinische Küche schmeckt hier besonders gut. Nicht nur weil *tumbet* (Spanferkel) und andere Klassiker besser gelingen als anderswo, auch der Blick, die Lage und der freundliche Service sind spitze. Plaça Constitució 7, Estellencs, Tel. 971 61 85 76.

ÜBERNACHTEN

Hostal/ Hotel Sa Baronia. Ein einfaches Hotel, aber mit tollem Blick von den Zimmern über die Küste. Untergebracht ist es im alten Palast der Barone von Banyalbufar. Der Zimmertrakt ist neuen Datums, insgesamt ist das Haus aber noch immer liebenswert nostalgisch. C/ Baronia 16, Banyalbufar, Tel. 971 61 81 46, www.hbaronia.com, DZ 70 €.

Mar i Vent. Das Landhotel im alten klassischen Stil wird schon in der vierten Generation von der Familie Vives betrieben. Zimmer mit herrlichem Blick, manche mit Terrasse. C/ Maior 49, Banyalbufar, Tel. 971 61 80 00, www.hotelmarivent.com, DZ ab ca. 110 €.

Hotel Sa Plana. Romantisches Landhotel, zuhause in einem alten Gemäuer. Schöner Garten mit Pool, darüber hinaus zwar wenig Luxus, aber eine sehr angenehme Atmosphäre. C/ Eusebio Pascual, Estellencs, Tel. 971 61 86 66, www.saplana.com, DZ ab ca. 110 €

Blick von der Terrasse des Hotel Mar i Vent

Wild und romantisch –
die Tramuntana-Küste
bei Banyalbufar

14 Sa Granja
Folklore und Vergangenheit

Im wasserreichen Hinterland der Tramuntana liegt eines der beliebtesten Ausflugsziele Mallorcas. Das Finca-Museum La Granja bietet in einem ehemaligen Landgut einen umfassenden Einblick in das alte Mallorca, seine Hierarchien, Lebens- und Arbeitsbedingungen. Auch wenn das herrschaftliche Anwesen folkloristisch geschönt ist: Das Haus und die Gärten, die Ausstattung, die Möbel und alten Gerätschaften sind den Besuch wert.

An der Kasse kann sich der Besucher mit einem deutschsprachigen Faltblatt auf den ungeführten Rundgang begeben. Vorbei an Dreschplätzen, Stallungen und einem alten Feuerwehrwagen erreicht man die handwerklichen Bereiche, wo zweimal in der Woche Vorführungen stattfinden. Das Innere der *possessió* begeistert mit antikem mallorquinischem Mobiliar und Wohntextilien. Salon, Speisesaal, Küche und Spielzimmer sind einige Bereiche des Wohnbereichs, die der Rundgang erschließt.

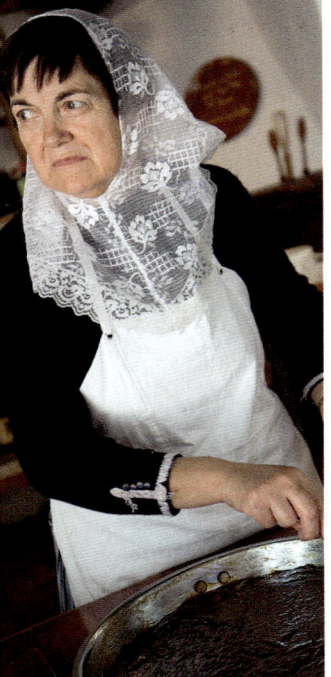

Frau in traditioneller Tracht auf Sa Granja

GUT ZU WISSEN

MIT ODER OHNE SPEKTAKEL?
Handwerksdarbietungen in historischen Kostümen, eine Dressurshow und Touristengruppen, die in Busladungen durch das historische Gut geschleust werden – auf La Granja macht sich von Mittwoch bis Freitag Volksfeststimmung breit. Wer so etwas mag, sollte seinen Besuch auf diese Tage legen. Wem es mehr um den Garten und das Anwesen geht, der kommt besser an einem anderen Tag.

Sa Granja

Es folgen die Bodega, eine alte Ölmühle und eine Brennerei. Unheimlich wird es in den ehemaligen Kerkern, wo der Landadel unliebsame Untertanen einsperren und mitunter sogar foltern ließ.

Einfach gut!

Vom Zisterzienserkloster zum Landgut

Die Ursprünge von La Granja gehen auf ein arabisches Landgut zurück, das Alpic hieß. Bei der Aufteilung der Insel nach der Rückeroberung durch Jaume I. wurden das Gut und seine Ländereien Nunyó Sanç, dem Grafen von Roussillon, zugesprochen, der wiederum dem Zisterzienserorden von Poblet in Katalonien die Pflege des Landes übertrug. 1236 führte der Orden bereits ein Kloster mit 13 Mönchen und 13 Laien. Die Mönche blieben allerdings nur kurz in der Alquería Alpic. 1266 bezogen sie das Kloster la Real in Palma und Alpic wurde als Landgut, als *granja*, weiter genutzt. Im 15. Jahrhundert wurde es an die Familie Vidal verpachtet, die den Hof bis ins 20. Jahrhundert hinein betrieb.

Durch einen Rechtsstreit, den die Vidals gegen das Kloster führten, weiß man, wie umfangreich die Landwirtschaft auf La Granja im 15. Jahrhundert betrieben wurde. Es wurden unter anderem Olivenöl und Holzkohle produziert sowie Eicheln für die Tiermast gesammelt. Und auf dem Weideland tummelten sich bis zu 300 Schweine und ebenso viele Schafe. Im 17. Jahrhundert wechselte der Besitz von den Vidals an die Familie Fortuny. Anfang des 18. Jahrhunderts bekam die Anlage ihr barockes Gesicht. Das Herrenhaus wurde im italienischen Stil mit einer Loggia versehen, während die Außenbereiche zu prächtigen Gärten mit Wasserspielen ausgebaut wurden. Der heutige Eigentümer ließ La Granja restaurieren und öffnete es für die Öffentlichkeit.

ZU GAST IN SON PONT

Das alte Herrenhaus ist schlicht beeindruckend. Bis auf das 14. Jh. geht die Anlage zurück, die einen eleganten Innenhof fasst. Das Haupthaus kann die Spuren der Zeit nicht verleugnen, das macht aber nichts: Son Pont hat Patina und Geschichte, und wenn der Hausherr Zeit hat, führt er gern durch das Anwesen. In den ehemaligen Stallungen steht eine riesige Olivenölpresse, die sich in jedem Museum gut machen würde. Die Hauskapelle – dem Malteserorden gewidmet – wird noch immer genutzt, und hinter dem Haupthaus schließt sich ein verwunschener Palmengarten an. Die klassisch rustikalen Gästezimmer befinden sich in einem neueren Nebengebäude. Dort sind die Gäste für sich, haben einen schönen Blick über das Tal des Torrent sa Riera und den Pool. Zum Wandern oder Radfahren in der Region ist es ein guter Standort.

Son Pont Agroturismo.
Ctra. Palma – Puigpunyent, km 12,3, Tel. 636 95 93 98, sonpont@ono.com, www.sonpont.com, DZ ab ca. 135 €.

La Granja – ein historisches Landgut

Oben: Salon mit originaler historischer Ausstattung
Mitte: Der Speisesaal im »La Granja«
Unten: Küche des Finca-Museums

La Reserva Puig de Galatzó

Über die schmale und malerische Straße Ma1101 geht es durch das vom Meer abgewandte Bergland der Tramuntana. Nach kurvenreichen zehn Kilometern erreicht man den Bergort Puigpunyent, der durch den Wohnungsbau der vergangenen Jahre viel Charme verloren hat. Als Basis für Aktiv- bzw. Wanderurlauber ist die Umgebung aber gut geeignet. Neben rustikalen Landhotels in historischen Höfen kann Puigpunyent auch mit einem Luxushotel, dem »Son Net«, aufwarten. Am Ortsausgang in Richtung Galilea zweigt rechts eine Piste zur Reserva Puig de Galatzó ab. Das 250 Hektar große Naturreservat liegt am Fuß des markanten Puig de Galatzó. Der 1026 Meter hohe Berg ist bei Wanderern sehr beliebt. Esoteriker verehrten ihn wegen seines energetischen Potenzials. Im alten Volksglauben trieb der Comte Mal, der »böse Graf«, hier sein Unwesen. Hinter der Legendenfigur verbirgt sich der Graf Pere Ramón Zaforteza, der ebenso reich wie grausam gewesen sein soll. La Reserva ist ein Landschafts- und Tierpark, der von 200 Metern Meereshöhe bis zur Gipfelzone reicht. Zu sehen sind Braunbären, Hirsche, Esel, Greifvögel, Pfauen, Ziegen und andere Tiere, dazu romantische Grotten und künstliche Wasserfälle. Der Rundweg hat eine Länge von 3,5 Kilometern. Es gibt einen Grillplatz, wo man auch seine eigenen Steaks aufs Feuer legen kann. Kinder erfreuen sich am Spielplatz, dem Streichelzoo und den Badegelegenheiten.

Galilea

Das schmale und kurvenreiche Sträßchen zwischen Puigpunyent und Capdellà ist nichts für Eilige. Die Strecke empfiehlt sich für Genießer, auch Radsportler sind hier gern unterwegs. Nach vier Kilometern kommt das Bergdörfchen Galilea, von dem aus sich ein wunderbares Panorama öffnet.

Infos und Adressen

SEHENSWÜRDIGKEITEN

La Granja. Fincamuseum mit sehenswertem Interieur und Gartenanlagen. Vorführungen der Handwerker ebenso wie Dressurshow Mi und Fr 16 Uhr.
Ctra. Esporles – Puigpunyent, km 2, Tel. 971 61 00 32, tägl. 10–19, im Winter bis 18 Uhr, www.lagranja.net, Eintritt 15 €.

ESSEN UND TRINKEN

Es Brollador. Im netten Ort Esporles eine gute Adresse mit schöner Außenterrasse. Mallorquinische Küche, Passeig del Rei 10, Esporles, Tel. 971 61 05 39, Di geschl., Hauptspeisen zwischen 10 und 20 €.

Bar Parroquial. Das Dorf Galilea darf man sich nicht entgehen lassen. Am schönsten ist der Blick über das Land vom Kirchplatz aus. Dort gibt es diese einfache Bar, wo man günstig Tapas essen kann. Neben der Kirche, Galilea, Tel. 971 61 43 29, Mo geschl.

ÜBERNACHTEN

Gran Hotel Son Net. Son Net ist ein ebenso erlesenes wie romantisches Refugium. Erhöht über der Kleinstadt liegt die Finca aus dem 17. Jahrhundert, die ein Gefühl des Intimen und Exklusiven vermittelt. Die Wände schmücken Kunstwerke von Warhol, Chagall und anderen Größen.
C/ Castillo de Sonnet, Puigpunyent, Tel. 971 14 70 00, www.sonnet.es

Can Torna. Das Landgut aus dem 14. Jh. ist ein ruhiger Agroturismo-Betrieb. Schöner Blick über das Tal. Ctra. Esporles–S Esglaieta, km 4,3, Esporles, Tel. 971 61 15 00, www.cantorna.com

AKTIVITÄTEN

La Reserva Puig de Galatzó. Naturpark mit Wasserfällen, Bademöglichkeiten, Picknickgelegenheit, Streichelzoo, Spielplatz und viel schöner Natur. Predio Son Net, Mallorca, Tel. 971 61 66 22, tägl. 10–18 Uhr, Kasse schließt 2 Std. früher, www.lareservamallorca.com

Ein komfortables Studierzimmer im Museum

Das wird eine Ensaimada – in der historischen Küche von La Granja.

Mallorca lernt man nicht nur kennen, indem man seine Küsten, seine Landschaften und Dörfer bereist. Buchstäblich verinnerlichen kann man sich die Geschichte der Insel beim Essen. Die traditionelle Küche wird geprägt von den unterschiedlichen Kulturen, die auf Mallorca heimisch wurden, und den Produkten, die hier seit Jahrhunderten kultiviert werden.

Über Jahrhunderte hinweg hat man auf Mallorca gelernt, die Erde und das Meer bestmöglich zu nutzen. So hat sich eine Kochkultur entwickelt, die einerseits mit dem auskommen muss, was die Insel und das Meer bereithalten und andererseits von der Geschichte ihrer Bewohner erzählt. Jede Kultur, die auf der Baleareninsel ihre Spuren hinterlassen hat, tat dies auch kulinarisch – mit neu eingeführten Nutzpflanzen, Rezepten und Essgewohnheiten. Die Römer, die Araber, die Juden und die Einwanderer vom spanischen Festland haben die traditionelle Küche nachhaltig geprägt. Mit dem Massentourismus ab den 60er-Jahren des 20. Jahrhunderts kamen vielfältige neue Einflüsse dazu. Seit einigen Jahren ist wieder ein deutliches Interesse an typischen und originären Produkten der Insel zu spüren – bei Einheimischen und Besuchern gleichermaßen.

Die traditionelle Landküche

Als traditionelle Kochkunst Mallorcas gilt die Landküche vor Beginn des Massentourismus. Oliven, Mandeln, Feigen, mediterrane Gemüsearten, Reis, Früchte und Fleisch, meist vom Schwein, sind die Basis. Daraus werden deftige Gerichte gekocht, die teilweise noch den Einfluss verraten, mit welcher Kultur sie die Insel erreichten. Die Römer brachten den Wein auf die Insel und waren begeistert von Kapern. Die Araber oder Mauren,

wie man die Invasoren in Spanien nennt, fürten Reis und Mandeln ein und veredelten die Olivenbäume. Das Arabische kam als Import über Katalonien auf die Insel. Typische Geschmackserlebnisse wie die Verbindung von Öl und Knoblauch, das beliebte »All i Oli«, oder Kombinationen von süß und salzig sind ihr Erbe. Aus dem Mittelmeer finden Sardine (Sardina), Seebarsch (Llobaro), Drachenkopf (Cap Roig), Krake (Pop) und Laxierfisch (Gerret) den Weg in den Kochtopf oder auf den Grill. Weitverbreitet in der Küche Mallorcas ist die Goldmakrele (Lampuga), doch auch köstliche Krustentiere wie die Rote Languste (Llangosta) und die seltene Rote Gamba (Gamba roja) gehören dazu. Als rein mallorquinische Erfindung gilt den Inselbewohnern die Sobrasada, eine Wurstspezialität, die aus luftgetrocknetem Schweinemett, Paprika und anderen Gewürzen hergestellt wird und langsam reifen muss. Aus Katalonien stammt die Botifarró, eine Art Blutwurst aus Schweinefleisch, die gern auch gebraten wird.

Typische Rezepte

Sopes sind keine Suppen im klassischen Sinn. Es handelt sich dabei eher um Eintöpfe, in denen alles landen kann, was der Gemüsegarten gerade hergibt. Manchmal werden *Sopes* mit Fleisch und Schwarzbrot, das in schmale Scheiben geschnitten wurde, ergänzt. Auch beim

Arròs brut, dem »schmutzigen Reis«, variieren die Zutaten je nach Angebot. Grundlage ist ein Reis, der in reichlich Brühe gekocht wird und mit Fleisch, Fisch und jeder Art von Gemüse ergänzt werden kann. Keine Angst vor Innereien darf man bei einem *Frit de matances* haben, wo verschiedene Sorten Schweinefleisch und Innereien mit Gewürzen und Gemüse in den Topf kommen. Für den Auflauf *Tombet* werden geröstete Kartoffeln, Zucchini, Auberginen und Tomaten in eine flache Tonform, eine Greixonera, gegeben und im Ofen gegart. Ideal für heiße Sommertage ist *Trempó*, ein Salat auf Grundlage von Tomaten, Pfefferschoten und Zwiebeln. Beispiele für anspruchsvollere Hauptspeisen sind gebratenes Spanferkel, Lammkeule mit Honig und Rosmarin, Tintenfisch oder Kaninchen in Zwiebelsauce, Huhn in Majoran, Schweinefilet mit Kohl usw. Auf Mallorca wurde auch eine Art Pizza erfunden. Sie nennt sich *Coca* und besteht aus einem Hefeteigfladen, der mit Gemüse, Sobrasada oder anderem belegt ist. Im Unterschied zur italienischen Pizza fehlen der Tomatensugo und der Käsebelag.

Ebenfalls herzhaft und ideal als Zwischenmahlzeit sind gefüllte Teigtaschen, *Panades*. Die Füllung besteht in der Regel aus Schweine- oder Hühnerfleisch mit Erbsen. Während der Fastenzeit werden sie mit Fisch gefüllt. Der handgemachte *S'Atalaia*, eine Käsespezialität, wird aus Ziegen- und Schafmilch nach einem Rezept aus dem 15. Jahrhundert hergestellt. Bekannt ist Mallorca auch für Kapern. Man isst sie in Essig eingelegt als Aperitif,

Deftig – Innereien vom Lamm und Kartoffeln gehören in ein *Frit mallorqui*.

Die Paella kommt aus Valencia, ist aber auch auf Mallorca beliebt.

findet sie auf Cocas, in Saucen oder Teigtaschen. Die Verwendung der geschlossenen Blüte des Kapernstrauchs als pikantes Würzmittel geht wahrscheinlich auf die Römer zurück. Auch Kapernäpfel, die Frucht der Kapernblüte, werden eingelegt und als Tapas oder Appetitanreger genossen. Der Meeresfenchel Fonoll marí wird in Essig eingelegt und passt gut zu Schinken und einem Pa amb oli, einem Brot mit Olivenöl, das oft mit einem Käse oder Serrano-Schinken belegt wird.

Heiß geliebte Ensaimada
Der Star unter den süßen Backwaren ist die Ensaimada. Der Teig wird mit etwas Sauerteig vermengt, zu einer Schnecke gerollt und in Schmalz ausgebacken. Der saftige Mandelkuchen Gató de Al-

menda, der zum Dessert gern auch mit einer Kugel Eis gereicht wird, ist längst ein Klassiker und über die Grenzen der Insel hinaus beliebt.

Fertig is' die Ensaimada.

WESTEN/ NORD- WESTEN

15 Valldemossa   102

16 Reial Cartoixa de Valldemossa   106

17 Son Marroig   112

18 Deià   118

19 Das Tal von Sóller   122

20 Sóller und Port de Sóller   126

21 Tren de Sóller   136

22 Kloster Lluc   140

23 Sa Calobra   146

S. 100/101: Direkt an einer Klippe steht ein Tempel auf dem Landgut Son Marroig.
Oben: Malerisches Panorama – Valldemossa
Unten: Typisch Valldemossa – bemalte Wandfliesen mit Szenen aus dem Leben der hl. Catalina

15 Valldemossa
Auf romantischen Spuren

Der verregnete Winter von 1838/39 hat Valldemossa berühmt gemacht. Neben der Reial Cartoixa, der Kartause, in der das Liebespaar Frédéric Chopin und George Sand gewohnt hat, und dem ehemaligen Königspalast gibt es in dem malerischen Bergdorf noch mehr zu entdecken. Die Unterstadt ist noch frei vom Rummel und ganz dem Andenken der Inselheiligen Catalina Tomàs gewidmet. Sie wurde 1531 in Valldemossa geboren.

Der Strom der Autos und Reisebusse reißt nicht ab. Wollen die wirklich alle nach Valldemossa? Von Palma sind es kaum 20 Kilometer bis hinauf zum Tal von Valldemossa, wo Mallorca als romantisches Reiseziel entdeckt wurde. Damals, als George Sand und Frédéric Chopin einen verregneten Winter auf der Insel verbrachten, war die Anfahrt lang und beschwerlich. In ihrem Reisebericht *Ein Winter auf Mallorca* beschreibt die exzentrische Französin eine Horrorfahrt bei Sturm und Regen, bei der man als Leser um das Leben der Schriftstellerin bangt. Meistens scheint aber die Sonne. Dann zeigt sich auf den letzten zwei Kilometern das Künstlerstädtchen als schönstes Postkartenmotiv. Ausgebreitet auf zwei Hügeln, überragt von einzelnen Türmen, erinnert die Kleinstadt an eine toskanische Idylle. Kein Wunder, dass der Ort mit seinen 2000 Einwohnern das meistbesuchte Ziel der Insel sein soll.

Geschichte

Irgendwann im 4. oder 5. Jahrtausend v. Chr. haben sich unsere Vorfahren im Hochtal zwischen

Valldemossa

Meer und Landesinnern aufgehalten. Davon zeugt eine Höhle im Tal Son Matge, in der prähistorische Zeichnungen entdeckt wurden. Vor der Reconquista gab es dort, wo heute das Kartäuserkloster steht, eine maurische Festung. 1309 wurde auf ihren Fundamenten eine Burg für Jaume II. errichtet, zum Palast erweitert und Ende des 14. Jahrhunderts dem Kartäuserorden übergeben (siehe Seite 106 ff.) Bis ins ausgehende 18. Jahrhundert stand Valldemossa im Ruf, ein Nest von Räubern und Schmugglern zu sein. Das Dorf war nur schwer zu erreichen, was sich erst mit einer mehr oder weniger bequemen Straße im Jahr 1783 änderte.

Costa Nord

Heute kommen die meisten Besucher über die Ma1110 aus Palma und steuern einen der großen Parkplätze an. Strategisch günstig kommt man so zunächst an der Touristeninformation vorbei. Schräg gegenüber, auf der anderen Seite der Durchgangsstraße, befindet sich das Kulturzentrum Costa Nord. Der Besucher wird zunächst in einer Art Werbefilm, der von Hollywood-Star Michael Douglas produziert und moderiert wurde, über die Schönheiten der Tramuntana-Küste informiert. Dann geht es in einen Raum, der dem Schiff des »Archidux« Ludwig Salvator, der »Nixe«, nachempfunden wurde und eine multimediale Show bietet, die den Erzherzog und seine Erforschung der Balearen-Insel zum Thema hat. Geldgeber und Gründer des 2000 eingeweihten Kulturzentrums war der US-Schauspieler Michael Douglas, der es 2003 für 4,4 Millionen Euro an die Inselregierung verkaufte. Ein glänzendes Geschäft für den Schauspieler – so wurde damals gespottet. Zum Ausgleich rührte er eine Zeit lang als Tourismusbotschafter für Mallorca die Werbetrommel. Douglas besitzt einige Kilometer weiter an der Tramunta-

COCAS DE PATATA

Nein, sie sind kein Geheimtipp, das schmälert aber nicht den Genuss. Die *Cocas de patata*, das typische Gebäck von Valldemossa, schmecken frisch einfach traumhaft. Wie der Name schon sagt, werden die halbrunden, mit Puderzucker bestäubten Teigkugeln aus Kartoffeln gemacht. In den Teig kommen außerdem Zucker, Mandelmehl, Eier und Zitronenschale. Übrigens: Besonders gut sind sie in der kalten Jahreszeit zu einer Tasse heißer Schokolade, selbstverständlich in der dickflüssigen schokogesättigten Version, wie man sie in Spanien kennt. Man bekommt sie überall im Ort, wo auch Backwaren verkauft werden.

Eine schöne Haustür im Bergdorf Valldemossa

na-Küste die Villa S'Estaca, in der vor langer Zeit die Lebensgefährtin und Geliebte des Erzherzogs Ludwig Salvator, Catalina Homar, gelebt hat.

Beim Spaziergang durch die Gassen fallen neben den vielen Souvenir- und Geschenkeshops auch bunte Wandfliesen auf. Diese handbemalten Tafeln schildern Szenen aus dem Leben der hl. Catalina, die in Valldemossa geboren wurde.

In die Unterstadt

Da dem Kartäuserkloster, der Cartoixa, und dem Palast des Rei Sanç ein eigenes Kapitel gewidmet ist (siehe Seite 106 ff.), kann man hier den touristischen Bereich verlassen und am ehemaligen Hostal Can Mario in den unteren Teil der Gemeinde spazieren. Das 1887 eröffnete Hostal ist eine der ältesten Unterkünfte der Insel. Gästezimmer werden schon seit Jahren keine mehr vermietet. Dennoch lohnt es sich, am Mittag in der ersten Etage das familiäre Restaurant zu besuchen.

Nun geht es recht steil bergab zur Pfarrkirche San Bartomeu aus dem 15. Jahrhundert. Im Hauptschiff befinden sich eine Marmorfigur der hl. Catalina Tomàs und Gemälde mit Szenen aus ihrem Leben. Die Unterstadt gehört ganz dem Gedenken an die Heilige, die 1531 hier geboren wurde. Genauer gesagt war es in der schmalen Gasse, die oberhalb der Kirche San Bartomeu abzweigt. An der Stelle ihres Geburtshauses wurde eine Kapelle errichtet.

Port de Valldemossa

Valldemossa hat auch einen Hafen. Der ist sechs Kilometer entfernt und war in früheren Zeiten ein Umschlagplatz der Schmuggler. Dort gibt es einen kleinen Kiesstrand, fotogene Bootsschuppen, einen kleinen Jachthafen und einige Lokale.

Oben: Am kleinen Hafen von Valldemossa
Mitte: Abendstimmung an der Costa Nord
Unten: Ein Bootshaus am Hafen

Infos und Adressen

INFORMATION

O.I.T von Valldemossa Av. de Palma 7,
Valldemossa, Tel./Fax 971 61 20 19,
oficinaturisme@valldemossa.es,
www.valldemossa.com

SEHENSWÜRDIGKEITEN

Reial Cartoixa de Valldemossa. (s. S. 106 ff.)

Unterstadt. Weniger besuchter Teil der Stadt mit
malerischen Gassen und der Kirche Sant Bartomeu aus dem 15. Jh.

Fundació Cultural Coll Bardolet. 60 Jahre seines Lebens hat Josep Coll Bardolet in Valldemossa gelebt und gearbeitet. Einige seiner farbenfro-
hen Gemälde sind im Museum zu sehen.
C/ Blanquerna 4, Nov.–März Di.–Sa. 10–16,
So.10–14 und 15–18 Uhr, Apr.–Okt. Mo.–Sa.
10–19, Sa.10–14 und 16–19, So.10–20 Uhr,
http://fccollbardolet.org

Geburtshaus der hl. Catalina Tomàs. Die Heilige
wurde 1531 in Valldemossa geboren. Bereits als
junges Mädchen betete sie an einem selbst ge-
bauten Altar auf dem Feld und wurde später ins
Kloster der Augustiner-Chorfrauen in Palma aufgenommen. Nach ihrem Tod 1574 fand sie ihre letzte
Ruhe im Convent Sant Maria in Palma, wo sie in
einem gläsernen Sarg aufgebahrt ist. 1930 heilig-
gesprochen. Mit Kapelle in der C/ Rectoria.

ESSEN UND TRINKEN

Can Mario. Das kleine Restaurant in der ersten
Etage eines alten Stadthauses bietet seit vielen
Jahren solide mallorquinische Küche. C/ Uetam 8,
Tel. 971 61 21 22.

Casa Sa Miranda. Innen ist es hübsch gemütlich
und von der Außenterrasse schaut man ins Tal.
Leckere Fusionsküche zu akzeptablen Preisen. Pl.
Miranda des Lladoners 3, Tel. 971 62 22 96,

Es Port. Salat, Fisch und Paella schmecken am
kleinen Hafen von Valldemossa besonders gut.
C/ Ponent 5, Port de Valldemossa,
Tel. 971 61 61 94, www.restaurantesport.es

ÜBERNACHTEN

Ca's Papa. Herrlich romantisches Boutiquehotel
unterhalb der Kartause. C/ Jovellanos 8,
Tel. 971 61 28 08, www.hotelcaspapa.com,
DZ ab ca. 115 €

Hotel Valldemossa. Die edle Herberge mit zwölf lu-
xuriösen Zimmern liegt auf einem Hügel im unteren
Bereich der Stadt. Gediegen und mit gutem Restaurant. Ctra. Vell de Valldemossa, Tel. 971 61 26 26,
www.valldemossahotel.com, DZ ab 300 €.

Das gediegene Hotel Valldemossa mit gutem Restaurant

16 Reial Cartoixa de Valldemossa
Kloster, Museum und Mythos

Zu den bekanntesten Sehenswürdigkeiten Mallorcas zählt das königliche Kartäuserkloster von Valdemossa. George Sand und Frédéric Chopin haben es durch ihren Besuch im Winter 1838/39 berühmt gemacht. Aber sie waren nicht die Einzigen, die diesen besonderen Ort besucht haben. Nach ihnen kamen Schriftsteller und Maler. Die Klosteranlage mit dem alten Königspalast aus dem 14./18. Jahrhundert und einem Gemäldemuseum zählt auch ohne Chopin-Episode zu den Kulturhöhepunkten.

Es ist seltsam. Da lässt die französische Autorin George Sand in ihrem Reisebericht *Ein Winter auf Mallorca* kaum ein gutes Haar an Mallorca, doch die Massen kommen trotzdem. Sie wollen sehen,

GUT ZU WISSEN

VALLDEMOSSA OHNE SAND UND CHOPIN

Durch die Gassen drängeln sich Besucher wie im Zentrum von Palma. Die Restaurants sind langweilig, und in den Shops werden Souvenirs verkauft, die keiner haben will. Das ist die eine Seite von Valldemossa. Die andere – und deswegen kommen all die Menschen hier hinauf – sind die schöne Lage, die malerischen Gassen, die Kartause. Auch ohne den Sand-Chopin-Mythos gibt es genug zu entdecken. Zum Beispiel die mallorquinische Malerei im Museu Municipal oder die ruhige Unterstadt. Schön ist es am Abend, wenn die Reisebusse abgefahren sind. Dann ist er wieder da, der Zauber von Valldemossa.

Oben: Die Kartause von Valldemossa bezaubert durch die schöne Lage.
Unten: Immer eine frische Blume – das Klavier, auf dem Chopin gespielt hat.

Reial Cartoixa

wo Sand und ihr Geliebter Frédéric Chopin jenen legendären verregneten Winter verbracht haben. Nun wäre der Bergort mit seinem Kloster und dem ehemaligen Königspalast Grund genug für einen Besuch, doch seit es den Massentourismus auf der Insel gibt, pflegt Valldemossa den Kult um Sand und Chopin. Mit großem Erfolg – jedes Jahr kommt etwa eine halbe Million Touristen in das 2000-Einwohner-Städtchen.

George Sand und Frédéric Chopin

George Sand (eigentlich Aurore Dupin, Baronin von Dudevant, 1804–1876) hat die eher enttäuschenden Erlebnisse bei ihrem Aufenthalt in dem Reisebuch *Ein Winter auf Mallorca* festgehalten, das 1842 erschienen ist. Das Buch ist praktisch in jedem Laden von Valldemossa in vielen Sprachen zu bekommen. Nach einer missglückten Ehe pflegte die Französin für ihre Zeit ungewöhnlich frei ihre Liebschaften. Sie hatte bereits eine Zeit lang mit den Autoren Alfred de Musset und Prosper Mérimée zusammengelebt, ehe sie über Franz Liszt den Pianisten Fréderic Chopin (1810–1849) kennenlernte. Ab 1837 waren sie ein Paar, dessen Beziehung immerhin zehn Jahre andauern sollte.

Ein Winter auf Mallorca

Am 8. November 1838 um 11.30 Uhr steigt das Paar zusammen mit den Kindern von George Sand, Maurice und Solange, und einer Dienerin am Hafen von Palma aus dem Dampfer. Der 15-jährige Maurice litt an Asthma und sollte sich im milden Mittelmeerklima stabilisieren. Auch Chopin ging es nicht gut. Er leide unter »Erkältungen, die in Bronchitis ausarteten«, diagnostizierte ein Mediziner in Paris, tatsächlich war er an Tuberkulose erkrankt. Die Reise des unverheirateten Paares

Nicht verpassen

INTERNATIONALES CHOPIN-FESTIVAL

Das erste fand 1930 statt. Bis zum Ausbruch des Spanischen Bürgerkriegs kamen renommierte Künstler und Komponisten zum Chopin-Festival nach Valldemossa. Unter anderem Arthur Rubinstein und Pau Casals. 1981 wurde das Musikevent wiederbelebt. Seitdem spielen jedes Jahr im August internationale Solisten im Kreuzgang des Kartäuserklosters.

Festival Chopin. So im August ab 22 Uhr, Reservierungen: 971 61 23 51, www.festivalchopin.com

Der Altar in der neoklassizistischen Klosterkirche

Oben: Privatkapelle in der Zelle
des Abtes
Unten: Die historische Bibliothek
in derselben Zelle

nach Mallorca stand unter keinem guten Stern. Auf der Insel war man noch nicht auf Reisende eingestellt, es gab kein Hotel und kaum Infrastruktur, auf die man hätte zurückgreifen können. Außerdem hatte das Land unter den Karlisten-Kriegen zu leiden. Die Erinnerung an den Volksaufstand und den anschließenden Befreiungskrieg gegen Napoleon war noch wach, und Ausländer, zumal Franzosen, galten als suspekt.

Die Suche nach einer Unterkunft gestaltete sich ähnlich schwierig wie die nach einem passablen Klavier und nach Lebensmitteln, die der Französin schmeckten. Nach einer Übergangslösung in Palma konnte sich das Paar mit den Kindern in der Kartause von Valldemossa einrichten. Das Kloster stand nach der Säkularisierung unter Mendizábal leer, seine Räume waren kalt und ohne jeden Komfort. Die Vorstellungen der beiden, in ein romantisches Fast-Afrika zu reisen, voller Exotik und bevölkert von einem Menschenschlag, der ebenso einfach wie edel sei, entpuppten sich als das, was sie sind – als Klischees. Nach drei Monaten gab das Künstlerpaar auf und verließ die Insel. Drei Jahre später erscheint Sands Reisebericht *Un hiver à Majorque*, streckenweise eine Abrechnung mit der Inselbevölkerung. Die Menschen seien faul, hinterhältig, abergläubisch und ohne jeden Ehrgeiz. Gastfreundschaft würden sie nicht kennen, schreibt die Autorin darin. Die Natur und die Landschaft dagegen lobt sie in höchsten Tönen. Umgekehrt werden die Mallorquiner ihre Vorbehalte gegen ein Paar gehabt haben, das kein Interesse an den Bräuchen des Landes zeigte, das in wilder Ehe zusammenlebte und nicht einmal den Gottesdienst besuchte. Neben dem Reisebericht George Sands schlägt sich der Aufenthalt auch in den Préludes op. 28 nieder, die Chopin in der Kartause fertiggestellt hatte – darunter auch das bekannte Regentropfen-Prélude.

Reial Cartoixa

1309 wurde auf einer arabischen Festungsruine zunächst eine Burg errichtet. Die ausgebaute Anlage bekam ab 1399 als Kloster *Cartoixa de Jesús Nazareno*, als Kartause von Valldemossa, eine neue Funktion. Weitgehend aus dem 18. Jahrhundert stammt das, was der Besucher heute zu sehen bekommt: ein weiträumiger Komplex mit Klosterkirche, zwei Kreuzgängen, Königspalast, Zellenflügel, Apotheke und Gärten.

Juan Álvarez Mendizábal – eine spannende Figur in der spanischen Geschichte – wagte sich ab 1835 an die Pfründe der Kirche. Mit den Desamortisationsdekreten (Enteignungsdekreten) und Säkularisierungen wurden zahlreiche Klöster aufgelöst. Mendizábal wollte die Staatsschulden senken und eine Bodenreform in Angriff nehmen, damit die ungenutzten Ländereien und Liegenschaften wieder Teil des Wirtschaftskreislaufes würden. Nachdem das Kloster in staatlichen Besitz übergegangen war, wurden die einzelnen Zellen an Privatpersonen verkauft. Bis heute teilen sich neun Eigentümer den Zellenflügel. Die berühmtesten Mieter waren das Paar George Sand und Frédéric Chopin, die den Winter 1838 auf 1839 in Zelle Nummer 4 verbracht haben. Sand und Chopin waren keineswegs die Einzigen, die in der Kartause von Valldemossa gewohnt haben. Auch der Staatsmann Gaspar Melchor de Jovellanos, die Schriftsteller Rubén Darío, Miguel de Unamuno, Azorín und der Maler Joaquín Sorolla waren zu Gast, allerdings in einem anderen Gebäudeteil.

Klosterkirche

Mit dem Bau der neoklassizistisch kühl ausgestalteten Klosterkirche begann man 1751, die Einweihung folgte 60 Jahre später. Die Fresken im Innenraum stammen von Manuel Bayeu, dem Sohn

BRIEFE VON FRÉDÉRIC CHOPIN

»Meine Zelle, die wie ein Sarg aussieht, hat eine gewaltige staubige Wölbung und ein kleines Fenster, von dem man die Orangenbäume, Palmen und Zypressen des Gartens sieht. … Neben dem Bett ein alter Tisch, eine Art viereckiges Pult, auf dem man sehr schlecht schreiben kann, und auf ihm ein bleierner Leuchter mit – welch ein Luxus für hier! – einer Kerze. Auf dem gleichen Pult die Werke Bachs, mein Geschreibsel und andere Papiere, die nicht mir gehören … Stille – auch wenn man schreit … immer noch Stille! Mit einem Wort: ich schreibe Dir von einem sehr merkwürdigen Ort.« Frédéric Chopin an Julian Fontana, 28. Dez. 1838.

des bekannteren Francisco Bayeu, dessen Tochter Josefa die Frau von Francisco de Goya war. Einige Gemälde führte der Barockmeister Fray Joaquín Juncosa aus. Die Statuen des hl. Bruno und des hl. Johannes des Täufers sind Kopien nach Adrán Ferrán aus der Kathedrale von Palma. Am Hauptaltar befindet sich über der Muttergottes die Inselheilige Catalina Tomàs. Im Presbyterium fallen das Chorgestühl mit feinen Einlegearbeiten und einige liturgische Objekte auf.

Alte Apotheke

Verlässt man die Kirche, kommt man linker Hand zur alten Klosterapotheke. Die Einrichtung stammt noch aus dem ausgehenden 17. und frühen 18. Jahrhundert. Die 135 katalanischen Tongefäße mit dem typischen blauen Pflanzendekor sind ebenso sehenswert wie die alten Glasgefäße, Waagen, Pillenmühlen und Retorten.

Klosterzellen

In der ersten Zelle, die aus drei kleinen Räumen besteht, wohnte der Prior. Die Privatkapelle des Priors zieren Reliquien der hl. Catalina. Die beeindruckende Bibliothek glänzt mit seltenen Ausgaben u. a. von Ramón Llull, historischen Briefen, Majolikas und einem flämischen Triptychon aus dem 16. Jahrhundert. Die nächste Zelle ist George Sand und Frédéric Chopin gewidmet, die hier gewohnt haben sollen. Partituren des Pianisten und das Originalmanuskript von *Ein Winter auf Mallorca* von George Sand stechen unter den zahlreichen liebevoll arrangierten Exponaten hervor. Mit dem einfachen mallorquinischen Klavier, das ebenfalls zu sehen ist, war der Meister nicht zufrieden. Dennoch komponierte er auf ihm unter anderem das bekannte Regentropfen-Prélude. Lange warten musste der Virtuose auf sein Pleyel-Klavier, das er

Oben: Die alte Klosterapotheke mit originalen Gerätschaften aus dem 17. Jh. ist einen Besuch wert.
Unten: Blick in das Schlafzimmer des Abtes

sich auf die Insel nachschicken ließ, und das in Zelle 4 steht. In einem Nebenraum befinden sich die Totenmaske Chopins und die Briefe des Paares.

Museu Municipal

Den ersten Raum des Gemeindemuseums beherrscht eine Druckpresse von 1662, darüber hinaus sind zum Beispiel zahlreiche Holzschnitte aus dem 16. bis 19. Jahrhundert und eine alte Weltkarte ausgestellt. Die Presse gehörte der Druckerei Guasp, die 1579 in Palma gegründet wurde. Die nächste Abteilung widmet sich dem Leben des Erzherzogs Ludwig Salvator, der 1866 nach Mallorca kam und unter anderem das bislang vollständigste natur- und kulturkundliche Forschungswerk über die Balearen verfasste. Interessant ist die Sammlung meist spanischer Künstler, die sich von Mallorca und der Tramuntana inspirieren ließen. Die Auswahl hat nicht durchweg hohes Niveau, was aber nicht stört, da immer wieder Entdeckungen zu machen sind. Joaquím Mir, Santiago Rusiñol und Sorolla oder auch der Deutsche Nils Burwitz, der seit den 1970er-Jahren auf Mallorca arbeitet, sind mit Werken vertreten. Das Obergeschoss ist der internationalen Kunst des 20. Jahrhunderts gewidmet, darunter Arbeiten von der spanischen Gruppe El Paso, Francis Bacon, Max Ernst und anderen Künstlern.

Palau del Rei Sanç

Zum Schluss der Besichtigung erwartet den Besucher der Palast des Königs Sancho. Königs Jaume II. erbaute die Anlage für seinen Sohn, der von 1311 bis 1324 hier residierte. Im ältesten Teil des Klosters sind auch die kleinen Zellen zu sehen, in denen die Schriftsteller Unamuno, Darío und Azorín wohnten. Im Musiksaal des Palastes finden stündlich kurze Konzerte statt. Man spielt Chopin.

INFORMATION
Öffnungszeiten:
März–Sept. Mo–Sa 9.30–18.30, So 10–13 Uhr; Okt., Nov., Feb. Mo–Sa 16.30, So 10–13 Uhr; Dez., Jan. Mo–Sa bis 15 Uhr, So geschl.

ESSEN UND TRINKEN
Valldemossa. Eine romantische Feinschmeckeroase im edlen Hotel Valldemossa. Kreative mediterrane Küche zu gehobenen Preisen. Ctra. Vell de Valldemossa, Tel. 971 61 26 26.

ÜBERNACHTEN
Es Petit Hotel de Valldemossa. Ein kleines modern eingerichtetes Hotel in einem alten Stadthaus. Schöne Lage zwischen Ober- und Unterstadt und schöne Aussicht. C/ Uetam 1, Valldemossa, Tel. 971 61 24 79, www.espetithotel-valldemossa.com, DZ ab 130 €.

Im Kloster der Kartäuser von Valldemossa

17 Son Marroig
Zuflucht des Erzherzogs Ludwig Salvator

Mit 20 Jahren verliebte sich Ludwig Salvator, ein Spross des habsburgischen Adelsgeschlechts, in Mallorca. Der Erzherzog, der »Arxiduc«, wie er auf der Insel genannt wird, kaufte nach und nach weite Teile der Costa Nord, darunter auch das Landgut Son Marroig, das er zu seinem Wohnsitz ausbauen ließ. Das Kloster Miramar, wo im 13. Jahrhundert Ramón Llull gelehrt hatte, ließ er ebenso restaurieren wie die alten Wachtürme entlang der Küste, die heute als Aussichtsplätze fungieren.

Ludwig Salvator (1847–1915) war Erzherzog von Österreich und der Toskana. Dass die Tramuntana-Küste zwischen Valldemossa und Deià bis heute in unverbauter Schönheit erstrahlt, verdankt - Mallorca unter anderem ihm. In seinem rund 16 Kilometer langen Minireich mit den Höfen Son Moragues, Miramar, Marroig, S'Estaca und Son Galceran ließ er Wege und Aussichtspunkte anlegen und pflegte die Natur nach Maßstäben, die die ökologischen Standpunkte des 20. Jahrhunderts vorwegnehmen. Von seinem Stützpunkt Son Marroig aus unternahm der Privatgelehrte weite Forschungsreisen durch den gesamten Mittelmeerraum sowie an die Küsten von Kalifornien und Australien.

Das Leben des Erzherzogs

Der junge Ludwig, der 1847 im italienischen Florenz geboren wurde, gehörte nicht zu den typischen Vertretern der k. u. k.-Monarchie, dem kai-

Oben: Tempel aus Carrara-Marmor auf Son Marroig
Unten: Ludwig Salvator ließ das Landgut zu einem repräsentativen Wohnsitz ausbauen.

Son Marroig

serlich und königlichen Hof von Öster-
reich-Ungarn. Dem Hof mit seinem Ze-
remoniell und Intrigenspiel konnte der
junge Graf nur wenig abgewinnen. Stattdessen interessierte er sich für fremde Sprachen und
Länder, für die Naturwissenschaften und die Seefahrt. Ludwig Salvator war der Sohn des Großher-
zogs Leopold II. von der Toskana und der königlichen Erzherzogin Maria Antonietta von Sizilien.
In der Thronfolge der Donaumonarchie nahm er
seinerzeit immerhin Rang drei ein.

Wegen revolutionärer Unruhen verließ die Familie
Italien und zog auf Schloss Brandeis bei Prag, wo
Ludwig aufwuchs. Nachdem der Vater 1859 abge-
dankt und der ältere Sohn Ferdinand die Amtsge-
schäfte übernommen hatte, wäre für Ludwig eine
militärische Laufbahn infrage gekommen, doch
dazu hatte der junge Mann weder Neigung noch
Lust. Er studierte Arabisch und andere Sprachen,
setzte sich mit den Naturwissenschaften auseinander und legte das »Hochseekapitänspatent
Lange Fahrt« ab. Ludwig Salvator wird Privatier
und Forschungsreisender.

Die Entdeckung Mallorcas

Im Jahr 1867, genauer gesagt am 18. August,
kam der Erzherzog erstmals nach Mallorca. Unter
dem Pseudonym Ludwig Graf Neudorf hatte der
20-Jährige die Balearen bereist und sich in die
Landschaft Mallorcas verliebt. Der junge Mann
studierte die Geografie der Inseln, bestimmte ihre
Pflanzen- und Tierwelt. 1869 waren die Arbeiten
an seinem ersten Buch abgeschlossen, ein Jahr
später übersiedelte er ganz nach Mallorca. Nach
und nach kaufte er Ländereien und Gutshöfe
zwischen Valldemossa und Deià und baute sich so
sein eigenes kleines Herzogtum auf. Die alten
Wachtürme, die *talaias*, ließ er zu Aussichtspunk-

Geheimtipp

DIE BÜCHER LUDWIG SALVATORS IM INTERNET

Wer sich für das traditionelle
Mallorca interessiert und mehr
über seine alten Bräuche, Lebensge-
wohnheiten und Kultur erfahren
möchte, stößt unweigerlich auf die
Forschungsarbeiten des Erzherzogs
Ludwig Salvator. Das in neun Büchern herausgegebene Werk *Die Balearen in Wort und Bild* ist das Ver-
mächtnis seiner Leidenschaft für die
Inseln. Es wurde zwischen 1870 und
1891 vom Verlag Leo Wöhrl in Prag
herausgegeben, ebenso wie eine
zweibändige Zusammenfassung, die
1897 erschienen ist. Originalausga-
ben der beiden Editionen sind ge-
suchte und entsprechend teure Rari-
täten.

Was der Erzherzog schrieb, lässt sich
dennoch – zumindest in Teilen – von
jedermann lesen. Ein Faksimile-Druck
der zweibändigen Ausgabe wird von
der Stiftung des Immobilienmaklers
Matthias Kühn für 248 € angeboten.
Dank des Engagements der in Wien
ansässigen Ludwig-Salvator-Gesell-
schaft geht es auch gratis. Mit dem
Ziel, das Lebenswerk des Habsburgers aufzuarbeiten, wurde die Kurz-
fassung digitalisiert. Als kompletter
Text sowie in Auszügen sind außerdem seine Hommage an die Lebensgefährtin »Catalina Homar«, das kul-
turhistorische Werk *Auslug- und
Wachtürme auf Mallorca* und eine
Sammlung mallorquinischer Märchen, den *rondayes*, zu lesen.
www.ludwig-salvator.com

ten ausbauen – und den Bauern, die Hand an die uralten Olivenbäume legten, kaufte er – für reichlich Geld – die unwirtschaftlichen Ländereien ab. Pflege und Schutz der Natur sind dem adligen Sonderling ein Grundanliegen.

»Auf meinen Reisen während der vergangenen Jahre habe ich, den Himmel als Dach, mit ausgestreckten Gliedern auf den Planken irgendeines Schiffes oder im Sand irgendeiner unbewohnten Bucht oft daran gedacht, ob es mit den uns zur Verfügung stehenden Mitteln nicht möglich wäre, [...] ein bequemes Fortbewegungsmittel anzuschaffen, das [...] meinen wissenschaftlichen Bedürfnissen dienen und den Komfort eines eigenen Heimes bieten könnte«, schrieb der 22-Jährige an seine Mutter.

Auf Forschungsreise

Drei Jahre später ist die »Nixe 1« fertig. Die Dampf-Segeljacht wird sein eigentliches Zuhause. Er reist nach Australien, erkundet die Küste Kaliforniens, erforscht Jahr um Jahr die Inseln und Küstengebiete des Mittelmeers. Son Marroig auf Mallorca wird zum Stützpunkt, zur Residenz eines kleinen Reiches an der Nordwestküste Mallorcas. 1891 erscheint der letzte Band von *Die Balearen,* ein bis heute grundlegendes Werk über Flora, Fauna und Landeskultur der Balearen-Inseln.

Die Anekdoten über die Eigenarten des Erzherzogs sind ebenso vielfältig wie die Gerüchte über sein Liebesleben. Über die Verbindung des Habsburgers mit Catalina Homar wurde nicht nur am Hof von Wien gelästert. Die Tochter eines Schreiners wird im Lesen und Schreiben und Fremdsprache unterrichtet und begleitet Salvator auch auf seinen Reisen. Das Haus, das der Habsburger ihr erbauen

Reste eines romanischen Kreuzgangs – beim ehemaligen Kloster Miramar

ließ, S'Estaca, gehört heute dem Hollywood-Schauspieler Michael Douglas.

Son Moragues

Kurz vor dem Ortsausgang von Valldemossa nach Deià und Banyalbufar zweigt rechts die Straße zum Landgut Son Moragues aus dem 15. Jahrhundert ab, das heute ein beliebtes Restaurant beherbergt. Einst war es eines der ersten drei Landgüter, die der Erzherzog Salvator erwarb. Wie Son Marroig vermachte es der Erzherzog testamentarisch an seinen Sekretär Antoni Vives, dessen Nachfahren es noch heute besitzen.

Ermita de la Santísima Trinidad

Nordwestlich von Valldemossa, nach dem Abzweig in Richtung Deià, biegt rechts, gegenüber dem Restaurant Can Costa, eine schmale Straße ab. Sie führt zur Einsiedelei der Heiligen Dreifaltigkeit, die noch von einigen Mönchen bewohnt wird. 1648 wurde sie auf den Ruinen eines Franziskanerklosters errichtet. In der kleinen Eingangshalle zeigen bemalte Wandkacheln die Stationen aus dem Leben des Einsiedlers Joan Mir i Valès, der die Einsiedelei gründete. Sein Regelwerk wurde auch von anderen Eremitagen der Insel befolgt. Die Kapelle wurde 1713 geweiht.

Son Miramar

Einige Kilometer nördlich der Ermita liegt unterhalb der Ma10 Son Miramar, das Ramón Llull 1276 als Kloster gründete. Die Franziskanermönche wurden unter anderem in Arabisch unterrichtet, um in Nordafrika zu missionieren. Später wohnten Zisterzienser, Dominikaner und andere Orden in der Anlage. Bereits 1485 wurde in den alten Gemäuern eine Druckmaschine aufgestellt. Es war die erste

Oben: Die Gartenanlage auf dem Landgut Son Marroig
Unten: Im Innern des Herrenhauses, das aus dem 15. Jh. stammt.

auf Mallorca. Nachdem das Kloster im 16. Jahrhundert zu einem Landgut ausgebaut wurde, kaufte es 1872 der Erzherzog Ludwig Salvator, ließ es restaurieren und zu seinem Wohnsitz umbauen. Besonders sehenswert sind Teile des ehemaligen Kreuzganges des Klosters Santa Margarita von Palma, die Salvator hierherbringen ließ. Die Gebäudefassade ist mit einer Sgraffito-Struktur geschmückt, einer Technik, die im Spanien des 16. und 17. Jahrhunderts beliebt war.

Das im Privatbesitz befindliche Haus besitzt zum Teil noch den Originalboden des Klosters aus dem 13. Jahrhundert. In einer Ausstellung sind ein Modell der Jacht »Nixe II«, alte Möbel, Bücher und nautische Instrumente zu sehen. Ein kleinerer Bereich widmet sich Ramón Llull und seiner »Ars Magna«, einer Logik-Maschine, mit der der Gelehrte zu Erkenntnissen über Metaphysik und Religion gelangen wollte.

Die Kapelle neben dem Haupthaus wurde ebenfalls von Salvator restauriert. In ihr befindet sich eine Marienfigur aus Carrara-Marmor, die Kaiserin Elisabeth von Österreich (»Sisi«) im Winter 1892 als Gastgeschenk mitbrachte.

Son Marroig

»Son Marroix oder Son Mas Roix de sa Foradada, wie es in den Urkunden genannt wird, ist das am schönsten gelegene Haus Mallorcas«, schrieb Salvator. Dem Erzherzog wurde das Herrenhaus zum Zentrum eines kleinen Reichs an der Nordwestküste Mallorcas sowie zum Rückzugsort nach seinen Forschungsreisen. Das heutige Museum, das Zeichnungen, Bücher und persönliche Gegenstände zeigt, ist ganz dem Andenken an Ludwig Salvator gewidmet. An den Wänden hängen Gemälde von Joaquín Mir, Antonio Ribas Oliver und ande-

Oben: Kloster Miramar
Mitte: Die Sgraffito-Fassade von Son Miramar
Unten: Das herrschaftliche Son Marroig diente dem Erzherzog Ludwig Salvator als Rückzugsort.

Die Häuser des Erzherzogs

Son Moragues. Gehörte zu den ersten drei Landgütern, die der Erzherzog 1883 auf Mallorca kaufte. Es diente zunächst als Gästehaus. Heute beherbergt es ein beliebtes Restaurant. Am Ortsausgang von Valldemossa in Richtung Meer rechts abfahren.

Ermita de la Santísima Trinidad. Die Einsiedelei ist noch von einigen Mönchen bewohnt. Der stille und besinnliche Ort mit seiner beeindruckenden Aussicht über die Tramuntana-Küste ist über einen schmalen Weg zu erreichen, der gegenüber dem Restaurant Can Costa an der Ma 10 abzweigt. Am besten, man lässt das Fahrzeug auf dem Restaurantparkplatz stehen und geht zu Fuß das Stück bergauf (etwa 10 Minuten).

Son Miramar. Im ehemaligen Kloster hatte Ramón Llull um das Jahr 1300 eine Missionsschule eingerichtet. 1872 kaufte Ludwig Salvator das teilweise verfallene Anwesen und baute es zu seinem Wohnsitz um. Die Kapelle ließ er renovieren. Di–So 9.30–14 und 16–19 Uhr, im Winter 10.30–18 Uhr.

Son Marroig. Das Landgut begeistert durch seine Lage über der Tramuntana-Küste. Im Innern des

Adliger Aussteiger – Büste des Erzherzogs Ludwig Salvator in Son Marroig

Museumshauses sind persönliche Gegenstände, Bücher, historische Möbel und anderes zu sehen, die in Beziehung zu Ludwig Salvator stehen. Unterhalb der Anlage mit seinem schönen Garten und Aussichtstempel liegt der markante Felsen Sa Foradada. Mo–Sa 9.30–19.30, im Winter 10–18 Uhr, www.sonmarroig.com

ren Künstlern. Neben einigen antiken Fundstücken fällt eine Marienfigur aus Albaster auf, die aus dem 13. Jahrhundert stammt. Doch nicht nur die ausgestellten Objekte, sondern auch das Haus selbst begeistern – mit seinen Räumlichkeiten, zum Beispiel dem großen Salon, und dem lauschigen Garten. Immer wieder bieten sich schöne Ausblicke, etwa von der Loggia oder dem fotogenen Tempelchen aus Carrara-Marmor. Von dort sieht man gut den Felsen Sa Foradada, wo an einem kleinen Schiffsanleger die Jacht des Erzherzogs lag. Für den Spaziergang zur Sa Foradada und zurück braucht man ungefähr eineinhalb Stunden.

Beim markanten Felsvorsprung Sa Foradada lag das Forschungsschiff »Nixe« vor Anker.

18 Deià
Ein Bild von einem Dorf

Nirgendwo ist Mallorca so wildromantisch wie am Westhang der Serra Tramuntana. Das Dörfchen Deià sieht aus, als hätte es ein Maler in die bukolische Bergwelt gepinselt. Kein Wunder, dass gerade hier schon im frühen 20. Jahrhundert Künstler gesichtet wurden. Richtig bekannt wurde das idyllische Dorf aber erst durch den Schriftsteller Robert Graves und seine prominenten Gäste.

Bei einem Künstlerdorf darf man zu Recht skeptisch sein. Denn in der Regel erwartet den Reisenden eine aufpolierte Idylle mit Preisaufschlag. In einem Künstlerdorf leben nämlich normalerweise auch keine Künstler mehr, da sie es sich einfach nicht leisten können. Deià ist da keine Ausnahme. Auch hier gehört der typisch künstlerische Mix aus kreativem Tatendrang und rebellischem Eigensinn mehr in die Vergangenheit.

GUT ZU WISSEN

DEIÀ IN 20 MINUTEN

Sicher, zu Hause ist immer etwas zu tun. Die Arbeit, die Familie, der Freizeitstress oder was auch immer einem die Zeit stiehlt. Da könnte der Urlaub eine Auszeit sein, doch das ist er selten, denn viele können das immerwährende Erledigenmüssen nicht ablegen. Die Insel will erkundet werden, die Liste der Highlights abgehakt. Man möchte nichts verpassen. Deià besuchen in 20 Minuten? Kein Problem. Dann hat man alles gesehen – oder auch gar nichts. Der Zauber von Deià und anderen Orten liegt nicht in ihren Baudenkmälern. Um ihn zu spüren, muss man die Zeit und ihre Zudringlichkeiten vergessen.

Oben: Ein Dorf und seine Kirche – Deià
Unten: Eines von vielen – das Restaurant Xelini

Deià

Nicht verpassen

Und das mit dem Preisaufschlag stimmt auch. Trotzdem nimmt das niemand Deià übel. Das Dorf und seine Umgebung sind einfach zu schön. Dem Schriftsteller Robert Graves (in Deutschland auch Robert von Ranke-Graves) hat es so gut gefallen, dass er fast sein ganzes Leben hier verbracht hat.

Im Haus des Schriftstellers

Das Haus des Dichters steht am Ortsausgang in Richtung Sóller. Wegen seiner Lage wurde es von den Dorfbewohnern »Ca N'Alluny« genannt, »das abgelegene Haus«. Robert Graves (1895–1985) ließ es 1932 bauen. Vier Jahre zuvor war der Engländer mit seiner Dichterkollegin Laura Riding auf die Insel gekommen. Er war auf der Flucht vor familiären Problemen, wie er später schrieb. Der Hinweis, es mit der Mittelmeerinsel zu probieren, kam von Gertrude Stein. »Mallorca ist ein Paradies, wenn du das aushalten kannst«, soll sie dem jungen Engländer gesagt haben.

Graves konnte das Paradies gut aushalten. Bis auf die Zeit während des Spanischen Bürgerkriegs und der Frühphase der Franco-Diktatur lebte er am Dorfrand mit Blick auf Olivenhaine und Meer, das tief unten in eine kleine Felsenbucht schwappt. Das Museumshaus ist originalgetreu im Stil der 1930er- bis 1950er-Jahre eingerichtet. Im Obergeschoss befindet sich ein kleines Museum mit seltenen Buchausgaben und Manuskripten. Am meisten fasziniert aber das Arbeitszimmer. In dieser kreativen Kammer des Dichterhauses steht zwischen den wild überarbeiteten Manuskriptseiten, die auf dem Schreibtisch liegen, eine halb gefüllte Espressotasse, die Schreibtischleuchte brennt noch. Man könnte meinen, der Meister wäre kurz hinunter zur Cala Deià, um ein paar Bahnen zu schwimmen, oder

CALA DEIÀ

Einer der Gründe, weshalb Deià nicht zum Touristenzentrum wurde, ist der mickrige Strand. Auf der kleinen Fläche, wo das Meer in die Cala de Deià schwappt, wäre nicht einmal Platz für die Gäste eines einzigen jener Hotelklötze, wie sie an den breiten Inselgestaden zu finden sind. Auch wenn die Cala Deià nicht der typische Badestrand ist, macht das Schwimmen enormen Spaß. Allerdings muss man die Hauptbadezeiten umgehen, denn im Sommer kann es sehr voll werden. Ungestört baden kann man am Morgen, am Abend, oder, wer es mag, während der größten Hitze am Mittag, wenn sich nur die verrückten Deutschen, Niederländer und Briten in die Sonne wagen.

Ein Fahrzeug braucht man nicht, nur etwas Muße und für den jeweils halbstündigen Hin- und Rückweg von und nach Deià. Man kann den Fußweg am Ortsausgang hinunter in Richtung Sóller nehmen und im herrlich klaren türkisblauen Wasser eine Runde schwimmen. Zwei urige Strandbars versorgen mit dem Nötigsten und eignen sich bestens zum Dasitzen und Nichtstun. Wer möchte, wählt für den Rückweg die südliche Flanke des Tals. Der Weg ist weniger steil als der Abstieg und führt an den Gärten des unteren Dorfes vorbei, das man vom anderen Ende her wieder erreicht.

sei nur eben ins Dorf, um die Post abzuholen. Graves war ein disziplinierter Arbeiter. Beachtliche 120 Bücher hat er verfasst, darunter Romane wie *Ich Claudius, Kaiser und Gott, Die weiße Göttin*, das Sachbuch *Griechische Mythologie*.

Ein Friedhof mit Aussicht

Der Zauber von Deià ist nicht an einzelne Sehenswürdigkeiten gebunden. Wer ihn erleben will, kann durch die Terrassengärten zur Badebucht hinunterzulaufen oder sich in den hübschen Gassen vorzustellen, man wäre hier zu Hause. Man schaut im Reformhaus vorbei, klopft in den Galerien an und sieht sich die Ausstellung eines noch vor Ort lebenden Künstlers an. Dann steigt man zur Gemeindekirche hinauf. Oben, auf dem schönsten Friedhof der Insel, begegnet man so manchem Pintor (Maler) – und auch das Grab von Robert Graves ist bald entdeckt.

Lluc Alcari

Verlässt man Deià auf der Ma10 in Richtung Sóller, passiert man nach sechs Kilometern das winzige Dorf Lluc Alcari. Es ist kaum mehr als eine Ansammlung aus einem Dutzend Häuser, die sich malerisch an den Hang schmiegen. Übrigens haben die lateinamerikanischen Schriftsteller Carlos Fuentes und Mario Vargas Llosa hier schon geschrieben.

Oben: Besser als nichts – der Kieselstrand der Cala Deià
Mitte: Zwei Lokale versorgen die Gäste der Badebucht.
Unten: Malerisches Nachbardorf Lluc Alcari

Infos und Adressen

SEHENSWERT

Església Sant Joan Baptista. Die Kirche mit dem wehrhaften Turm aus dem 18. Jahrhundert beherbergt ein kleines Museum. Sehenswert ist auch der Friedhof.

Ca N'Alluny. Hier lebte der Autor Robert Graves. Zahlreiche Originaldokumente sind zu sehen. Ein Film porträtiert den Autor.

Cala de Deià. Die kleine, steinige Bucht mit der wildromantischen Bar kann es mit jeder berühmten Strandschönheit aufnehmen.

ESSEN UND TRINKEN

El Barrigon Xelini. Rustikal und bodenständig ist die typisch spanische Küche dieses Restaurants. Das mag an den Natursteinwänden liegen, dem einfachen Boden und Mobiliar. Vor allem liegt es an den Leistungen der Küche, die mit soliden Tapas und leckeren Lammbraten zu überzeugen weiß. C/ Arxiduc Lluís Salvador 19, Tel. 971 63 91 39, www.xelini.com

Restaurant Es Racó des Teix. Das mit einem Michelin-Stern ausgezeichnete Haus begeistert mit mediterraner marktfrischer Küche wie Meerhecht mit Kapern und Topinambur-Artischocken oder mit mallorquinischem Spanferkel in Rosmarin.

C/ Vinya Vella 6, Tel. 971 63 95 01.

Ca's Patró March. Beliebtes Strandlokal an der Cala Deià. Tel. 971 639 137.

ÜBERNACHTEN

Hotel La Residencia. So elegant kann ein Landhotel sein. Aus zwei Gebäudekomplexen aus dem 16. und 17. Jh. wurde eines der besten Häuser Spaniens. Das gilt auch für den prämierten Spa-Bereich. Auf der angenehmen Terrasse mit Blick über Deià und das Meer fühlt sich auch wohl, wer kein Hotelgast ist. Deià, Tel. 971 63 90 11, www.hotel-laresidencia.com, DZ ab ca. 400 €.

Hotel d'es Puig. Das kleine Hotel war das erste in Deià. Dank des Innenhofs mit kleinem Garten und Pool kann man das »D'es Puig« auch für einen längeren Aufenthalt empfehlen. Es Puig 4, Deià, Tel. 971 63 94 09, www.hoteldespuig.com, DZ ab 100 €.

Sa Pedrissa. Von der Kategorie »Agrotourismus« sollte man sich nicht täuschen lassen. Sa Pedrissa ist ein komfortables und wunderbar gelegenes Fincahotel. Aussicht, Lage, Zimmer und Restaurant sind überdurchschnittlich gut. An der Landstraße nach Valldemossa, Deià, Tel. 971 3 1 11, www.sapedrissa.com, DZ ab ca. 300 €.

Agrotourismo Sa Pedrissa – ein komfortables Fincahotel

19 Das Tal von Sóller
Dorfschönheiten zwischen Orangen

Malerisch liegen Fornalutx und Biniaraix im oberen Teil des Sóller-Tals, umgeben vom herrlichen Bergpanorama der Serra Tramuntana. Die romantischen Dörfer mit ihren gepflegten Natursteinhäusern gelten als die schönsten ihrer Art auf Mallorca und liegen inmitten von Zitronen- und Orangenhainen. Für Wanderurlauber sind die Dörfer eine gute Basis für Touren ins Gebirge oder zur Felsküste der Costa Nord.

Man nehme ein weites Tal, umschließe es mit einem erhabenen Felsmassiv und lasse an der offenen Seite das Meer in die Bucht schwappen. Weil das Mikroklima so günstig ist, gebe man an den terrassierten Hängen Feigen-, Oliven-, Zitronen- und vor allem Orangenbäume hinzu, lasse aus deren Mitte über die Jahrhunderte ein Dorf wachsen – das ist Mallorca wie aus dem Bilderbuch. Fornalutx und das Tal von Sóller sind wirklich gut gelungen. Kein Wunder, dass der Preis fürs schönste Inseldorf schon häufig an die 700-Seelen-Gemeinde ging.

Fornalutx – mallorquinische Puppenstube

In den engen und autofreien Gassen stehen üppige Blumenkübel an den natursteinernen Häusern, und wo es etwas zu verkaufen gibt, geschieht dies vor so malerischer Kulisse, als hätte ein Bühnenbildner das Set für einen mallorquinischen Heimatfilm entworfen. Juan Alberti Sastre, der Bürgermeister der Gemeinde, der fünf Jahre als Saalchef im »Ca's Puers« gearbeitet hat, einem Restaurant, dessen kulinarischer Patron Eckart

Oben: Fornalutx gilt als eines der schönsten Dörfer Mallorcas.
Unten: Im Tal von Sóller werden seit Jahrhunderten Orangen angebaut.

Das Tal von Sóller

Witzigmann war, verrät das Geheimrezept des ausgezeichneten Dorfes: »Wir verändern nur kleine Sachen und bewahren alles im Dorf und die Umgebung, so gut es geht.« Wer Herrn Sastre sprechen will, kommt einfach vorbei. Er stört sich nicht an den vielen Besuchern: »Wir freuen uns über die vielen Gäste, nur Reisebusse interessieren uns nicht.«

Fornalutx mit seinen Natursteinhäusern, den malerischen Gassen und seiner Nähe zu Meer und Gebirge ist so etwas wie der Idealfall mallorquinisch-mediterraner Idylle. Wer wollte hier kein Haus besitzen und glückliche Tage unter Orangenbäumen verbringen? Derzeit liegt der Ausländeranteil bei über 20 Prozent. Sogar ein Museum besitzt Fornalutx: Das Museu de Ca'n Xoroi befindet sich in dem historischen Gebäudekomplex, in dem auch die Gemeindeverwaltung untergebracht ist (Carrer de Sa Font 8). Zu sehen sind historische Ziegel und Kacheln, die nach der typischen Art des oberen Tales bemalt wurden.

Bemalte Ziegel

Sóller und Fornalutx besitzen von allen Gemeinden die meisten traditionellen Gebäude mit bemalten Ziegeln. Die Volkskunst, Tonziegel mit religiösen Motiven, Tier- und Dekorornamenten zu versehen, wurde im 16. Jahrhundert Mode. Die rote Farbe und meist sehr einfach ausgeführte Zeichnungen auf den Tonziegeln dienten nicht nur als Hausschmuck, sie sollten die Bewohner auch vor Gefahren schützen.

Biniaraix

Das benachbarte Bergdorf Biniaraix präsentiert sich noch etwas ländlicher, ruhiger und kleiner. Wo heute die Häuser Can Det und Can Ribera ste-

Geheimtipp

WANDERUNG VON BINIARAIX ZUM MIRADOR XIM QUESADA

Aufstiege sind mühsam – und dieser hat es besonders in sich: Knapp 1000 Höhenmeter liegen zwischen dem alten Waschhaus von Biniaraix, wo unsere Wanderung, beginnt und dem Aussichtspunkt hoch über dem Tal von Sóller. Dass sich der Aufstieg dennoch einigermaßen entspannt gestaltet, liegt daran, dass er sich auf 7 km verteilt und diese mit ungezählten Treppenstufen relativ bequem bergan gehen. Von Biniaraix aus folgt man dem alten Pilgerweg nach Lluc. Zunächst geht es durch die Terrassenlandschaft mit alten Ölbäumen, die dem Tal über Jahrhunderte ein Garant für Wohlstand waren. Durch den Torrent de Barrancos folgt man dem gepflasterten Weg zum Coll de L'Ofre. Während der alte Pilgerweg links weiter verläuft, folgt diese Route dem Hinweisschild zum Mirador Quesada, wo man etwa drei Stunden später kaum glaubt, wie man diese Höhen ohne Klettereinlagen erreichen konnte.

Das Tal von Sóller ist ein idealer Ausgangsort für Wanderurlauber.

Oben: Hier passt kein Auto durch – eine Gasse in Fornalutx.
Mitte: Eng, verwinkelt, aber immer romantisch
Unten: Lebendiges Stillleben – der Obst- und Gemüseladen von Fornalutx

hen, befand sich im Mittelalter ein Landgut, das von den muslimischen Eroberern für den Gartenbau errichtet wurde. Der alte Waschplatz erfüllt, ähnlich wie in Fornalutx, heute eher touristische Funktionen, denn er verleiht der mallorquinischen Puppenstube eine romantische Authentizität.

Wanderparadies

Viele kreuzen das Dorf, weil sie den Pilgerweg zum Kloster Lluc auf dem Programm haben. Bis dahin müssen allerdings ein dreistündiger Aufstieg und weitere fünf Stunden Fußmarsch bewältigt werden. Vielleicht begnügt man sich lieber mit dem Aufstieg zum Mirador Quesada (Autorentipp S. 123) Die Wandermöglichkeiten sind vielfältig, sie verbinden das Meer mit fast alpinen Gebirgsrouten und starten immer in der mediterranen Idylle des Orangentals. Unter den Wanderurlaubern liegen die Deutschen zahlenmäßig vorn. An beliebten Rast- und Aussichtspunkten fühlt man sich manchmal zwischen all den Rucksäcken, Trekkingstöcken und der Gemütlichkeit in den Pfälzerwald versetzt.

Dorfalltag am frühen Abend

Mit fremdartigen, exotischen Eindrücken sollte man nach 60 Jahren Massentourismus auf der Balearen-Insel nicht rechnen – wennschon es sie immer noch gibt. Was unter den vielen Besuchern ebenso kaum gelitten hat, ist die angenehme südländische Art des Alltagslebens. Wenn am Abend die Wanderer der Landromantik wieder mit ihren Mietwagen abgefahren sind, wird die kleine Plaza von Fornalutx zum Spiel- und Fußballplatz beziehungsweise Wohnzimmer. Die Kinder der Mallorquiner und »europäischen Bewohner« spielen miteinander, über die Gassen schallen Sprüche, die man sich aus offenen Häusern zuruft, und man denkt, dass es vielleicht doch etwas wie eine heile Welt gibt.

Infos und Adressen

INFORMATION

O.I.T Sóller. Plaça Espanya 15, Sóller,
Tel. 971 63 80 08, Fax 971 63 80 09,
www.oitsoller@a-soller.es, www.ajsoller.net

ESSEN UND TRINKEN

Can Antuna. Mallorquinisches wie bei Muttern.
Rustikal und authentisch im schönen Fornalutx.
C/ Arbona Colom 8. Fornalutx, Tel. 971 63 30 68.

Cas Xorc. Im edlen Landhotel zwischen Sóller
und Deià lässt es sich hervorragend speisen. Das
hat natürlich seinen Preis, kann aber glücklich
machen. Im gediegenen Rahmen werden neumal-
lorquinische Köstlichkeiten serviert. Hauptspeisen
ab 20 €. Ctra. Deià km 56, Tel. 971 63 82 80,
Nov.–März sowie Di geschl., www.casxorc.com

ÜBERNACHTEN

Hotel Ca'n Reus. Ein kleines Dorfhotel mit roman-
tisch-rustikalem Flair. Von der Sonnenterrasse mit
kleinem Pool hat man einen schönen Blick ins Tal
und Gebirge. C/ de l'Auba 26, Fornalutx,
Tel. 971 63 11 74,
www.canreushotel.com,
DZ 180 €.

Hotel Fornalutx. Von klösterlicher Strenge ist in
dem Neun-Zimmer-Hotel nichts mehr zu spüren.
Das ist gut so: Das kleine Hotel und ehemalige
Kloster ist ein sehr angenehmer, nicht übertrieben
luxuriöser Ort für schöne Tage in der ländlichen
Idylle. Mit Pool und Garten. C/ Alba 22,
Tel. 971 63 19 97, www.fornalutxpetithotel.com,
DZ ab 160 €.

Das unbestrittene Zentrum – Café und Dorfkneipe Sa Plaça in Fornalutx

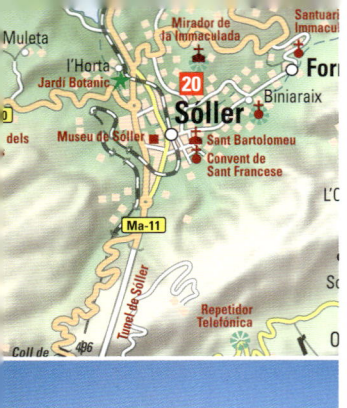

20 Sóller und Port de Sóller

Eine Welt für sich

Die Kleinstadt Sóller ist das Zentrum des Orangentals an der Nordwestküste Mallorcas. Erzherzog Ludwig Salvator hielt sie für die schönste Ortschaft Mallorcas. Das mallorquinisch-provenzalische Flair, die prächtigen Bürgerhäuser im Jugendstil und eine grandiose Bergkulisse machen Sóller zu einem echten Highlight. Nach Port de Sóller, dem einzigen Hafenort an der Nordwestküste, ruckelt eine historische Tram.

Um in den Talkessel mit seinen Avocado-, Feigen-, Oliven- und Orangenbäumen zu gelangen, muss man an den Bergmassen der Serra Tramuntana vorbei. Die sind hier besonders hoch. Die Gipfel des Alfàbia und Ofre sind über 1000 Meter hoch. Der Puig Major ist mit 1445 Metern sogar der höchste Berg der Insel. Bis ins Jahr 1912 erreichte man das wegen seines Reichtums an Orangen und Oliven sogenannte »Goldene Tal« nur über den Bergpass Coll de Sóller. Den gibt es immer noch und ihn zu befahren ist ein zeit- und kurvenintensives Erlebnis. Praktisch war das weder damals noch heute. Also wurde ein Tunnel gegraben und eine Bahnstrecke gebaut, der Tren de Sóller. Das war vor mehr als 100 Jahren (siehe Kapitel Tren de Sóller, Seite 136 ff.). Jüngeren Datums ist der gebührenpflichtige Autotunnel.

Im Handel mit Frankreich und der Welt

Durch seine abgeschiedene Lage hat sich Sóller bis ins frühe 20. Jahrhundert eigenständig vom

Oben: Port de Sóller ist der einzige natürliche Hafen an der Nordwestküste.
Unten: Verschnaufpause in einem der Cafés von Sóller

Sóller und Port de Sóller

Rest der Insel entwickelt. Die Bewohner des Tals, das schon bei den Römern ein geschätzter Siedlungs- und Hafenort war, schickten eigene Handelsschiffe nach Frankreich, zum spanischen Festland und bis in die fernen Kolonien in Übersee. Die engen Handelsbeziehungen und die französischen Wurzeln mancher Bewohner zeigen sich bis heute in der provenzalischen Atmosphäre Sóllers und in einem eigenen, französisch beeinflussten Dialekt. Nachdem Mitte des 19. Jahrhunderts ein Schädling fast alle Zitrusbäume zerstört hatte, mussten viele Sólleraner die Insel verlassen. Sie versuchten ihr Glück in den spanischen Kolonien sowie in Südfrankreich, Belgien oder der Schweiz. Wer es in der Fremde zu etwas gebracht hatte, kehrte wenn möglich wieder zurück und zeigte den neuen Wohlstand in Form von prächtigen Stadtvillen: im exotischen Kolonialstil, in einem

Nicht verpassen

SÓLLER UND DER JUGENDSTIL

Seinem Ruf als Stadt des Jugendstils kommt Sóller seit 2009 mit dem Modernisme-Museum Can Prunera nach. Das Herrenhaus in der C/ Lluna 90 wurde 1911 erbaut. Neben den charakteristischen Elementen des Gebäudes – wie Reliefs mit mehrfarbigen Fresken, kunstvollen Verglasungen und historischem Mobiliar – besitzt Can Prunera eine ansehnliche Kunstsammlung mit Werken von Edvard Munch, Egon Schiele, René Magritte und anderen Größen des 20. Jh. Auch illustrierte Bücher von Joan Miró sind zu sehen. Bei einem Spaziergang durch den alten Stadtkern findet man noch weitere Jugendstilbauten: die Häuser Can Penya, Can Isabel und Can Fideuer an der Plaça d'Espanya, Can Ledesma in der C/ Joan Marqués Arbona 1, Can Bell Esguard in der C/ Can Vives und die Häuser Baltasar und Americà in der C/ Pastor 32 und 57. In der Touristeninformation an der Plaça Espanya liegen Faltblätter zum Thema Modernisme in Sóller bereit.

GUT ZU WISSEN

NACHHALTIGER GENUSS

Man beklagt sich ja gern über den Ausverkauf Mallorcas. Ganz machtlos ist der Urlauber dagegen aber nicht. Durch sein Konsumverhalten nimmt er Einfluss auf die Strategien der Touristiker und den lokalen Markt. Der Urlauber tut dies, indem er zum Beispiel nicht alles vorab und pauschal bucht, sondern auch vor Ort sein Geld ausgibt. Er tut es auch, wenn er regionale Produkte kauft und so das lokale Handwerk und die Landwirtschaft unterstützt. Ungespritzte Orangen, die nicht auf Plantagen wachsen, das native Olivenöl der heimischen Kooperative, Feigen, Weine, Mandeln, Kapern sind mehr als bloße Nahrungsmittel. Durch sie lernt man das Land kennen, den Geschmack Mallorcas. Man erkennt die Waren an der geschützten Ursprungsbezeichnung, die auf dem Etikett zu finden ist.

Das Treppenhaus des Modernisme-Museum Can Prunera

selbstherrlichen Neoklassizismus oder im progressiven Modernisme bzw. Jugendstil. Die neue Bürgerschaft war es auch, die das nötige Geld für den Bau der Bahnstrecke nach Palma aufbrachte, damit sie ihre Orangen und anderen Güter in den Handel bringen konnten. Heute lässt sich weder mit Orangen noch mit Oliven viel Geld verdienen. Der Terrassenanbau eignet sich nicht für den Einsatz großer Maschinen und ist im Grunde unrentabel. Lediglich als lokale Spezialitäten werden die Fruchtmarmeladen, Öle und Orangen des »Goldenen Tals« wieder mehr nachgefragt.

Lebendige Stadt mit viel Atmosphäre

Das stets gut besuchte und an Parkplätzen arme Sóller könnte man sich auch gut in der Provence vorstellen. Auf den Straßen zwischen der Markthalle und der zentralen Plaça ist immer viel los. An den Tischen der Straßencafés wird rege debattiert, man vertieft sich in die Tageszeitung oder macht eine Pause vom überschaubaren Besichtigungsprogramm. Im historischen Kern der 14 000-Einwohner-Stadt sind einige schöne Jugendstil-Gebäude zu sehen wie die Banco de Sóller, die Hauptfassade der Sant Bartomeu-Kirche und natürlich das Jugendstilmuseum Can Prunera (siehe Autorentipp, Seite 127).

Oben: Cafés und Atmosphäre – im Zentrum von Sóller
Mitte: Da ist viel Süden und Sonne drin – frisch gepresster Orangensaft.
Unten: Am Hafen von Port de Sóller

Stadtrundgang

Ⓐ Església Sant Bartomeu. (17. Jahrhundert). Die Hauptfassade wurde von dem Antoni-Gaudí-Schüler Joan Rubió i Bellver im Stil des Modernisme entworfen. Im Innern gestaltete der Architekt die Capella del Cor de Jesús, die Taufkapelle auf der rechten Seite, mit einer Skulptur des katalanischen Bildhauers Josep Llimona. Der Hauptaltar von 1737 zeigt eine Skulptur des hl. Bartholomäus.

Ⓑ Banc de Sóller. 1889 erbautes Bankgebäude im modernistischen Stil.

Ⓒ Jugendstilmuseum Can Prunera. Das prächtige Stadthaus mit seinem Jugendstilmuseum wurde 1911 erbaut. Das Museum besitzt eine bedeutende Kunstsammlung der klassischen Moderne. C/ Lluna 90, Sóller, Di–So 10.30–18.30 Uhr, www.canprunera.com

Ⓓ Mercat Municipal. Städtische Markthalle, Mo–Fr 8–14 und 18–20, Sa. 8–14 Uhr.

Ⓔ Gran Vía. Straße mit mehreren Beispielen modernistischer Architektur.

Ⓕ L'Estació de Ferrocarril. Bahnhofsgebäude im Stil des Modernisme von 1912. End- und Startpunkt des Tren de Sóller. Davor: Startpunkt der Tram nach Port de Sóller.

Ⓖ Museu Balear de Ciencias Naturales. Das Naturkundemuseum an der Hauptstraße zwischen Palma und Port de Sóller zeigt Fossilien aus der Zeit des Jura, also von vor rund 160 Millionen Jahren. Der sich anschließende Botanische Garten bildet gewissermaßen eine Carretera Palma – Port de Sóller, km 30, 07100 Sóller, Islas Baleares, Spanien. Tel. 971 63 40 64, www.museucienciesnaturals.org

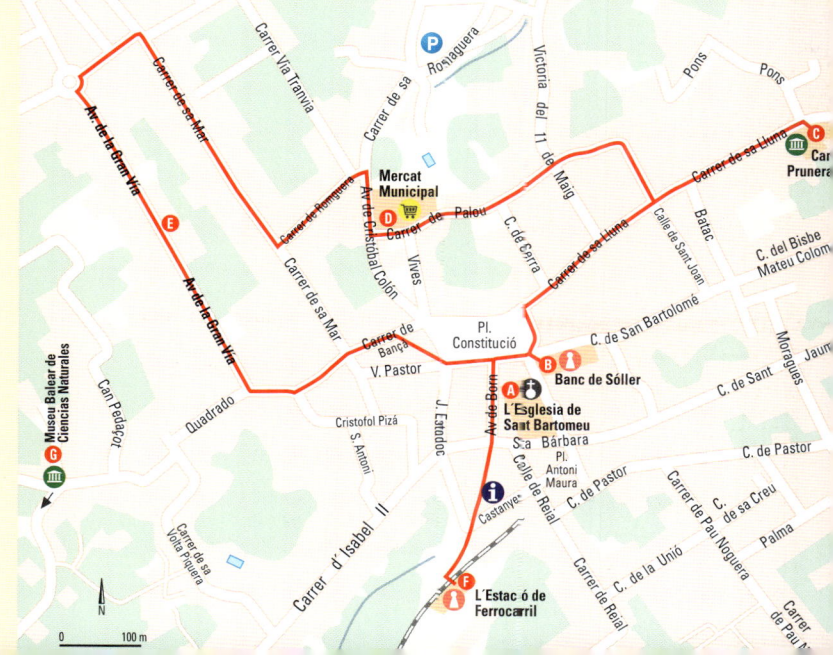

Wird nicht nur von Briten geschätzt – hausgemachte Marmelade

RÜCKKEHR DES REGIONALEN

Seit Jahren erlebt Mallorca eine stille Revolution. Erst war sie auf ein paar Einzelkämpfer und Kämpferinnen beschränkt, doch jetzt ist sie in der Breite angekommen. Es geht ums Essen und den neuen Kult des Lokalen. »Fet a Sóller« war dem Trend um viele Jahre voraus und bietet hausgemachte Marmeladen, köstliche Fruchteise, Bio-Orangen und anderes an. Echte Sobrasada (Wurst), handgemachte Käse, Craft-Biere, Olivenöle, Patés und einiges mehr aus garantiert mallorquinischen Produkten stehen wieder hoch im Kurs. Das ist gut so und hilft der Insel, ihre Eigenständigkeit und ihre Traditionen zu bewahren. Die schöne neue Geschmacksvielfalt der Insel findet man zum Beispiel in Sóller bei »Fet a Sóller«, Plaça des Mercat; Tel. 971 63 55 00, www.fetasoller.com und in Palma bei »Ses 3 Maries«, Pescateria 2; Tel. 871 57 21 26.

Mit dem Orangenexpress nach Port de Sóller

Wer nicht mit dem »Roten Blitz«, der historischen Eisenbahn, nach Sóller gekommen ist, sollte sich den Bahnhof ansehen. Das ursprünglich aus dem 17. Jahrhundert stammende Gebäude wurde Anfang des 20. Jahrhunderts im Stil des Modernisme umgebaut. Vor dem Bahnhof nimmt auch die alte Straßenbahn, der »Orangenexpress«, seine Fahrt auf. Die historische Bahn zuckelt mitten durch die Stadt und das Tal hinab zum Hafen Port de Sóller.

Der natürliche Hafen Port de Sóller liegt an einer wunderschönen, halbkreisförmigen Bucht. Oberhalb des Hafens führen steile Gassen im alten Viertel Santa Catalina zur gleichnamigen Kirche. Sie gehört heute zum Ensemble des Museu de la Mar, das die bewegte Geschichte des Tals und seiner Seefahrt anschaulich vermittelt. Gegenüber, auf der Westseite der Bucht, wacht auf dem Kap Gros ein Leuchtturm über die Hafeneinfahrt und die Felsenküste. Von hier lässt sich die Bucht von Sóller gut überblicken, und im »Refugi Muleta« können sich die Wanderer des GR 221 vom eindrucksvollen Küstentrail zwischen Deià und Port de Sóller erholen.

Infos und Adressen

INFORMATION

O.I.T Sóller. Plaça Espanya 15, Sóller, Tel. 971 63 80 08, Fax 971 63 80 09.

O.I.T Port de Sóller. Canonge Oliver 10, Port de Sóller, Tel. 971 63 30 42, Fax 971 63 30 42, www.ajsoller.net

ESSEN UND TRINKEN

Bens d'Avall. Auf einem Felsen über dem Meer begeistert das Restaurant von Benet Vicens nicht nur mit seiner mediterranen kreativen Küche. Auch die Aussicht von der Terrasse ist ein Genuss. Das Restaurant liegt außerhalb der Stadt an der Ma10 in Richtung Deià. Urb. Costa Deià, Ctra. Sóller – eià, Tel. 971 63 23 81, www.bensdavall.com, nur Menüs, ab ca. 65 €.

Sa Fàbrica de Gelats. Mit seiner »Eisfabrik« hat der Deutsche Franz Kraus einen Volltreffer gelandet. Die Eisdiele gegenüber der Markthalle von Sóller hat mit ihren handgemachten Sorten aus frischen Zutaten eine treue Fangemeinde. Im Shop werden lokale Produkte und Spezialitäten der Dachmarke »Fet a Sóller« angeboten.

Agapanto. Das Restaurant liegt am westlichen Ende der Bucht, beim Leuchtturm am Cap Gros. Hier verbinden sich Fernöstliches und Mediterranes zu einem positiven Ganzen. Camino del Faro 2, Port de Sóller, Tel. 971 63 38 60.

ÜBERNACHTEN

S'Ardeviu. Das kleine Stadthotel wird von einem sympathischen mallorquinischen Paar geführt. Schöner, nostalgischer Frühstückssalon, Bibliothek und Garten. C. Vives 14, Sóller, Tel. 971 63 83 26, www.hotelsardeviu.com, DZ ab 115 €.

Jumeirah. Große luxuriöse Zimmer mit grandioser Aussicht. Auch schön: der Infinity-Pool und das Spa mit einem Hot Tub auf dem Hoteldach. C/ Bélgica, Tel. 971 63 78 88, www.jumeirah.com, DZ ab ca. 400 €.

VERANSTALTUNGEN

Moros i Cristians. Am zweiten So im Mai findet die Inszenierung des Kampfspektakels der Christen gegen die Mauren statt. Es erinnert an den erfolgreichen Widerstand beim Piratenangriff 1561

Sundowner mit Ausblick von der Bar des Jumeirah Port Soller Hotel & Spa

BERGE UND MEER
Wandern in der Tramuntana

Schroffe Kalksteinformationen bei Escorca

Der bis zu 1445 Meter hohe Gebirgszug der Serra de Tramuntana zieht sich entlang der Nordwestküste der Insel Mallorca. Alpin anmutende Höhenzüge, grandiose Ausblicke und die vielfältige mediterrane Flora machen ihren einzigartigen Reiz aus. Die gesamte Region von Port d'Andratx im Südwesten bis Pollença lässt sich hervorragend zu Fuß erkunden. Entlang des Gebirgszugs verläuft der »Trockensteinweg«, die Ruta de Pedra en Sec, der GR 221.

Vergleicht man Mallorca mit den anderen Balearen-Inseln, wird man schnell auf einen großen Unterschied stoßen: Auf Mallorca gibt es ein Gebirge. Mit bis zu 1445 Metern Höhe und einer Länge von knapp 100 Kilometern bestimmt die Serra Tramuntana das Landschaftsbild Mallorcas.

Entlang des Höhenzugs verläuft der Fernwanderweg GR 221. Die teilweise anspruchsvolle Strecke führt über die kargen felsigen Höhen auf über 1200 Meter und entlang der Küste. Insgesamt hat der Trail eine Länge von gut 140 Kilometern. Mit allen Neben- und Umwegen sind es deutlich mehr. Da noch nicht alle geplanten Wanderherbergen eröffnet sind, werden hier nur die »offiziellen« Etappen zwischen Deià und Pollença vorgestellt. Es ist aber auch möglich, die Strecken zum Kap Formentor und ab Port d'Alcúdia zu wandern, wobei dort aber nicht mit einer durchgängigen Markierung gerechnet werden darf.

Die Hauptetappen

Vom Refugi de Can Boi (Deià) zum Refugi de Muleta (Port de Sóller)
Etappe 4
Die herrliche Landschaft zwischen Deià und Sóller lebt vom Kontrast aus mediterranem Gebirge und Meer. Knorrige Olivenbäume, dramatische Ausblicke und malerische Gehöfte haben schon Künstler im frühen 20. Jahrhundert begeistert. Die vergleichsweise kurze Etappe lässt sich auch gut als Tageswanderung mit Hin- oder Rückfahrt per Bus planen.

Ausgangspunkt: Refugi de Can Boi (125 m)
Endpunkt: Refugi de Muleta (110 m)
Schwierigkeitsgrad: einfach
Gehzeit: ca. 3 Std.
Länge: 10 km
Höhenunterschied im Anstieg: 360 m
Höhenunterschied im Abstieg: 390 m

Vom Refugi de Muleta (Port de Sóller) zum Refugi de Tossals Verds
Etappe 5
Die größte Herausforderung dieser Etappe ist der Anstieg auf bis zu 1100 Meter Höhe. Der Name Pedra en Sec, »Trockensteinmauer«, erklärt sich im oberen Teil des Sóller-Tals, wo der Weg nicht nur von Terrassenfeldern begleitet wird, sondern selbst in Trockenbauweise gepflastert wurde. Alpine Hochgefühle erleben die Wanderer rund um den Cuber-Stausee und seine begeisternde Bergwelt.

Ausgangspunkt: Refugi de Muleta (110 m)
Endpunkt: Refugi de Tossals Verds (525 m)
Schwierigkeitsgrad: Schwer. Wegen des Höhenunterschieds ist diese Etappe leichter und schneller, wenn man von Tossals Verds bis Muleta läuft.

Gehzeit: ca. 10 Std.
Länge: 30 km
Höhenunterschied im Anstieg: 1100 m
Höhenunterschied im Abstieg: 700 m

Vom Refugi de Tossals Verds zum Refugi de Son Amer (Nähe Kloster Lluc)

Etappe 6

Dieser Teil des GR 221 ist vielleicht der wildeste. Damit ist nicht der Schweregrad des Wegs gemeint, sondern die Gipfel und Bergrücken, die markanten Felsformationen und die sturmerprobte Vegetation, durch die der Weg führt. Ehemalige Schneehäuser, knorrige Steineichen und die Einsamkeit der Berge machen den Reiz dieser Etappe aus.

Ausgangspunkt: Refugi de Tossals Verds (525 m)
Endpunkt: Refugi de Son Amer (530 m)
Schwierigkeitsgrad: mittel
Gehzeit: ca. 6 Std.
Länge: 15 km
Höhenunterschied im Anstieg: 870 m
Höhenunterschied im Abstieg: 850 m

Da geht's lang. Bis zum Cúber-Stausee ist es nicht mehr weit.

Vom Refugi de Son Amer (Nähe Kloster Lluc) zum Refugi del Pont Romà (Pollença)

Etappe 7

In früheren Jahrhunderten wagten sich wohl nur Pilger oder Köhler in die geheimnisvolle Bergwelt rund um das Kloster Lluc. Ein Hain aus Steineichen unterhalb des Puig Tomir und die seltsamen, fantasieanregenden Formen der Felsen machen den Reiz des ersten Teils der Etappe aus. Später führt die Ruta langsam bergab ins schöne Städtchen Pollença.

Ausgangspunkt: Refugi de Son Amer (545 m)
Endpunkt: Refugi del Pont Romà (50 m)
Schwierigkeitsgrad: mittel
Gehzeit: ca. 5 Std.
Länge: 17 km
Höhenunterschied im Anstieg: 190 m
Höhenunterschied im Abstieg: 680 m

Wanderherbergen

Multea/ Tossals/ Verds/ Son Amer
Reservierung: Tel. (+34) 971 17 37 00
www.conselldemallorca.net/ mediambient/pedra

Can Boi
Reservierung: (+34) 971 63 61 86
www.refugicanboi.com

Pont Romà
Reservierung: Tel. (+34) 971 53 36 49
www.refugidelpontroma.com

Hostatgeria del Castell d'Alaró
Reservierung: Tel. (+34) 971 94 05 03,
www.castellalaro.cat

Um in einem Refugi übernachten zu können, muss man sich mindestens fünf Tage vorher anmelden. Da die Herbergen oft schon über Monate hinaus ausgebucht sind, sollte man so früh wie möglich sein Glück versuchen.

Wege/Ausrüstung

Die Kennzeichnung der Wege ist nicht immer optimal. Eine gute Karte ist wichtig, ein GPS-Gerät unter Umständen zu empfehlen. Trinkwasser, Regen- und Sonnenschutz sowie Kleidung für wechselnde Temperaturen sollte man auf keinen Fall vergessen. Feste, hohe Schuhe sind für die Serra sehr zu empfehlen.

Beste Zeit zum Wandern

Die Monate Februar bis Mai und September bis November eignen sich am besten. Sie sollten sich jedoch auf starke Temperaturschwankungen einstellen und dementsprechende Kleidung mitnehmen.

Organisierte Wandertouren

Mar y Roc. Geführte Bergwanderungen, Wander- und Höhlentouren inklusive Transfer (deutschsprachig). mobil 680 32 21 71, www.mallorca-wandern.de

Tramuntana Tours. Geführte Wander- und Bergtouren. Auch Rad-, Kajak- und Bootstouren oder Canyoning (auch auf Deutsch). C/ Lluna 72, Sóller, Tel. 971 63 24 23, www.tramuntanatours.com

Karten und Infomaterial

Mallorca Tramontana Central und Mallorca, Tramontana Norte, hrsg. vom Nationalen Zentrum für Geografie, sind sehr zu empfehlen. Man bekommt sie unter anderem in der Casa del Mapa in Palma in der C/ Santo Domingo 11, Mo–Fr 9.30–14 Uhr.

Oben: Die schönste Anfahrt nach Sóller – der »Rote Blitz« kämpft sich durch die Berge.
Unten: Die erste Bahn dampfte 1875 auf Mallorca.

21 Tren de Sóller
Der Zug ist das Ziel

Unermüdlich und ohne Unterbrechung verkehrt seit 1912 die Bahn zwischen Palma und Sóller. Seit 1929 versieht eine elektrische Lokomotive der Firma Siemens ihren Dienst. Einen Geschwindigkeitsrausch wird man in dem »Roten Blitz« trotz seines Namens nicht erleben. Stattdessen lockt die schönste Anfahrt nach Sóller mit einem Viadukt, 13 Tunnel und viel Nostalgie.

Keine Frage, bei den Männern ist die Begeisterung besonders groß. Und natürlich bei den Kindern. Wer den nostalgischen Zug Tren de Sóller besteigt, bekommt Herzklopfen. Nicht, weil die Bahn so altersschwach wäre, es ist eher das Gefühl, genau dort weiterzumachen, wo man als Kind aufgehört hat: beim Spiel mit der Modelleisenbahn.

Das Vergnügen beginnt in der Hauptstadt Palma bei der Plaça Espanya und führt auf 27 Schmalspurkilometern nach Sóller. Die Spurweite beträgt genau 914 Millimeter, was einem englischen Yard entspricht, ein seltenes Maß, das nur in einigen britischen Kolonien verwendet wurde. Nachdem die Strecke 1929 elektrifiziert wurde, versieht eine holzverkleidete Siemens-Schuckert ihren Dienst. Sie wurde aus Deutschland geliefert und erinnert den Lok-Kundigen an frühe Schweizer Zugwagen. Die Eisenbahngeschichte Mallorcas beginnt jedoch lange vor dem Tren de Sóller. 1875 rollte erstmals eine Dampflock von Palma nach Inca.

Abgeschieden vom Rest der Insel

Für das Orangental von Sóller bricht ab 1912 eine neue Zeitrechnung an. Aus dem 2876 Meter lan-

Tren de Sóller

gen Tunnel dringt der Dampf eines
schwarzen, eisernen Monstrums. Man
schreibt den 16. April 1912, als sich der
Eröffnungskonvoi der Gesellschaft Ferrocarril de Sóller, bestehend aus den Lokomotiven »Palma« und »Sóller« und sieben Passagierwaggons
von der Hauptstadt aus auf den Weg macht. Die
Loks stammen aus Barcelona und wurden von
La Machinista gebaut. Von der ersten Planung bis
zur Einweihung vergingen 19 Jahre. Durch den
Gebirgsriegel der Tramuntana stellte die 27 Kilometer lange Strecke über Son Sardina, Apeadero
de Son Reus, Apeadero de Caubet und Bunyola
die Ingenieure vor eine große Herausforderung.
13 Tunnels mussten in das Gestein gegraben, ein
Viadukt gebaut und ein Höhenunterschied von
mehr als 300 Metern überwunden werden.

Der Orangenexpress

Das fruchtbare Tal von Sóller brachte große Men-
gen an Zitrusfrüchten hervor, die vom Hafen von
Sóller nach Frankreich und ins spanische Festland
verschifft wurden. Die Werften produzierten
Schiffe, die darüber hinaus ferne Häfen in Nord-
europa, der Karibik oder im Mittelmeer ansteuer-
ten. Doch die Möglichkeiten des Orangentals waren buchstäblich begrenzt, denn der Talkessel wird
rundum von hohen Bergen umschlossen. Bis zum
Bau der Passstraße über den Coll de Sóller 1847
war die Verbindung mit dem Rest der Insel nur
per Schiff oder über gefährliche Eselspfade möglich. Erst die Eisenbahn löste die Strukturprobleme
des Tals, denn sie verband Sóller mit der Hauptstadt und ihrem größeren Hafen.

Die wichtigste Aufgabe der insgesamt 25 Güter-
waggons der Ferrocarril de Sóller bestand im
Transport der Zitrusfrüchte nach Palma. Heute befördern Lkws die Ware durch den 2007 eröffneten

Geheimtipp

NACH SÓLLER AB SON SARDINA ODER BUNYOLA

Der Tren de Sóller fährt vom
Bahnhof an der Plaça Espanya in
Palma bis zum Bahnhof in Sóller.
Man muss die Gesamtstrecke aber
nicht komplett fahren. Für Urlauber,
die ihr Hotel nicht in Palma haben
und einen Mietwagen zur Verfügung
haben, ist es günstiger, in Son Servera einzusteigen. Der erste Halt nach
Palma hat den großen Vorteil, dass
man dank eines großen Park & Ride-
Platzes keine Parkprobleme bekommt. Man kann natürlich das
Bahnvergnügen auch auf den
schönsten Abschnitt beschränken
und nur das Ticket für die Strecke
Bunyola – Sóller und zurück lösen.
Somit bleibt mehr Zeit für den Besuch in Sóller und eine Fahrt zum
Hafen mit der Tranvia. Übrigens bietet die Bahngesellschaft Tren de Sóller auch eine komplette Tour an mit
Zug, Tram und Bootsausflug zur
Bucht Sa Calobra.

Tren de Sóller. Plaça d'Espanya,
Sóller, Tel. 902 36 47 11,
971 63 01 30, Estación de Palma de
Mallorca, Eusebio Estada 1, Palma
de Mallorca, Tel. 971 75 20 51,
971 75 20 28, www.trendesoller.com

Am Bahnhof von Bunyola

Tunnel. Doch die Früchte des »Goldenen Tals«
sind kaum noch gefragt, obwohl sie aromatischer
schmecken als ihre Pendants aus Valencia. Sie sind
teurer als die anderer Regionen und werden –
auch von den Mallorquinern – zu wenig gekauft.

Im Dienste des Tourismus

Was einst die Zitronen und Orangen waren, sind
heute die Touristen. Sie sind begeistert vom »Roten Blitz« und sichern mit ihrem Ticket den Erhalt
der historischen Bahn. Am Jugendstilbahnhof von
Sóller endet zwar die Strecke, allerdings nicht das
nostalgische Bahnvergnügen. Vor dem Gebäude
wartet eine ebenso betagte Tram darauf, Passa-
giere ins fünf Kilometer entfernte Port de Sóller
zu befördern. Einige der Zugwagen stammen aus
Lissabon. Steht eine eins oder drei auf der *Tranvía*,
handelt es sich um die ältesten Modelle von 1913.

In der Hochsaison sollten sich alle Bahnverrückten
frühzeitig um ein Ticket kümmern. Etwa eine halbe
Million Fahrgäste wollen jedes Jahr mit der Bahn
nach Sóller. Auf jeden Fall sollte man eine Kamera
mitnehmen, denn beim Viadukt *dels Cinc-Ponts*
legt der »Rote Blitz« nämlich einen Fotostopp ein.

Die ökologische Alternative

Ebenso wie in anderen Ballungszentren Europas
leidet die Insel unter Abgasen und Lärm. Abhilfe
oder zumindest eine Verbesserung verspricht der
umweltfreundlichere Schienenverkehr. 2003 nahm
die TIB (Transports de Illes Baleares) wieder den
Zugverkehr auf der Strecke nach Manacor auf.
Heute fährt die Bahn bis Sa Pobla. Der Plan, die
Strecke bis nach Artà und Cala Ratjada weiterzu-
führen, scheiterte am Widerstand von Fincabesit-
zern. Das Teilstück der ehemaligen Trasse zwischen Manacor und Artà ist heute ein Radweg.

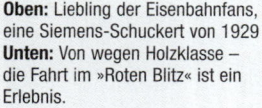

Oben: Liebling der Eisenbahnfans,
eine Siemens-Schuckert von 1929
Unten: Von wegen Holzklasse –
die Fahrt im »Roten Blitz« ist ein
Erlebnis.

Infos und Adressen

INFORMATION

Hin- und Rückfahrt. Am Bahnhof in Palma an der Plaça Espanya. März–Okt. 10.10, 10.50, 12.15, 13.30, 15.10, 19.40 Uhr. Rückfahrt: 9.00, 10.50, 12.15, 14, 18.30 Uhr; Nov.–Feb. 10.30, 12.50, 15.10, 18 Uhr. Rückfahrt: 9.00, 11.40, 14.00, 17.00 Uhr.

Ticket. Palma–Sóller–Palma: 22 €;
Bunyola – Sóller – Bunyola: 16 €.
In Sóller kann man in die ebenfalls historische Tram (Tranvía) nach Port de Sóller umsteigen.

Betriebszeiten.

Sóller – Port de Sóller: 7 bis einschließlich 20 Uhr jeweils zur vollen Stunde.
Port de Sóller – Sóller: Ab 7.30 bis 20.25 Uhr stündlich um 30 nach oder 25 nach der vollen Stunde. Ticket einfach: 6 €.

Oficinas Centrales y Estación de Sóller.

Plaça d'Espanya, Sóller, Tel. 902 36 47 11, 971 63 01 30, Bürozeiten: Mo–Fr 7–14 Uhr, Estación de Palma de Mallorca, Eusebio Estada 1, Palma de Mallorca, Tel. 971 75 20 51, 971 75 20 28, www.trendesoller.com

MALLORCA IM EISENBAHNFIEBER

Wer heute Mallorca bereist, wundert sich vielleicht über das kaum vorhandene Streckennetz für Eisen- und Straßenbahnen. Nie käme man auf die Idee, dass das Eiland einmal das dichteste Eisenbahnnetz Spaniens besaß. Schon in den ersten Jahren des Eisenbahnzeitalters (1852) gab es Pläne für den Bau einer Strecke.

Nach mehreren Anläufen nimmt die erste Bahn am 24. Februar 1875 zwischen Palma und Inca den Betrieb auf. Aus Kostengründen hatte man sich für eine Schmalspurbahn entschieden. Der Erfolg der Linie gibt den Aktionären der *Ferrocarriles de Mallorca* recht. Bereits im ersten Jahr werden 260 000 Fahrgäste sowie im Schnitt 30 Tonnen Waren im Güterverkehr pro Tag gezählt.

Das Streckennetz wird bis nach Sineu, Manacor und Sa Pobla verlängert und beläuft sich bald auf 200 Kilometer. Auch die Hauptstadt Palma katapultiert sich in die Moderne und bekommt eine Tram. Dort wurde sogar um die Jahrhundertwende eine eigene Dampflok gebaut, die es auf 60 Stundenkilometer brachte.

Seinen Höhepunkt erreicht der Eisenbahnboom Ende der 1920er-Jahre. Das Streckennetz von 230 Kilometern reicht bis nach Artà. Ab den 1930er-Jahren wächst die Konkurrenz durch den Straßenverkehr, der zunehmend die Bahnen verdrängt.

22 Kloster Lluc
Die Jungfrau aus dem Zauberwald

Das Monasteri de Lluc ist Mallorcas bedeutendster Wallfahrtsort, ein spirituelles Zentrum in herrlicher Gebirgslage. Der Gesang des Knabenchors »Els Blauets« und der Schutz von »La Moreneta«, der schwarzen Madonna von Lluc, sind für viele Insulaner Grundfesten der mallorquinischen Identität. Picknick und Pilgerschaft stellen hier allerdings keine Gegensätze dar, denn die Mallorquiner verbinden den Glauben gern mit dem Freizeitvergnügen.

Da Mallorca eine eigene kleine Welt repräsentiert, braucht es auch eine spirituelle Mitte, die das Unten mit dem Oben verbindet. Das bedeutendste Heiligtum der Insel befindet sich in der Serra de Tramuntana, dort, wo die Berge am höchsten und das Land abgeschieden ist: das Kloster Lluc.

Die Legende von La Moreneta

Um das Jahr 1230, so sagt eine Legende, durchstreifte ein Hirtenjunge das einsame Hochtal. In einer Felsspalte findet Lukas (Lluc), so soll er geheißen haben, eine dunkle Marienfigur. Er nimmt die Holzstatue und trägt sie eilig zur nächsten Pfarrei San Pere nach Escorca. Groß war sicher der Schrecken, als sie am nächsten Morgen verschwunden war. Während man im Pfarrhaus noch rätselte, ob hier heidnische Mächte am Werk waren oder Maria selbst sich ihnen entzogen hatte, bewies Lluc den richtigen Riecher. Er ging zurück zu der Felsspalte, wo er seine Madonna wiederfand. Erneut trug er sie nach Escorca, und am darauffolgenden Tag war sie wieder verschwunden, und so ging es noch ein paarmal zwischen Felsspalte und Kirche hin und her. Schließlich begriff das

Oben: Inmitten der Bergwelt – das Kloster Lluc
Unten: Die Klosterkirche wurde zu Beginn des 20. Jh. von Antoni Gaudí neu gestaltet.

schwerfällige Landvolk, dass die Madonna offenbar nicht nach Escorca ziehen, sondern in der Waldeinsamkeit bleiben wollte, und errichtete ihr dort eine kleine Kapelle.

Vorchristliche Wurzeln

In der historischen Version der Entstehung des Wallfahrtsortes Lluc spielt die Reconquista, die christliche Rückeroberung, eine wichtige Rolle. Nach den Jahrhunderten unter dem Halbmond, die für die Bewohner der Insel keine schlechte Zeit waren, mussten Zeichen und Wunder her. Überall in Spanien tauchten Bildnisse der Muttergottes auf, meistens an Orten, die bereits eine religiöse Vergangenheit hatten. So auch in Lluc, wo angeblich schon in frühgeschichtlichen Zeiten Totenkulte zelebriert wurden. Der Name könnte sich vom römischen Wort *locus* für Wald herleiten oder vom arabischen *Arlluch*, wie die Gegend von den Arabern genannt wurde.

Aufstieg zum Wallfahrtsort

Nach der Rückeroberung Mallorcas unter Jaume I. wurde das Land aufgeteilt. Die Templer hatten Jaume tatkräftig unterstützt und bekamen das bergige Gebiet zugesprochen, wo sich heute das Kloster befindet. Neben einer befestigten Anlage bauten sie oder die Bauern der Gegend eine kleine Kapelle zu Ehren Marias. Das Bedürfnis, im abgelegenen Steineichenhain eine Kapelle zu errichten, war vorhanden. Schon früh wurde sie zum Ziel gläubiger Pilger.

Ende des 14. Jahrhunderts begann man den Pilgerweg ab Caimari auszubauen. Von den ursprünglich sieben Steinstelen, die den Weg säumten, sind zwei bis heute erhalten. Eine davon steht im Klos-

Nicht verpassen

AUF DEM CAMÍ VELL ZUM KLOSTER LLUC

Rund um das Kloster Lluc lassen sich schöne Wandertouren unternehmen. Da es sich beim Santuari de Lluc aber um ein christliches Heiligtum handelt, sei hier kein Wander-, sondern ein Pilgerweg empfohlen. Der Camí Vell, der *alte Weg*, war wohl die erste Pilgerroute, die sich im 13. Jh. herausbildete. Er beginnt in der Ortschaft Caimari bei Inca. Am Ortsausgang wandert man zunächst einen halben Kilometer an der Straße Ma 2130 entlang. Bei der Steinhütte Rota del Carter folgt man dem Schild des Fernwanderwegs GR 222. Immer wieder kann man sich an den kunstvoll geschichteten Trockenmauern freuen, die hier besser erhalten sind als in anderen Gegenden. Der Pilgerweg führt durch das enge und schöne Tal immer weiter hinauf. Die teilweise gepflasterten Wege sind so uneben, dass man unbedingt hohe Wanderstiefel braucht.

Camí Vell. Länge: 6,5 km, Höhenunterschied: 450 m, Rückfahrt wahlweise mit dem Linienbus L 330 um 15 und 18 Uhr ab Lluc nach Caimari.

termuseum. 1456 gewährte Papst Calixtus III. den Mönchen den Bau einer *Colegiata*, eines Klosterseminars. Ab 1526 wurde festgelegt, dass täglich eine Morgenmesse zu Ehren Marias gehalten werden soll, die von sechs Jungen gesungen wird. Wegen ihrer blauen Sutanen erhielt dieser Chor später den Namen *Els Blauets*. Bis heute wird die Morgenmesse von dem Knabenchor begleitet.

Beim Ausbau der Anlage im 16. Jahrhundert wurde eine Pilgerherberge errichtet. Die Kirche im Renaissancestil und der Hauptaltar erhielten in der zweiten Hälfte des 17. Jahrhunderts ihre Weihe, La Moreneta, die heilige Jungfrau von Lluc, die bislang in einer Seitenkapelle stand, bekam ihren Platz hinter dem Hauptaltar. Anfang des 20. Jahrhunderts gestaltete der katalanische Künstler Antoni Gaudí die Basilika neu. Der Architekt der Sagrada Familia von Barcelona wählte ein historisierendes Dekor. Mit viel Blattgold entstand ein barockes Interieur mit Reminiszenzen an die byzantinische Kunst. Die Chroniken des Klosters verzeichnen den Besuch bedeutender Menschen, wie Papst Johannes XXIII., der die Klosterkirche 1962 zur Basilika ernannte.

Tempel der mallorquinischen Identität

Oben: Das Kloster Lluc ist das wichtigste Heiligtum der Insel. Die verehrte Madonna befindet sich in einem Camarín hinter dem Hauptaltar.
Unten: Ein mit Moos bedeckter Brunnen auf dem Klostervorplatz

Die Bedeutung des Wallfahrtsorts und die Verehrung der »Moreneta« sind für das Selbstverständnis der Mallorquiner kaum zu überschätzen. Ähnlich wie das Kloster Montserrat bei Barcelona für die Katalanen, nimmt Lluc einen ebenso spirituellen wie politischen Status ein. Dieser nationale Ort stellt eine sichere Stütze gegen die Schicksale des Lebens und zentralspanische Zumutungen aus Madrid dar. So hat der beliebte Pilgerzug zur Mare de Deu, zur Muttergottes, an dem jedes Jahr viele Insulaner in einer Sommernacht ab Palma teilnehmen, seine Wurzeln in der späten Franco-Diktatur.

Damals machte sich ein Barbesitzer aus der Hauptstadt auf, um seinem Unmut über das Regime Luft zu verschaffen. Aus seiner privaten Pilgerschaft entwickelte sich über die Jahre der populäre Pilgerzug. Aber auch in guten Zeiten hält man der Muttergottes von Lluc die Treue. Schließlich hat ein gewisser Dr. Busquets bereits 1684 nachweisen können, dass sie bis dahin 86 Wunder bewirkt hatte. Die geselligen Picknickgelage mit Großfamilie oder Freunden, die in der Sommerfrische am Wochenende abgehalten werden, sind jedenfalls Zeichen großer Zuneigung.

Besichtigung

Vom großen Parkplatz gelangt man durch ein Portal, das durch zwei flache Gebäuderiegel gefasst wird. Übrigens lohnt es sich für Autofahrer, im

Oben: Bei der Umgestaltung der Klosterkirche zu Beginn des 20. Jahrhunderts stand Antoni Gaudí, der Architekt der Sagrada Familia, beratend zur Seite.
Unten: Der Botanische Garten dient den Mönchen zur Erholung und steht auch Besuchern offen.

Oben: Säulengang vom Kloster
Unten: Die Fassade der Klosterkirche wurde im 17. Jh. fertiggestellt.

Kloster ein Ticket für das Museum und die 3-D-Vorführung zu kaufen. Auf der linken Seite wartet ein Begrüßungscenter mit Infotafeln und Filmen über den Ort und seine Geschichte. Die Stirnseite des Vorplatzes wird vom schmucklosen Klosterbau mit dem Haupteingang zum Konvent begrenzt. Nach dem ersten Innenhof erreicht man durch einen weiteren Gebäudeteil, in dem sich das Museum befindet, den zweiten Innenhof. Dort erinnert eine Statue an den Bischof Juan Campins, der 1910 vom Vatikan das offizielle Anrecht der Congregación mallorquina de los Missioners dels *Sagrats* Cors (mallorquinische Kongregation der Missionare des Heiligen Herzens) erwirkt hatte.

Der Bau der Basilika wurde 1622 begonnen und 1691 mit der Fertigstellung der Fassade abgeschlossen. Das Innere besitzt eine intime, fast geheimnisvolle Atmosphäre, die wesentlich der Ausgestaltung durch Antoni Gaudí zu Beginn des 20. Jahrhunderts zu verdanken ist. Der barocke Hauptaltar stammt von 1629. An seiner Rückseite wird die Mare de Deu, die Muttergottes von Lluc, verehrt. Das Museum im ersten Stock des Querriegels im Hauptgebäude beginnt mit archäologischen Funden, stellt die Schmuckgeschenke zur Schau, die in La Moreneta verehrt wurden, und überrascht mit einem originalgetreuen mallorquinischen Raum. Prunkstück der kleinen Pinakothek ist ein Gemälde von Santiago Rusiñol.

Links vom Hauptgebäude, wo sich auch das Klosterrestaurant befindet, beginnt der Aufstieg zum Kalvarienberg. Von der kleinen Felsanhöhe hat man einen guten Überblick über die Klosteranlage und das grüne Hochtal. Am anderen Ende des Komplexes, hinter den Schulgebäuden, liegt der Klostergarten der Mönche. Mittlerweile ist die Anlage zu einem Botanischen Garten angewachsen, die dem Erhalt heimischer Arten dient.

Infos und Adressen

SEHENSWÜRDIGKEITEN

Monestir de Lluc. Pilgerziel mit der schwarzen Madonna »La Moreneta«. Sie befindet sich in einer Kapelle hinter dem Hauptaltar der Kirche. Die Innengestaltung der Klosterkirche stammt von dem katalanischen Architekten Antoni Gaudí. Der Knabenchor *Els Blauets* singt in der Schulzeit während der Messen um 11 und 19.30 Uhr.

Das **Museum** zeigt viele Objekte zur Vor- und Frühgeschichte. Ein Saal ist der Muttergottes von Lluc gewidmet und präsentiert Schenkungen an die hochverehrte Figur. Weiterhin sind liturgische Gerätschaften, ein Raum mit Keramiken und Gemälde des katalanischen Künstlers Coll Bardolet zu sehen (Mo–Fr, So, 10–14 Uhr). Hinter dem Kloster gibt es einen kleinen Botanischen Garten.

Kalvarienberg. Links vom Klostergebäude führt der Kreuzweg *Camí dels Misteris* zum Kalvarienberg hinauf. Die Bronzereliefs wurden vom katalanischen Bildhauer Josep Llimona geschaffen.

Botanischer Garten. Mit rund 200 heimischen Arten. 10–13 und 15–18 Uhr geöffnet. Eine Spende ist erwünscht.

INFORMATION

Centro Informació de la Serra Tramuntana. Am Parkplatz Kloster Lluc, Tel. 971 51 70 70.

ESSEN UND TRINKEN

Sa Fonda. Das rustikale Restaurant bietet internationale und mallorquinische Küche und befindet sich innerhalb der Klosteranlage. Tel. 971 51 70 50.

ÜBERNACHTEN

Hospedería. Die Klosterherberge steht nicht nur Pilgern offen. Auch Wanderer und Radfahrer mieten sich gern in eines der 129 einfachen und ordentlichen Zimmer ein. Besser früh reservieren. Tel. 971 87 15 25, www.lluc.net, DZ 70 €.

Bei Pilgern und Wanderern beliebt – die Klosterherberge

Oben: Classic Rallye – ein Porsche 356 passiert den Krawattenknoten.
Unten: Kiesstrand an der Mündung des Torrent de Pareis

23 Sa Calobra
Landschaft für die Leinwand

Die spektakuläre 12,5-Kilometer-Straße, die in immer neuen Windungen zur Sa-Calobra-Schlucht hinabführen, sind eine Hymne auf die Serpentine. Im berühmten »Krawattenknoten« schlingt sich die Straße sogar einmal um sich selbst. Unten angekommen, harren einige Ausflugslokale und ein Fußgängertunnel der Entdeckung, der zur beeindruckenden Schlucht des Torrent de Pareis mit Kiesstrand führt.

Nachdem er zuvor in Barcelona nur mäßigen Erfolg hatte, buchte der Künstler Joaquim Mir (1873–1940) im Jahr 1900 eine Schiffspassage nach Mallorca. Dort traf er seinen Kollegen Santiago Rusiñol. Auf Mallorca wurde Mir zum Meister des Lichts. Immer wieder malt er die Landschaften der Serra de Tramuntana. Regelrecht besessen ist er vom Torrent de Pareis, jenem Spektakel aus Fels und Meer, das der Sturzbach Pareis an der Nordwestküste in das Gebirge gegraben hat.

Ein Einsiedler der Kunst

Als Rusiñol die Schlucht besuchte, gab es noch keine Serpentinenstraße, die in das wilde Tal hinabführte, aber wohl einige wenige Menschen, die dort lebten. Er berichtet von einem Hirten, der das Sprechen verlernt hatte, einer Hexe, die in einer Ruine gehaust haben soll und einem »Einsiedler der Gegenwart«. Damit war sein Freund und Kollege Joaquim Mir gemeint. Wie einsam das weltabgewandte Tal damals war, kann man sich heute, wo in Spitzenzeiten über 30 000 Besucher mit Reisebussen und Mietwagen in die Schlucht drängen, kaum noch vorstellen.

Torrent de Pareis: ein beliebtes Motiv für Maler.

Die Straße zur Cala Sa Calobra

Einfach gut !

Auch wenn die Besuchermassen den Eindruck etwas trüben, die Begeisterung des Malers für die wilde Landschaft kann man auch heute noch nachempfinden und teilen. Die Bucht von Sa Calobra liegt im wildesten Teil der Serra de Tramuntana, unterhalb des Puig Major, dem höchsten Berg der Insel, und den Orten Sóller und Escorca. Einen Kilometer oberhalb der Bucht gibt es auch ein Dorf Sa Calobra. Dorthin kommt man nur per Schiff oder über die Ma 2141, der vielleicht schönsten Straße der ganzen Insel. Über atemberaubende Serpentinen wird auf zwölf Kilometern Länge eine Höhendifferenz von knapp 800 Metern bewältigt.

Meister der Serpentine

Der Schöpfer dieses Kunstwerks heißt Antonio Parietti, der übrigens auch für die Panoramastraße der Halbinsel Formentor verantwortlich zeichnet. Man fragt sich heute, weshalb die 1932 vollendete Piste überhaupt mühevoll in die Felsen gegraben wurde. Der Küstenabschnitt war in jener Zeit bei Tabakschmugglern besonders beliebt. Fischer übernahmen die Ware auf dem offenen Meer und

ESSEN UND BADEN AN DER CALA TUENT

Sa Calobra haben Sie erlebt, haben die begeisternde Fahrt genossen, den kleinen romantischen Hafen gesehen und die Schluchtmündung des Torrent de Pareis und vielleicht sogar eine Wanderung unternommen. Doch zum Baden war es in der Bilderbuchschlucht zu eng, und das gastronomische Angebot konnte auch nicht überzeugen. Dann fahren Sie doch zur Cala Tuent. Die Nachbarbucht hat einen schönen, vergleichsweise großen Badestrand und dazu noch ein gutes Restaurant. Im unteren Teil der Ma 2141 zweigt ein Sträßchen zur Cala Tuent ab. Nach fünf Kilometern sind Sie da. Das Finca-Restaurant Es Vergeret mit seiner schönen Panoramaterrasse liegt im Süden der Bucht. Man erreicht das Restaurant und die Bucht auch über eine schöne Wanderung, die beim Mirador de Ses Barques im Tal von Sóller beginnt. 14 km misst die einfache Distanz.

Restaurant Es Vergeret. Cala Tuent, Tel. 971 51 71 05.

147

brachten sie an die Küste, wo die Schmuggler sie auf halsbrecherischen Pfaden, die zum Teil noch immer existieren, auf die Insel brachten. Aber Genaues ist nicht bekannt, und die Hoffnung, bei einer tiefer gehenden Recherche auf aussagekräftige Dokumente zu stoßen, ist gering.

Der Weg ist das Ziel

Nach dem Abzweig von der Ma 10 verläuft die Straße zunächst noch harmlos durch das Tal zwischen dem Puig Major und der Serra d'es Teix. Nachdem ein kahler Gebirgsrücken überwunden ist, windet sich das Asphaltband um sich selbst. Vermutlich war es ein Anliegen Pariettis, eine Harmonie zwischen Landschaft und menschlichem Eingriff herzustellen. Die Straße dominiert nicht die Natur, sie folgt ihr. Nur beim sogenannten Krawattenknoten war das nicht möglich: Um den Höhenunterschied zu überbrücken, schlingt sich die Straße zum *Nu de sa Corbata*, 31 000 Kubik-

Oben: Spektakuläre Landschaft bei Sa Calobra
Mitte: 900 Höhenmeter müssen auf zwölf Kilometern bewältigt werden.
Unten: Aus Freude am Fahren – Classic Rallye bei Sa Calobra

GUT ZU WISSEN

BERGRAUSCH MIT BUSTRAUMA

Kein Mallorca-Reiseführer würde es wagen, die Sa-Calobra-Schlucht zu verschweigen. Zu schön, zu steil, zu spektakulär windet sich das mickrige Sträßchen in die Tiefe. Das sollte man nicht verpassen, und genau hier liegt auch das Problem. Nach der zweiten oder dritten Serpentine, an der man zurücksetzen musste, um Busse und Gegenverkehr vorbeizulassen, kommen die ersten Zweifel. Nach Nummer fünf und sechs und langem Warten beginnt der landschaftliche Reiz zu verblassen. Einige Staukehren weiter ist man nur noch verärgert, über sich, die anderen, den Massentourismus. Sa Calobra ist etwas für die Nebensaison oder für den frühen Abend, wenn die Reisebusse längst verschwunden sind.

Blick durch den Fußgängertunnel in den Torrent de Pareis.

meter Stein und Geröll mussten die Arbeiter abtragen und an anderer Stelle wieder auffüllen, damit der Schwung funktioniert.

Danach beginnt die Abfahrt mit herrlichen Ausblicken ins Tal. Meterhoch türmen sich die Felsgiganten neben dem schmalen Sträßchen, lassen knorrige Pinien und Steineichen wie Spielzeugbäume aussehen. Hinter der Windschutzscheibe baut sich eine ebenso verwunschene wie romantische Welt auf.

Unten angekommen, macht sich erst einmal leichte Ernüchterung breit. Die Fahrzeugmassen brauchen natürlich ausreichend Platz zum Parken und die Besucher entsprechende Großraumrestaurants. Romantischer ist die Szenerie direkt an der kleinen Bucht, der Platja de Sa Calobra, wo im Sommer kleine Bars die Gäste mit dem Nötigsten versorgen.

Torrent de Pareis

Am nördlichen Ende der Bucht führt ein Fußweg durch einen Felstunnel zum Ausgang der Felsschlucht Torrent de Pareis, ein dramatischer schöner Platz zum Baden.

Infos und Adressen

AKTIVITÄTEN
Barcos Azules.
Schiffstour von Port de Sóller zur Cala Sa Calobra und zur Cala Tuent. Abfahrt in Port de Sóller ab 11.15 Uhr, zurück geht es um 13.45 und 16.30 Uhr. Einfache Fahrt 21 €, hin und zurück 30 €. Passeig Es Través 3, Port de Sóller, Tel. 971 63 01 70, www.barcosazules.com

Tramuntanatours
Der Abstieg durch den Torrent de Pareis ist eine anspruchsvolle Wanderung mit Klettereinlagen. Man sollte sie nur mit einem versierten Führer machen, zum Beispiel von Tramuntanatours.
C/ Lluna 72, Sóller, Tel. 971 63 24 23, www.tramuntanatours.com

Torrent de Pareis

149

GRAND TOUR
auf vier Rädern

Toller Blick unterhalb des Talaia d'Albercutx bei Port de Pollença

Eine Tour für Asphaltjunkies, ein Roadmovie der großen Gefühle und ungezählten Kurven – und Schnellkurs über die mallorquinischen Landschaften. Für die rund 300 Kilometer braucht man etwa 6,5 Stunden reine Fahrzeit. Das heißt, mit Pausen und Fotostopps lässt sich der Roadtrip entspannt an zwei Tagen machen. Oder aber früh aufstehen, ausgeschlafen sein und sich immer wieder abwechseln. So hat jeder genug Zeit zum Schauen und Staunen.

es ist Urlaub. In Sóller gewöhnt man sich auf der schönen Plaça Constitució bei Café con Leche und einer Ensaimada schnell an den ruhigen Inselrhythmus.

Teil 1: Kurven über dem Meer

Noch bevor der Trubel in Sóller losgeht, zieht der Mietwagen schon tapfer die Serpentinen hinauf. Die spektakulärste Bergregion der Insel wartet im Morgenlicht. Der Stausee Cúber wird von Berggipfeln gerahmt, die aussehen, als sei man in den Alpen weit über 2000 Metern. Tatsächlich sind es 1000 Meter weniger, aber die Bergwelt ist nicht weniger beeindruckend. Die Ma 10 ist eng und wegen der vielen Radfahrer und Reisebusse »nicht ohne«. Eine wahre Traumstraße windet sich kurz hinter dem Stausee Gorg Blau in die Tiefe. Über 12 Kilometer schlängelt sich die Panoramaspur von 800 Metern bis zum Minihafen Sa Calobra auf Meeresniveau. Wer möchte, gönnt sich diese Extraportion Kurven und schaut sich, unten angekommen, die eindrucksvolle Mündung des Torrent de Pareis an, eine Steilschlucht mit Bademöglichkeit.

So schön es auch ist, nach alldem Gekurve braucht man dringend etwas Erholung. Das Kloster Lluc, inmitten eines malerischen Hochtals, ist das Inselheiligtum schlechthin. Nach einem Besuch bei

Der Mietwagen ist in Ordnung, Sitz und Spiegel sind eingestellt, die Sonnenbrille liegt bereit? Dann kann es losgehen. Zum Eingewöhnen verlässt man die Mietstation am Flughafen über die Autobahn Ma 19. Breit und gerade ist auch die Ma 11 nach Sóller. Beim Tunnel hinter Bunyola muss man bezahlen. Was soll's,

der hochverehrten Madonna bietet sich das Klosterlokal für einen Imbiss oder ein Lunch an. Oder man wartet noch etwas. Nach herrlichen Aussichten über die Bergwelt und das Meer verläuft die Ma 10 weniger kurvig langsam bergab nach Pollença. Das Zentrum mit der schönen Plaça darf man sich nicht entgehen lassen. Es gibt viele Cafés und gute Restaurants wie z. B. das »Cantonet« in der Carrer Monti-Sion 20.

Teil 2: Weite Buchten

Einen grandiosen Blick über den nördlichen Ausläufer des Tramuntana-Gebirges, die Halbinsel Formentor, wartet am Aussichtspunkt Es Colomer. Man erreicht ihn über Port de Pollença und die Ma 2210. Da noch einige Kilometer anstehen, wird auf die schöne Strecke zum Kap mit Leuchtturm leider verzichtet. Während der Abfahrt vom Mirador Es Colomer schaut man über die Buchten der Nord-

ostküste. Das Meer wird auf den nächsten Kilometern unser ständiger Begleiter. Langsam cruist man an der Badia de Pollença entlang, umkurvt Alcúdia mit seinen alten Stadtmauern oder legt dort einen kurzen Halt ein. Bei Port d´Alcúdia ändert sich die Szenerie. Die weite Bucht wird von riesigen Hotelblöcken, Spielhallen und Restaurants gesäumt, ist aber auf ihre Art sehenswert. Immer wieder taucht das türkisfarbene Meer zwischen den Häuserblocks auf oder schimmert zwischen hohen Kiefern durch. Die Straße verläuft nun zwischen dem Sandstrand und dem Feuchtgebiet s´Albufera.

Teil 3: Quer durch die Insel

Am Ortseingang von Can Picafort geht es rechts auf die Ma 3410 und damit ins Inselinnere. Santa Margalida thront auf einem Hügel. Schöner ist Sineu, die alte Hauptstadt. Entweder man macht dort in der Altstadt eine Rast oder in Petra.

Im Cabrio noch mal schöner – unterwegs durch die Serra de Tramuntana

Bergiges Finale mit Leuchtturm – das Kap Formentor

Das kleine Museum des Franziskaner-mönchs und Gründers von San Francisco, Juníper Serra, hat seit 2015 deutlich mehr Besucher als zuvor. In diesem Jahr wurde Serra von Papst Franziskus heilig-gesprochen. Das leicht hügelige Land der Ebene Es Plà, die Felder, die in jeder Jahreszeit einen anderen Farbton annehmen, all das ist schön und macht das Fahren zur reinen Freude.

Teil 4: Der Migjorn

Das nächste Ziel ist wieder nur über Serpentinen zu erreichen. Das ehemalige Kloster Santuari de Sant Salvador liegt wie eine Burg auf gut 500 Metern Höhe. Für die hübschen Orte Felanitx und Santanyí bleibt kaum Zeit. Der Süden ruft. Wenn die Tour schon nicht bis zur Nord-spitze, dem Kap Formentor, führte, dann wenigstens bis zur Südspitze, zum Cap de Ses Salines. Ein einsames Sträßchen

führt zwischen Trockensteinmauern geradewegs ans Ende der Welt. Am Leuchtturm von 1863 ist Schluss. Beim Anblick des tosenden Meeres muss man sich entscheiden: Auf direktem Weg zurück nach Palma oder ein Umweg mit schöner Bergstraße, Aussicht und heiligem Beistand? Überredet! In Sichtweite der Salinen und durch das schöne Landstädtchen Campos geht es nach Westen. Dort ragt ein Tafelberg aus der Ebene, der Puig de Randa. Auf den Berg mit drei Einsiedeleien führt ein wunderschönes Sträßchen. Ganz oben, in der ehemaligen Klosterschule, wartet ein Café-Restaurant. Besser ist allerdings die Küche unten im Ort, im Hotelrestaurant Es Reco de Randa. Unbedingt empfehlenswert ist auch das Hostal d´Algaida, wo man köstliche regionale Küche serviert bekommt. Bis zum Flughafen und der Mietwagenstation ist es jetzt nicht mehr weit.

NORDEN UND NORD-OSTEN

24 Pollença und Port de Pollença   156

25 Cap de Formentor   164

26 Alcúdia und Port d'Alcúdia   168

27 Naturpark S'Albufera   176

28 Artà und Capdepera   178

29 Naturpark Halbinsel Llevant   182

30 Cala Ratjada   184

24 Pollença und Port de Pollença
Künstlerstadt mit Himmelsleiter

Am Fuß der nördlichen Serra de Tramuntana zieht die Kleinstadt schon seit 100 Jahren Touristen in ihren Bann. Eine lebendige Plaça, stimmungsvolle Altstadtgassen und ein beachtliches Kulturangebot machen Pollença zu jeder Jahreszeit zu einem lohnenden Ziel. Der Hafenort Port de Pollença hat eine schöne Strandpromenade und einen attraktiven Badestrand.

Als die Römer 123 v. Chr. die Insel besetzten, gründeten sie in der Nähe des heutigen Alcúdia die Siedlung Pollentia, »die Starke«. Bis ins 5. Jahrhundert konnte sich die Stadt behaupten. In dieser Zeit wurde auch landeinwärts, über den Torrent de Sant Jordi, eine zweibogige Steinbrücke gebaut. Nachdem Pollentia von den Vandalen verwüstet wurde, wendeten die Überlebenden dem Meer den Rücken zu und gründeten ihr neues Pollentia beim Torrent de Sant Jordi, einem Bachbett, das heute zumindest zeitweise Wasser führt. Das fruchtbare Tal zwischen der Serra de sa Coma und der Serra de sa Font in den nördlichen Ausläufern der Tramuntana war schon lange vor den Römern besiedelt. Das beweisen die Höhlen von Cala Vincenç, die Covas de l'Alzinaret. Die Grabstätten wurden in der Frühphase der Talayot-Kultur um 1700 v. Chr. in den porösen Fels gegraben.

S. 154/155: Die raue Küste am Mirador de Mal Pas
Oben: 365 Stufen führen den Kalvarienberg hinauf.
Unten: Der Calvari ist Pollenças bekannteste Sehenswürdigkeit.

Unsichere Zeiten

Auch das neue Pollença war vor den Gefahren des Meeres nicht sicher. Über Jahrhunderte wurde Mallorca immer wieder von französischen, nordafrikanischen und vor allem türkischen Piraten heimgesucht.

Pollença

Einfach gut !

Mitte des 16. Jahrhunderts traf es mal wieder Pollença. In einer Sommernacht des Jahres 1550 rotteten sich die Männer des gefürchteten Freibeuters Turgut Reis vor den Toren der Stadt zusammen. Gerade noch rechtzeitig – so die Legende – weckte eine Nachtigall die Bewohner. So gelang es ihnen, in kürzester Zeit kampfbereit zu sein und den Angriff abzuwehren. Jedes Jahr wird der Sieg im Spektakel der *Moros i Cristians* nachgespielt. Dem Piratenangriff von 1552 konnten die Bewohner Pollenças dagegen nichts entgegensetzen: Ihre Stadt brannte weitgehend nieder. Das Bild, das sich heute dem Stadtbesucher zeigt, stammt aus der Zeit des Wiederaufbaus in der zweiten Hälfte des 16. Jahrhunderts.

Nostra Senyora dels Angels

Die Plaça Major ist das lebendige Herz Pollenças, vor allem am Sonntagvormittag, wenn hier der Markt stattfindet. Nach der Messe, wenn sich die Tore der Kirche Nostra Senyora dels Angels zum Platz öffnen, tummeln sich neben Touristen und Marktbesuchern auch die Kirchgänger auf der Plaça. Die Pfarrkirche geht auf das 13. Jahrhundert zurück und wurde 1236 von den Tempelrittern gegründet. Nach dem Verbot des Ordens ging das Gotteshaus an die Johanniter über. Sein heutiges Erscheinungsbild stammt aus dem 18. Jahrhundert. Wer von der lichten Plaça kommt und ins Innere des Gotteshauses tritt, sieht erst einmal gar nichts. Erst nach und nach lösen sich die Details aus dem geheimnisvollen Dunkel, so etwa die 1430 geschaffene Marienskulptur, der die Kirche ihren Namen verdankt. Der Barockaltar stand ursprünglich in der Kirche Monti-Sion. Einen Blick verdienen auch die Fensterrosette und die Deckengemälde, die 1914 von dem Spanier Joaquín Tudela, dem Argentinier Atilio Boveri und dem Deutschen Eugen Mosgraber ausgeführt wurden.

NOSTALGISCHE NÄCHTE

Welches ist das schönste Hotel der Stadt? Die Konkurrenz ist hart, dennoch ist der Fall klar: Es ist das Hotel Juma am Hauptplatz. Die Lage bringt es mit sich, dass man erst spät zur Ruhe kommt, weil die Plaça bis in die Nacht belebt ist. Auch sind die sieben Zimmer weder besonders luxuriös noch extravagant gestaltet. Mit Sat-TV, Klima und Bad bieten sie guten Standard, sind aber nicht herausragend. Auch nicht die hauseigene Cafeteria, die man gern für einen Kaffee oder einen Martini am frühen Abend empfiehlt. Das Juma ist aus anderen Gründen unschlagbar: Nehmen Sie unbedingt eines der beiden Zimmer, die zum Platz gehen, öffnen Sie die Fenster und wenn Sie wollen, klappen Sie die Holzläden etwas vor, wie man es auf Mallorca tut. So dringen die Geräusche der Stadt, der Duft des Südens oder was auch immer hinein und im Innern entsteht eine schattige, kühle Intimität. Das nach altem Stil geformte Mobiliar, der kleine Schreibtisch, der hohe Raum – plötzlich ist es da, dieses vergessene, authentische Mallorca-Gefühl. Das gibt es nur noch ganz selten und in traditionsreichen Häusern wie dem Juma.

Hotel Juma. Plaça Major, Tel. 971 53 50 02, www.hoteljuma.com, DZ ab 90 €.

157

Oben: Die Vergangenheit als Künstlerdorf wird im Club de Pollença lebendig.
Unten: Der Club ist Treffpunkt, Kulturzentrum und dank der zahlreichen Gemälde schon fast ein Museum.

Künstlerstadt

Mit etwas Glück ergattert man einen freien Tisch im traditionsreichen Café Ca'n Moixet. An Alternativen mangelt es nicht, denn im Sommer ist die Plaça so gut wie komplett bestuhlt. Besonders charmant ist der Club de Pollença, dessen Cafeteria auch Besuchern offen steht. Die Wände schmücken zahlreiche Gemälde von Künstlern, die zumindest zeitweise in Pollença gelebt und gearbeitet haben. Pollença ist seit rund 100 Jahren Treffpunkt der Künstler. Um mehr darüber zu erfahren, lohnt ein Besuch der Galerien Mayor und Bennassar an der Plaça Major sowie der Museen Dionis Bennassar und Marti Vicenç.

Font del Gall

Auf dem Weg zum Museum kommt man an der Plaça Almoina vorbei, dem Almosenplatz mit dem Font des Gall. Der »Hahnenbrunnen« von 1827 ähnelt einem großen Kelch, sein geschmiedeter Deckel wird von einem Hahn bekrönt, dem Wappentier der Stadt. An diesem Platz soll der hl. Vin-

GUT ZU WISSEN

KEIN PLATZ MEHR AUF DEM PLATZ

Die sommerlichen Besuchermassen stellen ein generelles Problem Mallorcas dar, selbst im beschaulichen Pollença. Das zeigt sich besonders auf der Plaça Major, dem Wohnzimmer der Stadt, oder sagen wir besser Salon, das klingt eleganter. Da man Gäste gern in den Salon führt, wird es im Sommer auf den Caféterrassen eng. Wegen der enormen Nachfrage wurde das Platzangebot bereits vergrößert: Im Grunde ist die Plaça Major schon komplett bestuhlt – und das ist nicht mehr schön. Es gibt keinen Platz mehr zum Gehen und Verweilen und fürs öffentliche Leben. Auch ein Platz braucht etwas Platz.

Infos und Adressen

zenz Ferrer (1350–1419) gepredigt haben. Schräg gegenüber steht das Geburtshaus des Dichters und Priesters Miquel Costa i Llobera (1854–1922), der nicht nur auf Mallorca wegen seiner Poesie geliebt wird. Sie thematisiert immer wieder Landschaft und Landleben auf der Balearen-Insel, doch zu überregionaler Bedeutung verhalf Costa i Llobera, dass er auf Katalanisch geschrieben hat, was ihn zu einem der Säulenheiligen der nach nationaler Identität strebenden Region Spaniens macht.

Museu Dionis Bennassar

Die Fundació Dionis Bennassar befindet sich im ehemaligen Wohnhaus des Künstlers. Dionis Bennassar (1904–1967) gehörte zum Kreis des bekannteren Hermen Anglada Camarassa, der vor dem Spanischen Bürgerkrieg den Norden Mallorcas für seine expressionistisch beeinflusste Malerei entdeckt hatte. »Früher übten die Landschaft und das Licht den größten Einfluss auf die Maler aus«, erklärt Toni Bennassar. Der Sohn, der ebenfalls Künstler geworden ist und seine Werke mit »Toni Dionis« zeichnet, zeigt auf eine Schwarz-weiß-Fotografie, auf der er mit seinem Vater und anderen Malern zu sehen ist. »Damals fuhren die Künstler gemeinsam ans Meer, etwa zur Cala Vicenç, um zu malen«, erinnert er sich, und ein wenig klingt es so, als bedauere er, dass es das gesellige und gemeinsame Arbeiten unter den Künstlern heute nicht mehr gibt.

Monti-Sion und Puig del Calvari

Über die Carrer Sant Jordi, Barques und Roca Tomas erreicht man die Kirche Monti-Sion am Fuß des Kalvarienbergs. Die Klosterkirche wurde 1738 von den Jesuiten errichtet. Lange konnten sie nicht in Pollença bleiben, denn 1767 verbot der

CASTELL DEL REI

Über die Nachbarbucht, der Cala Castell, thront das Castell del Rei, eine Festung, die ursprünglich wohl von den Arabern angelegt und im 13. Jh. von König Jaume I. eingenommen wurde. Bis ins 18. Jh. diente die strategisch günstig gelegene Anlage der Abwehr von Piraten. Im 20. Jh. kaufte Juan March, der »letzte Pirat« (so der Titel einer 1934 erschienenen Biografie von Manuel de Benavides), die Ruine und das gesamte Tal. Seitdem ist der Zugang versperrt und das Kastell nur an bestimmten Tagen zu erwandern. Neben dem historischen Aspekt begeistert die Lage der Burgruine.

INFORMATION

Über die Öffnungstermine informiert man sich am besten in der Touristinfo von Pollença.

ANFAHRT

Von der Ma 10 geht es auf Höhe von Pollença nördlich ins Ternella-Tal. Nach 3 km endet die öffentliche Straße. Bis zum Kastell sind es dann noch 2,5 km zu laufen.

Joan Mas rettete den Ort 1550 vor den Piraten. Jedes Jahr wird beim Spektakel Moros i Cristians die siegreiche Verteidigung nachgespielt.

spanische König Karl III. den mächtigen Orden. Gleich neben der Jesuitenkirche kommt man zu Pollenças bekanntestem Highlight, dem Puig del Calvari. Genau genommen ist weniger der Kalvarienberg selbst der Anziehungspunkt als vielmehr die von Zypressen gesäumte Treppe, die mit ihren 365 Stufen kerzengerade hinaufführt. Jedes Jahr ist der *Calvari* Schauplatz einer Art Passionsspiel mit Kreuzabnahme und Prozession, dem *Davallament.* Das Oratori del Calvari auf der kleinen Anhöhe des Kalvarienbergs wurde zwischen 1795 und 1799 erbaut. Ursprünglich barock, wurde es 1950 im neogotischen Stil erneuert.

Convent de Sant Domènec

Neben den Galerien Bennassar und Mayor an der Plaça Major, wo hochrangige Künstler ausstellen, lädt das Gemeindemuseum Museu Municipal jedes Jahr internationale Größen wie Rebecca Horn oder Bill Viola ein. Zum Museum führt der Weg über das Wohnzimmer der Stadt, die Plaça Major, ans südliche Ende der historischen Altstadt. 1588, während der Gegenreformation, wurde mit dem Bau des Dominikanerklosters begonnen, das 1616 fertiggestellt wurde. Die Kirche Mare de Déu del Roser besitzt ein prachtvolles Altarretabel von 1662 mit einer Marienskulptur aus dem 15. Jahrhundert. Im ehemaligen Kreuzgang des Klosters finden im Sommer die Konzerte des *Festival de Pollença* statt. Das jährliche Musikevent wurde 1962 von dem britischen Geiger Philip Newman ins Leben gerufen, nachdem er ein Konzert junger Musiker hörte, das vom Club de Pollença veranstaltet worden war.

Auch die Gründung des Museu Municipal geht auf die Aktivitäten des Clubs zurück. Um die Kunsttradition der 1930er- und 1940er-Jahre wiederzubeleben, wurde 1961 das *Festival de Pintura*, das Festival der Malerei, ins Leben gerufen. Die prä-

Oben: Eine Institution – das »Can Moixet« an der Plaça Major
Unten: Im Convent de Sant Domènec findet jeden Sommer ein Musikfestival statt.

Stadtrundgang Pollença

A Plaça Major. Lebendiger Hauptplatz der Altstadt mit Kirche Mare de Déu dels Àngels.

B Plaça l'Amoina. Kleiner Platz mit »Hahnenbrunnen« Font del Gall.

C Oratori de Sant Jordi. Kleiner Platz mit Gebetshaus Sant Jordi.

D Casa Museu Dionís Bennàssar. Museumshaus des Malers mit rund 200 Gemälden und Zeichnungen aus der ersten Hälfte des 20. Jh.
C/ Roca 14, Di–So 10–14 Uhr.

E Monti-Sion. Kleine Kirche aus dem 18. Jh.

F Museu Marti Vivenç. Skulpturen, Textilarbeiten, Gemälde des Künstler Marti Vicenç (1926–1995).

G Calvari. 365 Treppenstufen führen auf den Kalvarienberg (Puig de Calvari) von Pollença.

H Club Pollença. Ein Privatclub, der viele Gemälde des frühen 20. Jh. führt.

I Convent de Sant Domènec. Ein Dominikanerkloster aus dem 16. Jh.

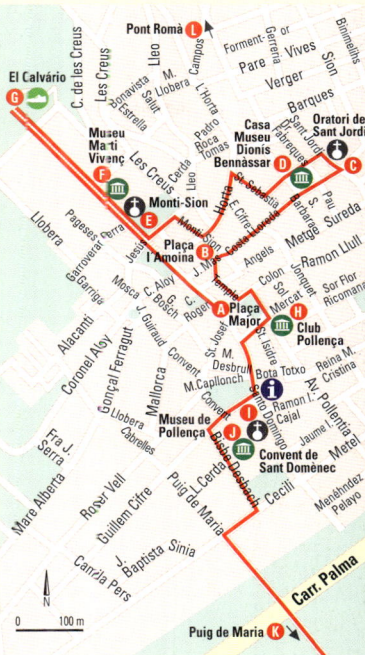

Stadt mit Patina – Pollença im Norden der Insel. Vor etwa 100 Jahren zog es Maler in das Städtchen – heute sind es Individualreisende, die sich in eines der schönen Stadthotels einmieten.

J Museu de Pollença. Gemeindemuseum mit einer Sammlung zeitgenössischer Kunst des 16.–21. Jh. und prähistorischen und archäologischen Funden der Umgebung. Im Convent de Sant Domènec.
C/ Sant Domingo, Juli–Sept. Di–So 10 bis 13 und 17.30 bis 20.30 Uhr, Okt.–Juni nur vormittags geöffnet.

K Puig de Maria. Von dem 320 m hohen Berg hat man eine grandiose Aussicht. Der Legende nach wurde die Madonnenfigur der Einsiedelei (14. Jh.) vor Ort gefunden.

L Pont Romà. Wahrscheinlich aus römischer Zeit stammt die Steinbrücke über den Torrent de Sant Jordi.

Oben: Das Hotel Daina in Port de Pollença
Mitte: Aus Sand gebaut – Märchenschloss am Strand von Port de Pollença.
Unten: Weite Bucht mit Aussicht – die Cala de Pollença

mierten Werke des jährlich stattfindenden Wettbewerbs stellen den Grundstock der Sammlung dar, die auch alte Kirchenkunst und eine kleine Auswahl frühgeschichtlicher Objekte umfasst.

Puig de María

Noch beeindruckender als vom Kalvarienberg ist die Aussicht vom zweiten Hausberg des Städtchens, dem Puig de María. In der bereits im 14. Jahrhundert erbauten Einsiedelei steht eine hochverehrte Madonna aus demselben Jahrhundert. In der Ermita de Nostra Senyora del Puig stehen auch Übernachtungsmöglichkeiten bereit. Für den recht beschwerlichen Aufstieg braucht man ca. 45 Minuten. Der Versuchung, mit dem eigenen Wagen hinaufzufahren, sollte man nicht nachgeben – die Kehren sind eng und das Sträßchen sehr schmal.

Cala Sant Vicenç / Port de Pollença

Von der Cala Vicenç war bereits die Rede als beliebtem Ort für Maler und im Zusammenhang mit den sechs frühgeschichtlichen Grabhöhlen, den Coves de l'Alzinaret. Durch seine Lage inmitten eindrucksvoller Natur ist das kleine Seebad beliebt bei Sommerurlaubern, die Erholung ohne großen Rummel suchen. Eine Dorfstruktur gibt es jedoch nicht: Cala Vicenç besteht meist aus Hotels, die in der Nähe der vier Buchten mit türkisgrünem Wasser liegen. Port de Pollença war schon in den 1930er-Jahren als Seebad beliebt. Damals entdeckten vor allem Gäste aus England die Reize des Fischerdorfs an der breiten Bucht von Pollença, und noch heute ist das Touristenzentrum bei der britischen Kundschaft beliebt. Sie finden eine gute Infrastruktur vor, dazu eine der schönsten Strandpromenaden Mallorcas, weite Sandstrände, einen Jachthafen und eine breite Auswahl an Restaurants.

Infos und Adressen

INFORMATION

O.I.T. Pollença. Guillem Cifre de Colonya, Pollença, Tel. 971 53 50 77, oit@ajpollenca.net, www.pollensa.com

O.I.T Municipal Port de Pollença. Passeig de Saralegui, Port de Pollença, Tel. 971 86 54 67, oitport@ajpollenca.net

O.I.T Municipal. Cala Sant Vicenç, Tel. 97 15 332 64, oitcsv@ajpollenca.net

ESSEN UND TRINKEN

Clivia. Weder neu noch ein Geheimtipp, ist das Clivia dennoch eine Empfehlung. Überzeugen Sie sich von den punktgenau zubereiteten Fischgerichten und mediterranen Klassikern. Keine Effekte, kein Minimalismus, dafür klassisch gut mit aufmerksamem Service. Via. Pollença 5, Tel. 971 53 36 35.

Miramar. An der belebten Meerespromenade von Port de Pollença ist das Miramar die beste Adresse. Fisch und Meeresfrüchte sind besonders zu empfehlen. Die Küche setzt ganz auf die Qualität der Produkte, nicht auf Kunststücke oder Raffinesse. Um einen Tisch auf der Terrasse zu bekommen, sollte man reservieren. Paseo Maritimo 2, Tel. 971 54 52 93.

ÜBERNACHTEN

Hotel Son Sant Jordi. Schöner könnte der Empfang nicht sein. An einer kleinen Plaça mit Baum und Kapelle befindet sich das Hotel in einem historischen Bau. Lauschig grüner Patio zum Relaxen und Baden im Pool. C/ Sant Jordi 29, Pollença, Tel. 971 53 03 89, www.hotelsonsantjordi.com, DZ ab 188 €.

Son Brull Hotel & Spa. Etwas außerhalb der Stadt in Golfplatznähe liegt das ehemalige Kloster aus dem 18. Jh., das zu einem Spitzenhotel umgebaut wurde. Das Historische harmoniert ausgesprochen gut mit dem dezent avantgardistischen Interieur. Auch das Restaurant 365 gehört zur Topliga Mallorcas. Ctra. Palma – Pollença PM 220, km 50, Pollença, Tel. 971 53 53 53, www.sonbrull.com, ab 430 €.

Hotel Illa d'Or. Wenn es (noch) ein Hotel in Port de Pollença gibt, das sich ein wenig vom feinen englischen Stil und Flair der frühen Tourismusjahre erhalten hat, dann das Illa d'Or. Seit seiner Eröffnung 1929 wurde es immer wieder erweitert. Klassisch elegantes und traditionelles Haus am nördlichen Stadtstrand. Paseo Colón 265, Port de Pollença, Tel. 971 86 51 00, www.hotelillador.com, DZ ab 210 €

EINKAUFEN

Cerámiques Monti-Sion. Handgefertigte Töpferwaren gibt es in der C/ Monte-Sion 19.

FESTE

Davallament. Passionsspiele am Karfreitag, am Puig de Calvari.

Festival de Pollença. Im Juli und August findet im Kloster Santo Domingo das Musikfestival mit klassischen Konzerten statt (www.festivalpollenca.org).

Cristians i Moros. Der Kampf der Christen gegen die Muslime wird als großes Volksfest am ersten Augustwochenende begangen.

Das Hotel Son Sant Jordi lädt ein zum Relaxen ein.

25 Cap de Formentor
Felsen und Meer im Rausch

Bevor die Serra de Tramuntana im Meer versinkt, zeigt sie sich noch einmal in ihrer ganzen Schönheit. Die Halbinsel Formentor im Norden Mallorcas präsentiert ein höchst dramatisches Naturtheater mit schroffen Felsen, Steilküste und romantischen Badebuchten. Von Port de Pollença bis zum Leuchtturm legt man 21 Kilometer auf einer ausgesprochen reizvollen Küstenstraße zurück.

Die mehrspurige Umgehungsstraße von Port de Pollença hat zweifellos ihre Berechtigung, denn während der Hochsaison strömen die motorisierten Urlauber in einer schier endlosen Fahrzeugkarawane zum einmaligen Bergspektakel der Halbinsel Formentor. Auch jede Menge Reisebusse wagen die Panoramatour, weshalb man besser früh aufstehen oder warten sollte, bis die Sonne Kurs auf den Meereshorizont nimmt. Nur so kann man den Massen und ihrem permanenten Filmen und Fotografieren entkommen. Man selbst wird es allerdings kaum anders machen, denn Formentor kann einen in einen wahren Fotorausch versetzen. Die Aussichten, Ausblicke und Panoramen sind einfach zu schön, ja mitunter sogar atemberaubend – und das ist in diesem Fall einmal wörtlich zu verstehen.

Schauen und staunen

Nach dem Anstieg auf der Ma 2210 hinter Port de Pollença ist ein erster Stopp dringend zu empfehlen. Man möchte Maler sein und wie seinerzeit Joaquim Mir die Felsmassen auf die Leinwand bannen, die am Mirador de Mal Pas tief unten ins Meer stürzen. Stattdessen macht man Bild um Bild mit der Kamera, ohne den Zauber der Szenerie recht zu

Oben: Reizvolle Aussicht am Mirador de Mal Pas
Unten: Grandiose Natur – die Serra Tramuntana am Kap Formentor

164

Cap de Formentor

Einfach gut !

begreifen. Es ist ein Gefühl der Überwältigung und der Erhabenheit, das diese Ideallandschaft der Romantik hervorruft.

Der Mirador Mal Pas besteht aus mehreren Aussichtspunkten, von denen jeder seine eigene Dramatik besitzt, bieten sie doch alle ein unterschiedliches Bild der steil ins Meer fallenden Felsen. Die letzte Aussichtsterrasse liegt auf einem Felsgrat, der fast senkrecht 200 Meter in die Tiefe fällt. Wenn dann noch ein kräftiger Wind über die Felskuppe weht, fühlt man sich fast wie ein Vogel oder bekommt schlicht weiche Knie. Links, also in südwestlicher Richtung, sieht man die Felsnase Punta sa Nau, im Nordosten die Steilküste von Los Farollones mit der vorgelagerten Illa Colomer, ein Motiv, das praktisch jeden Reiseführer illustriert.

Meister der Serpentine

Das Denkmal am Parkplatz ist dem italienischen Ingenieur Antonio Parietti Coll (1899–1979) gewidmet, der auch die Serpentinenpiste nach Sa Calobra konstruierte (s. Seite 146 ff.). Jeder Zweirad- oder Autofahrer, der eine Vorliebe für waghalsige Panoramastrecken hat, wird diesen Mann als Künstler seines Fachs schätzen. Nicht verschwiegen werden soll an dieser Stelle aber, dass zum Straßenbau politische Häftlinge des Franco-Regimes zwangsverpflichtet wurden. Wer noch mehr Höhe und Überblick erleben möchte, kann noch ein Stück weiter den Berg hinauffahren und sich zu Fuß bis zum ehemaligen Wachturm Talaia d'Albercutx hocharbeiten.

Kurvig und zunächst nah am Abgrund führt die Panoramastraße an der Westflanke der Halbinsel entlang, ehe es sanft hinabgeht in Richtung Strand, zur Platja Formentor. Die halbkreisförmige Bucht mit dem von großen Pinien beschatteten

KAJAKTOUR NACH FORMENTOR

Die meisten Touristen schauen auf der Halbinsel Formentor von oben nach unten. Bei einer Kajaktour wandert der Blick dagegen von unten nach oben, und manchmal schaukelt er etwas. Das Kajak stellt zweifellos eine aufregende Alternative dar, denn man kann die Halbinsel auch ohne Rennrad, Bus oder Mietwagen erleben.
Am Strand Sa Gola bei Port de Pollença fährt man mit dem Minibus des Veranstalters erst einmal zum Strand von Formentor. Dann besteigt man das Boot. Der *Monitor* von Kayak Mallorca, so nennt man einen Tourguide auf Spanisch, weist die Gruppe kurz ein, wie man mit Boot und Paddel umgeht. Nicht zu sehr wackeln, gleichmäßige Paddelbewegungen – das geht schon. Erstes Ziel ist die Punta Avanzada, eine schmale Landzunge, die wie ein Finger in die Bucht ragt. Dort wird die sogenannte Borges-Höhle inspiziert. Nach einem Badestopp am kleinen Strand La Platjola wird die Bucht gekreuzt. Die Strecke bis Sa Gola kostet Kraft, entschädigt aber mit einem schönen Panorama über die Bucht von Pollença und die Halbinsel Formentor.

Kayak Mallorca. Bietet eine Reihe von Touren an auch nach eigenen Wünschen. Tel. 971 91 91 52 und 609 806 236,
www.piraguasgm.com
Am Hafen von Port de Pollença gibt es einen Kiosk des Veranstalters.

Sandstrand ist ein beliebtes Fotomotiv. Im Panoramacafé bei der Mole kann man sich gemütlich niederlassen, oder man setzt sich unter eine der Pinien, um das Adrenalin der Bergfahrt gegen die Ruhe der idyllischen Bucht zu tauschen.

Ein Jetset-Hotel am Ende der Insel

Wäre es nicht schön, wenn man den Aufenthalt verlängern könnte, um wie einst Hermann Graf Keyserling im Hotel Formentor einige »Wochen der Weisheit« zu verbringen? Das Hotel in einsamer Lage ist keine beliebige Luxusherberge, sondern ein Haus mit bewegter Geschichte.

Seit dem 17. Jahrhundert gehörte die Halbinsel Formentor der Familie des Dichters Miquel Costa i Llobera (1854–1922). 1921 erkundete der argentinische Künstler Adán Diehl die Halbinsel und verliebte sich in sie. Sieben Jahre später unterzeichnete er den Kaufvertrag für die Ländereien des bis dahin kaum erschlossenen Gebietes. Straße, Strom- und Wasserleitungen müssen gebaut und verlegt werden, damit der Traum vom exklusiven Hotel Formentor wahr werden kann. Eröffnet wurde es im Jahr 1929.

Schnell entwickelte sich das Formentor zu einem Treffpunkt für Intellektuelle, Künstler und Politiker. Als jedoch der Bürgerkrieg Spanien entzweite, kam das Hotel nicht mehr über die Runden: 1936 gab Diehl auf und ging zurück nach Argentinien.

Oben: Exklusive Lage – das Hotel Formentor eröffnete 1929 in einer bis dahin nicht zugänglichen Gegend der Insel.
Mitte: Das Formentor ist ein Hotel mit Geschichte.
Unten: Blick von der Terrasse aus

Auch die Nachfolger taten sich schwer, doch ab den 1950er-Jahren kam das Formentor wieder zu Glanz und ausreichenden Einnahmen. Am neuen Jachtclub legen die Prinzen von Monaco an, Charlie Chaplin, Audrey Hepburn, Winston Churchill, Helmut Schmidt und der Dalai Lama erhol-

Der Leuchtturm von Formentor wurde 1892 errichtet.

ten sich am Kap. 1995 tagte ein EU-Gipfel im Haus. Derzeit besitzt die Hotelkette Barceló das Haus, das schon seit Jahren erweitert werden soll.

Straße zum Licht

Beim Hotel Formentor ist man noch lange nicht am Ende der gleichnamigen Halbinsel. Nach drei Kilometern kommt man an den Ses Cases Velles vorbei. Die »alten Häuser« gehörten dem Dichter Costa i Llobera. Kurz danach kann man linker Hand zur Cala Figuera absteigen, einer malerischen Felsbucht mit Kiesstrand.

Weiter geht es nach Norden, immer wieder öffnet sich die Landschaft, zeigt sich das Meer in dramatischer Tiefe, bis irgendwann Schluss ist: Die Straße biegt scharf nach links ab, der Blick fliegt geradeaus ins Blau. 1892 wurde der Leuchtturm auf dem nördlichsten Felszipfel Mallorcas gebaut, von wo aus man bei gutem Wetter die Nachbarinsel Menorca sehen kann. Verliebte bleiben gern die ganze Nacht hier, bewundern den Untergang der Sonne und ihre Wiedergeburt am nächsten Tag. Von diesem besonderen Aussichtsplatz aus sieht man beides in voller Länge.

Infos und Adressen

INFORMATION
O.I.T Municipal Port de Pollença. Passeig de Saralegui, Port de Pollença, Tel. 971 86 54 67, Fax 971 86 67 46, oitport@ajpollenca.net, www.pollensa.com

ÜBERNACHTEN
Hotel Formentor. Beschreibung im Text, siehe Seite 166 f. Platja Formentor, Port de Pollença, Tel. 971 89 91 00, www.barceloformentor.com, DZ ab 300 €.

STRÄNDE UND BUCHTEN AUF FORMENTOR
Platja Formentor. Der Sandstrand liegt kurz vor dem gleichnamigen Hotel. Im Sommer kann es hier recht voll werden.

Cala Figuera. Bei km 12 geht links ein Fußweg zur malerischen Bucht mit kleinem Kiesstrand ab (ca. 20 Min.).

Cala Murta. Bei km 13 ist ein Fußweg zu dem kleinen Sandstrand ausgeschildert. Er war einer der Lieblingsorte des Dichters Miquel Costa i Llobera.

26 Alcúdia und Port d'Alcúdia
Mauern der Geschichte

Keine andere Gemeinde auf Mallorca bietet ein derart geschlossenes Bild vergangener Jahrhunderte. Geschützt durch eine gut erhaltene Stadtmauer hat die Altstadt ihr einheitliches Erscheinungsbild bewahrt. Durch die Tore Porta de Sant Sebastià und Porta de Xara betritt man die autofreien Gassen mit den mittelalterlichen, herrschaftlichen Stadthäusern. Vor den Mauern wurden die Reste der römischen Stadt Pollentia freigelegt. Die Halbinsel Victòria lockt mit Badestränden und dem schönsten Privatmuseum der Insel.

Als die Römer im 2. Jh. v. Chr. auf die Insel kamen, hatten sie alle Mühe, mit den geschickten Steinewerfern der Talayoten fertig zu werden. In der heutigen Bucht von Alcúdia gingen sie 123 v. Chr. an Land und gründeten die Siedlung Pollentia, was so viel bedeutet wie »die Mächtige«. Die Reste dieser Ära lassen sich am Ortsrand von Alcúdia besichtigen. Wieso das heutige Alcúdia dann nicht Pollença heißt? Ganz einfach, wegen der andauernden Piratenüberfälle gaben die Bewohner von Pollentia ihren gefährdeten Ort am Meer auf und zogen einige Kilometer ins Landesinnere, ins heutige Pollença. Alcúdia hingegen ist eine Gründung der Mauren, die sie auf den Ruinen der römischen Siedlung auf den Hügel (arabisch: *al-kudia*) nebenan bauten.

Das römische Pollentia

Pollença und Alcúdia sind aus einer gemeinsamen Siedlung hervorgegangen, dem römischen Pollentia, das neben Palma die wichtigste Stadt der Insel

Die Altstadt von Alcúdia wird von einer 1,5 Kilometer langen Mauer geschützt.

Alcúdia & Port d'Alcúdia

war. Heute ist davon nicht mehr viel zu sehen. Die Mauerreste und die Fundamente des Amphitheaters vermitteln immerhin eine Vorstellung vom Mallorca der Antike.

Nachdem es sich die Vandalen einige Jahrhunderte auf der Insel gut gehen ließen, mussten sie sich im Jahr 903 den muslimischen Eroberern geschlagen geben. Die hatten bereits seit 200 Jahren das spanische Festland fest in ihrer Hand. In jener Zeit tauchte erstmals der Name Al-Qudya auf. Wer nun glaubt, die Altstadt mit der zinnenbewehrten Mauer sei ein typisches Beispiel für eine maurische Kasbah, liegt falsch. Die fast vollständig erhaltene Festungsmauer wurde erst nach der Reconquista im 13. Jahrhundert erbaut. Das sechs Meter hohe und 1,5 Kilometer lange Bauwerk sollte nicht nur die Stadt schützen, sondern auch über die Sicherheit im Norden der Insel wachen. Doch den ständigen Übergriffen der Piraten konnte auch die wehrhafte Stadt nicht trotzen. Im 16. Jahrhundert gelang es den Freibeutern, mehrfach in die Stadt einzudringen. Andererseits diente das steinerne Bollwerk den wohlhabenden Städtern auch dazu, um sich vor dem Unmut der Landbevölkerung im *Comuneros*-Aufstand zu schützen. Als Dank für die loyalen Dienste bei der Niederschlagung des Aufstandes erhob König Karl V. (in Spanien Carlos I.) Alcúdia zur *ciudad leal* (»treue Stadt«). Dieser Status brachte Steuerfreiheit und somit Wohlstand mit sich, was sich noch heute an den herrschaftlichen Palästen ablesen lässt.

In der Altstadt

Piratenüberfälle muss Alcúdia heute nicht mehr fürchten. Auch die Invasion der Touristen hält sich in der strategisch günstig gelegenen Stadt in Grenzen. Sie betreten das von der UNESCO zum

Geheimtipp

COVES DE SANT MARTI

Im Schatten der Hotelhochhäuser von Port d'Alcúdia, unentdeckt von den Römern, trafen sich im 2. und 3. Jh. einige Christen in der Cova de Sant Marti, um in der Karsthöhle 20 Meter tief unter der Erde ihre Messe zu feiern. Auch als über Mallorca der Halbmond wehte, soll die Grotte zum geheimen christlichen Kult genutzt worden sein. Erstmals in einem Dokument erwähnt wurden die *Coves* im 13. Jh. In dieser Zeit und dem darauffolgenden Jahrhundert wurden die gotischen Kapellen des Sant Marti (hl. Martin) und Sant Jordi (hl. Georg) in der Höhle errichtet.

Einkaufsbummel in den Gassen von Alcúdia

WANDERTOUR ZUM TALAIA D'ALCÚDIA

Nicht verpassen

Die überschaubare Halbinsel La Victòria bietet abwechslungsreiche Wandermöglichkeiten. Pinienwälder, kahle Berghöhen und die ständige Nähe zum Meer mit herrlichen Ausblicken zur Serra de Llevant und zur Halbinsel Formentor ziehen viele Wanderfreunde an. Ausgangspunkt für die beliebte Tour zum höchsten Berg der Halbinsel ist der Parkplatz bei der Ermita de la Victòria. Rechts vom Restaurant geht es auf einem Schotterweg den Berg hinauf, dann über die Pla de Talaia weiter in Richtung Gipfel. Vorbei an einem *Refugi* (Schutzhütte) und einer Aussichtsterrasse steigt das letzte Stück über einen Serpentinenweg zur *talaia* steil hinauf. Der 1567 erbaute Wachturm bildete einen Teil des Warnsystems, das im 16. Jh. wegen der ständigen Piratengefahr errichtet wurde. Der Weg ist mit Farbpunkten und Steinmännchen markiert. Der mittelschwere Aufstieg lässt sich in einer Stunde bewältigen.

Blick auf die Halbinsel La Victòria

Welterbe erklärte Ensemble durch die Porta de Sant Sebastià, dem mittelalterlichen Haupttor im Westen oder durch die freistehende Porta de Xara im Osten, die Teil des Mauerrings war.

In den autofreien Gassen der Altstadt hat sich etwas vom Glanz des Goldenen Zeitalters Spaniens des 16. und frühen 17. Jahrhundert erhalten. Besonders an den Fassaden lässt sich der Wohlstand ablesen. Im Stil der Renaissance wurden zahlreiche Adelspaläste gebaut oder umgebaut, darunter zum Beispiel Can Torró in der Carrer Serra, wo sich heute die städtische Bibliothek befindet. Im Originalzustand erhalten sind auch Can Fondo, heute Sitz des historischen Archivs (direkt neben der Bibliothek), Can Calvó in der Carrer del Albellons und Can Canta in der Carrer Major. Das Rathaus ist dagegen nicht so alt wie es aussieht, denn es wurde erst 1929 im Stil des Historismus erbaut.

Wäre es Alcúdia wirtschaftlich immer gut gegangen, hätte der Besucher von heute wohl nicht das Glück, ein derart gut erhaltenes Stadtensemble zu

GUT ZU WISSEN

EINSAM IM WINTER

Mallorca ist schön, aber nicht immer und nicht überall. Die lebhafte Strandcity entlang der Bahia de Alcúdia bietet alles für den klassischen Badeurlaub unter zahlreichen Gleichgesinnten: Für den schönen Strand, das kinderfreundliche, flach abfallende Meer und die vielen Freizeitangebote nehmen manche gern die riesigen Hotelkomplexe, breiten Straßen, Fastfood-Lokale, Spielhallen und dergleichen in Kauf. Eindeutig nicht zu empfehlen ist jedoch ein Aufenthalt im Winter. Dann hat praktisch alles zu, und man fühlt sich wie in einer Geisterstadt.

Alcúdia und Port d'Alcúdia

erleben. Ab dem 17. Jahrhundert jedoch wüteten im nördlichen Zentrum der Balearen-Insel mehrere Pestepidemien. 1715 entzog der Bourbone Philipp V. Alcúdia, das sich im Spanischen Erbfolgekrieg für die falsche Seite entschieden hatte, die Stadtrechte. Aus ökonomischer Sicht begannen erst in der zweiten Hälfte des 20. Jahrhunderts wieder bessere Zeiten. An den kilometerlangen Sandstränden der Bucht von Alcúdia wuchs ein Tourismuskonglomerat heran, das mit der Platja de Palma zu den größten der Insel gehört. Die Stadt selbst blieb davon bis ins ausgehende 20. Jahrhundert erstaunlicherweise unberührt. Heute empfiehlt sich die schöne Altstadt mit einigen kleinen Hotels in historischen Gebäuden als guter Standort für Individualreisende.

Kirche und Museum

Die Església Sant Jaume im Südwesten der Altstadt wurde Mitte des 13. Jahrhunderts, noch vor dem Bau der Stadtmauer, errichtet. In den folgenden Jahrhunderten immer wieder umgebaut, wurde sie 1870 wegen des gefährlichen Zustands abgerissen und im neogotischen Stil neu erbaut. Der Glockenturm stammt noch vom Vorgängerbau, ebenso wie die barocke Capella del Sant Crist aus dem 17. Jahrhundert, in die man über die Kirche gelangt. In der Kapelle befindet sich ein hochverehrter Jesus am Kreuz aus dem 15. Jahrhundert. Als die Bevölkerung im Jahr 1507 hungerte, weil die Felder verdorrt waren, soll der *Sant Crist* Blut und Wasser geschwitzt haben und damit das Ende der Dürre herbeigeführt haben.

Gleich nebenan befindet sich das Museu Monográfic de Pollentia. Der Bau aus dem 14. Jahrhundert diente ursprünglich als Hospital und beherbergt heute die Funde aus der römischen Stadt Pollentia.

Oben: Bei Alcúdia legten die Römer eine befestigte Siedlung an.
Mitte: Ausgrabungsstätte des römischen Pollentia
Unten: Alltag mit Urlaubern in Alcúdia

Sieg der Madonna

Die Felsküste an der Nordseite der Halbinsel La Victòria öffnet sich zu kleinen Badebuchten und bietet immer wieder schöne Ausblicke zur Halbinsel Formentor. Nach etwa sechs Kilometern gelangt man zur Ermita de la Victòria, die versteckt in einem dichten Pinienwald liegt. Die Halbinsel und die Einsiedelei verdanken ihren Namen einer Marienfigur, deren Macht sogar den Piraten Angst einflößte. Bei einem ihrer Angriffe im Oktober 1551 unter dem Freibeuter Turgut Reis, der später zum Pascha von Tripoli aufstieg, drängte es die Piraten zu der kleinen Eremitage, die Mönche 30 Jahre zuvor errichtet hatten. Dort raubten sie die Muttergottes und verstauten sie im Bauch eines ihrer Schiffe. Ähnlich wie La Moreneta aus dem Kloster Lluc spielte auch die dunkle Madonna von La Victòria bei dem ungewollten Ortswechsel nicht mit. Am darauffolgenden Tag stand die Figur wieder in der Kapelle – ein klarer Fall von einem Wunder. Umso mehr, da sich der gleiche Vorgang einige Jahre später wiederholte. Wer wollte ihr da den Titel »Maria des Sieges« streitig machen? Der heutige Bau der Einsiedelei wurde 1679 fertiggestellt. In der einschiffigen Kapelle befindet sich die wundermächtige Figur, eine polychrom gefasste Madonna aus dem 15. Jahrhundert.

Fundació Yannick i Ben Jakober

Auf der Südseite der Halbinsel La Victòria hat die Stiftung Yannick i Ben Jakober ihren Sitz. In einem beneidenswert gelegenen Anwesen im Stil eines arabischen Palastes wird eine feine Sammlung zeitgenössischer Kunst präsentiert. Neben Arbeiten des Künstlerpaares Yannick und Ben Jakober sind Werke von Domenico Gnoli, Rebecca Horn, Meret Oppenheim und anderen zu sehen. Der Skulpturenpark und die sogenannte Sokrateshalle sind mit Arbeiten von Miquel Barceló und Ger-

Oben: Die Kirche Sant Jaume stammt aus dem 19. Jh.
Unten: In der Altstadt von Alcúdia kann man sich wohlfühlen.

Stadtrundgang Alcúdia

Ⓐ Ciudad Romana de Pollentia
Grabungsstätte der ehemaligen römischen Siedlung Pollentia. Av. del Príncep d'Espanya gegenüber der Kirche Sant Jaume, Di–So 9.30–20, Okt. bis April Di–Fr 10–16, Sa/So 10–14 Uhr

Ⓑ Teatre Romà
Römisches Amphitheater an der Ma 3460 in Richtung Port d'Alcúdia.

Ⓒ Museu Monogràfic de Pollentia
Zu sehen sind Funde der ehemaligen römischen Stadt. C/ Sant Jaume 30, Di–So 9.30–20, Okt.–April Di–Fr 10–16, Sa/So 10–14 Uhr

Ⓓ Oratori de Santa Ana
Romanische Kapelle aus dem 13. Jh. In Richtung Port d'Alcúdia, gegenüber dem Friedhof.

Ⓔ Església de Sant Jaume
Erbaut im ausgehenden 19. Jh. im neogotischen Stil. Sehenswert ist die Capella del Sant Crist mit dem gleichnamigen Kruzifix aus dem 15. Jh.

Ⓕ Les murades
Stadtmauer aus dem 14. und 16. Jh. mit den sehenswerten Portalen Sant Sebastià und Xara.

Ⓖ Ermita La Víctòria
Einsiedelei mit Kirche auf der gleichnamigen Halbinsel.

Ⓗ Fundació Yannick i Ben Jakober
Di 9.30–12.30 und 14.30–17.30, Di–Sa Besichtigung mit Führung nach Anmeldung.
Tel. 971 54 69 15, www.fundacionjakober.org.
Anfahrt über den Vorort Mal Pas in Richtung Ermita. Beim Restaurant Bodega del Sol rechts, dann auf der C/ de la Muntaya noch ein paar Kilometer.

Schatten für die Vierbeiner – Pferdedroschken in Port d'Alcúdia

hard Merz bestückt. Am umfangreichsten ist die Sammlung von 150 Kinderporträts des 16. bis 19. Jahrhunderts. Beim Spaziergang durch den Rosengarten kann man die Kunsteindrücke verarbeiten.

Port d'Alcúdia

Der Hafen und ehemalige Fischerort Port d'Alcúdia am nördlichen Ende der Bucht, der Badia d'Alcúdia, besitzt eine gewachsene Struktur und ist vor allem wegen der traditionellen Fischlokale zu empfehlen. Nach Südosten dehnt sich eine Urlauberhochburg aus: Die Badia d'Alcúdia ist bis Can Pocafort fast durchgehend bebaut und mit einer Bettenkapazität von rund 30 000 eines der touristischen Zentren der Insel. Grund für die gnadenlose Bebauung sind die kilometerlangen Sandstrände der Platja d'Alcúdia, Platja de Muro, Platja de Santa Margerita und Platja de Son Bauló. Das Freizeitangebot ist groß und reicht von der Kartbahn über die Surfschule bis zu Bootstouren nach Formentor. Auch die Veranstalter von Reisen für Radrennsportler arbeiten gern mit Hotels an der Badia d'Alcúdia zusammen. Übrigens hat die Tourismusmaschine im Norden höhere Belegungszahlen als die Platja de Palma.

Can Picafort

Während Port d'Alcúdia besonders bei spanischen und britischen Badegästen beliebt ist, zieht es die deutschsprachige Kundschaft eher nach Can Picafort. Auch wenn die Bebauung etwas flacher ist, ist vom einstigen Fischerdorf nichts mehr zu sehen. Can Picafort ist ein reines Touristenzentrum, zu dem auch die Urbanisationen Son Bauló und Muro zählen. Auch wenn der Ort keine Schönheit ist, kann man hier angenehme Tage verbringen. Der weite Sandstrand ist ein Traum, und weil er nur langsam abfällt für Kinder gut geeignet.

Oben: Das spricht für die Bucht von Alcúdia – das Meer.
Mitte: Lifeguard am Strand von Port d'Alcúdia
Unten: Traumstrand an der Bucht von Alcúdia

Infos und Adressen

INFORMATION

O.I.T. Municipal Alcúdia. Paseo Pere Ventayol, Tel. 971 54 90 22, www.alcudiamallorca.com, www.alcudia.net

O.I.T Municipal Port d'Alcúdia. Ctra. Artà, 68, Ciutat Blanca / Alcúdia, Tel. 971 89 26 15, turismecb@alcudia.net

O.I.T. Platja de Muro. Avda. de s'Albufera 33, Platja de Muro, Tel. 971 89 10 13, turismemuro@ajmuro.net, www.ajmuro.net

O.I.T Municipal Can Picafort. Plaça Gabriel Roca 6, Can Picafort, Tel. 971 85 03 10, oit@ajsantamargalida.net, www.canpicafort.es

ESSEN UND TRINKEN

Ca n Costa. Im alten Stadthaus werden Frit Mallorquí, Seeteufeleintopf oder Kaninchen mit Zwiebeln und andere Mallorca-Klassiker serviert. Die Hauptspeisen liegen zwischen 10 und 25 €. C/ Sant Vicenç 14, Tel. 971 54 53 94.

Satyricón. Ein Restaurant wie ein Opernsaal. Feierlich-pompöse Kulisse für mediterrane Leckereien. Pl. Constitució 4, Alcúdia, Tel. 971 54 49 97.

Jardín. Eines der besten Restaurants der Insel. Macarena de Castro kocht bevorzugt mit saisonalen Produkten. C/ Tritones s/n, Port d'Alcúdia, Tel 971 89 23 91, www.restaurantejardin.com

ÜBERNACHTEN

Cas Ferrer Nou Hotelet. In einem jahrhundertealten Stadthaus ist das kleine Designhotel eine Insel der Ruhe und des guten Geschmacks. Schöner Innenhof mit Sonnenterrasse. C/ Pou Nou 1. Alcúdia, Tel. 971 89 75 42 oder 661 57 19 85, www.nouhotelet.com, DZ ab 120 €.

Petit Hotel Hostatgeria La Victoria. Vier Zimmer, mehr gibt es nicht im Minihotel in der alten Einsiedelei. Schön für Wanderer und Romantiker. Ctra. Cabo Pinar, km 6, Alcúdia, Tel. 971 54 99 12, www.lavictoriahotel.com, DZ ab 68 €.

AKTIVITÄTEN

Beneidenswert gelegen ist die anspruchsvolle Anlage des Golf Club de Alcanada, Ctra. del Far, s/n, Port d'Alcúdia, Tel. 971 54 95 60, www.golf-alcanada.com

Ideal für Familien – Badespaß in der Bucht von Alcúdia

27 Naturpark S'Albufera
Sümpfe, Seen und viele Vögel

Die Albufera ist das größte Feuchtgebiet der Balearen und der älteste Naturpark Mallorcas. In dem zehn Kilometer breiten und sechs Kilometer tiefen Schutzgebiet an der Bucht von Alcúdia wurden schon über 200 Vogelarten gesichtet. Der Park bietet Natur- und Vogelfreunden eine willkommene Abwechslung zu den Touristenzentren zwischen Port d'Alcúdia und Can Picafort.

Das Feuchtgebiet zwischen Port d'Alcúdia und Can Picafort wurde im 18. und 19. Jahrhundert für die Malaria verantwortlich gemacht und sollte trockengelegt werden. Eine englische Firma entwässerte rund 2000 Hektar Land, doch dann wurde das Projekt aufgegeben. Heute gehören insgesamt 2584 Hektar zum Parc Natural de S'Albufera, das außerdem als Vogelschutzzone (ZEPA) und als »Naturraum von besonderem Interesse« gegen weitere Eingriffe geschützt ist.

GUT ZU WISSEN

ES GEHT AUCH OHNE VÖGEL

Naturräume, die weitgehend sich selbst überlassen werden und vor menschlichem Gestaltungsdrang geschützt werden, erlebt man nur selten. Nun ist es aber so, dass die Naturparks nicht für Touristen angelegt werden, sondern für die Tiere. Die Albufera ist kein Zoo, und es kann durchaus sein, dass man von den 200 vorhandenen Vogelarten nur eine Handvoll zu sehen bekommt. Darüber sollte man nicht enttäuscht sein, denn die weite Landschaft des Feuchtgebiets lässt sich auch ganz unornithologisch genießen – für eine Auszeit vom Trubel an der Badia d'Alcúdia.

Oben: Vogelbeobachtung in der Albufera
Unten: Viele Vogelarten rasten im Feuchtgebiet an der Badia d'Alcúdia.

Tier- und Pflanzenwelt

Ein Großteil des größten Feuchtgebiets der
Balearen ist das ganze Jahr überflutet und mit
einer dichten Vegetation von Ried und Schilf
bewachsen. Nach Osten, zur Meerseite hin,
begrenzt ein 300 Meter breiter Dünenrand den
Naturraum. In den Sommermonaten dringt
Meerwasser in das Gebiet, sodass die Böden an
manchen Stellen salzhaltig sind. Dort wachsen
Salzpflanzen wie Binsen, Schilf und Rohrkolben
sowie an den Ufern Ulmen, Tamarisken und
Weißpappeln. Als Besonderheit gilt die zart rosa-
farbene Moororchidee.

Die Albufera besitzt viele Fische und bietet Was-
serschildkröten, Fröschen, Glasaalen und anderen
Wassertieren Lebensraum. Vor allem aber ist der
Naturpark wegen seines Vogelreichtums bekannt:
Über 200 Arten steuern regelmäßig das Feuchtgebiet im Nordosten an oder sind hier heimisch.
Wer kein eigenes Fernglas zur Beobachtung dabei-
hat, kann sich im Infozentrum Sa Roca eines
ausleihen. Stockente, Blässhuhn, Tauchhuhn,
Teichralle, Rohrweihe, Zwergtaucher, Zwergdom-
mel, Stelzenläufer, Schilfrohrsänger, Kormorane,
Krickenten, Tafelenten und andere brüten in der
Albufera. Flamingos, Nachtreiher, Wanderfalken
und Lachmöven überwintern hier, um nur einige
zu nennen.

Der Eingang des Parks liegt sechs Kilometer südlich von Alcúdia an der Ma 12 nach Artà. Das
Infozentrum »Sa Roca« liegt einen Kilometer vom
Eingang entfernt und ist nur zu Fuß oder mit dem
Fahrrad zu erreichen. Man kann sich über unterschiedliche Wegrouten informieren, die im Park
ausgeschildert sind (April–Sept. 9–18, sonst bis
17 Uhr). Eine Besuchererlaubnis muss man sich an
der Rezeption geben lassen, die nur bis 16 Uhr
geöffnet hat.

Infos und Adressen

INFORMATION
OIT Platja de Muro:
Avda. de s'Albufera 33, Platja de
Muro, Tel. 971 89 10 13,.
Fax 971 89 40 00, www.ajmuro.net
Führungen:
2-stündige Rundgänge finden
samstagvormittags für Gruppen bis
20 Personen statt.
Anmeldung: Tel. 971 17 68 00 oder
im Informationsbüro unter
parc.albufera@gmail.com und
Tel. 971 89 22 50.

ESSEN UND TRINKEN
Meson Los Patos. Das nette mallorquinische Gartenlokal in der Urbani-
sation Muro hat eine treue Fangemeinde. Landestypische Küche zu
fairen Preisen. Ctra. Port d'Alcúdia –
sa Pobla, km 8,9, Tel. 971 89 02 65.

ÜBERNACHTEN
Hotel Parc Natural. Gleich gegenüber dem Naturpark liegt der luxuriöse Hotelkomplex. Die Lage am weiten Sandstrand unter dem lichten
Pinienhain spricht für sich. Familien-
freundliches Haus mit Spa und viel
Komfort. Playa de Muro,
Tel. 971 89 20 17,
www.grupotelparcnatural.com

Auch Greifvögel kann man in der
Albufera beobachten.

28 Artà und Capdepera
Alltag unter der Festung

Vom großen Touristenrummel blieben die Stadtzentren von Artà und Capdepera bislang verschont. Nur am Dienstag, dem Markttag, drängeln sich die ausländischen Besucher oder Dauerresidenten in den Gassen von Artà. Das historische Städtchen grüßt schon von Weitem mit einem Ensemble aus Festung und Wallfahrtskirche. Auch das sympathische Capdepera wird von einer Festungsanlage bekrönt.

Eigentlich seltsam, dass nicht mehr Touristen nach Artà kommen. Man fährt nur zehn Kilometer und kann sich in den Sand einiger sehr schöner Strände legen. Oder man radelt eine Viertelstunde und landet in einer Berglandschaft, die so wunderbar verwunschen ist, dass man sich wie die Mönche von Betlém eine kleine Eremitage wünscht.

Schmale Gassen und ein Museum

Auf dem Weg durch die gehsteigfreien Gassen hinauf zur Kirche Sant Salvador und dem Kastell aus arabischer Zeit wähnt man sich eher in einer nordafrikanischen Kleinstadt als im Umkreis der Touristenzentren Cala Ratjada und Cala Millor. Die liegen praktisch um die Ecke und sind doch Teil einer anderen Welt. An der Plaça Espanya lohnt ein Blick ins kleine Regionalmuseum, das eine sehenswerte Mixtur von Volkskunde bis Archäologie zeigt.

Auf den Kalvarienberg

Bei der mächtigen Pfarrkirche Transfiguració del Senyor (Verklärung Christi; 1563) mit den selte-

Mitte: Das historische Städtchen von Artà sieht man bereits von Weitem.
Unten: Landwirt auf dem Wochenmarkt

Artà und Capdepera

nen arkadenförmigen Stützmauern beginnt der Kreuzweg zum Kalvarienberg. Zwischen schmalen Zypressen blickt man über die verschachtelte Dächerlandschaft und landet im Nu in der Wallfahrtskirche Sant Salvador. Sehenswert sind die Muttergottesfigur aus polychromiertem Holz (13. Jahrhundert) im Inneren und die Historiengemälde an den Seitenwänden. Sie zeigen die »Steinigung des Ramón Llull« und »Übergabe der Medina Mayurca an Jaume den Eroberer«.

Ausblick nach Capdepera

Vom geländerfreien Wehrgang entlang der zinnenbekrönten Festungsmauer schaut man auf das leicht hügelige Land mit seinen Mandel- und Olivenbäumen, das von den Bergen des Llevante-Gebirges vor kalten Nordwinden geschützt wird. Ganz in der Nähe lässt sich noch ein weiteres Kastell ausmachen. Es gehört zum Nachbarstädtchen Capdepera, das unterhalb der Burg, malerisch am Berg klebt. Auch diese Anlage weist den typisch mallorquinischen Stammbaum auf: An der Stelle einer zuvor römischen Anlage bauten die Mauren den Burgberg zu einer Festung aus, die ab dem 13. Jahrhundert von den christlichen Machthabern erweitert wurde. 1323 ließ König Sanç I. eine Kapelle zu Ehren des hl. Petrus erbauen. Noch im 14. Jahrhundert musste die Madonna der kleinen Kapelle beweisen, zu welchen Wundern sie fähig ist. Als sich der Bucht von Ratjada eine Piratenflotte näherte, postierte man sie auf den Wachturm Sa Baira. Daraufhin hüllte sich die Region in einen dichten Nebel und die Piraten drehten wieder ab. Seitdem trägt die Marienfigur den Titel Nostra Senyora de la Esperança (»Unsere liebe Frau der guten Hoffnung«). In der Festungsanlage ist auch ein Museum untergebracht. Es zeigt die Herstellungsschritte und Formen der lokalen Flechtkunst mit Palmblättern.

SEHENSWÜRDIGKEITEN
Museu Regional d'Artà. Das 1927 eröffnete Museum widmet sich der Archäologie, Ethnologie und Naturhistorie. C/ Estrella 4, Di–Fr 10–18, Sa, So 10–14 Uhr.

INFORMATION
OIT Cales de Mallorca – Artà. C/ Estel 4, Artà, Tel. 971 82 97 78, www.artamallorca.travel

ESSEN UND TRINKEN
Restaurant Finca Es Serral. Im Sommer kann man auf der Terrasse die leckeren mallorquinischen Spezialitäten genießen. Zu dem Anwesen gelangt man über einen Abzweig am Ortsausgang von Artà in Richtung Capdepera, am Fußballplatz entlang und wieder links einen schmalen Weg den Hügel hinauf. Hauptspeisen zwischen 10 und 20 €. Polígono 18, Parcela 43, Tel. 971 83 53 36.

ÜBERNACHTEN
Hotel Casal d'Artà. Das Haus am malerischen Rathausplatz besitzt viel Charme und authentischen Charakter. Dazu gehören acht Zimmer, teilweise mit original mallorquinischen Stilmöbeln eingerichtet, ein holzvertäfelter Salon und eine sonnige Dachterrasse. C/ Rafael Blanes 19, Tel. 971 82 91 63, www.casaldarta.de, DZ 88–96 €.

Hotel Sant Salvador. Besonders schön sind die großzügigen und vornehm-nostalgischen Zimmer der Planta Noble. C./ Castellet 7, Tel. 971 82 95 55, www.santsalvador.com, DZ ab 110 €.

STEINE
Spuren rätselhafter Ureinwohner

Die Necropolis Son Reial bei Can Picafort soll aus vorchristlicher Zeit stammen.

Auf Mallorca wimmelt es von archäologisch interessanten Steinen. Im Norden der Insel sind die Grabungsstätten Ses Païsses bei Artà und die Nekropole de Son Reial bei Can Picafort Höhepunkte einer spannenden Zeitreise ins erste und zweite vorchristliche Jahrtausend. Aber auch in den anderen Gegenden der Insel trifft man auf Spuren der Vergangenheit, meist in Form von Steintürmen und Langhäusern, den »talaiots« oder »navetas«.

In der Zeit der europäischen Höhlenkulturen erfolgten wichtige Entwicklungsschritte wie der Wechsel zum festen Siedlungsbau und dem Ackerbau, die Erfindung des Rads sowie die Herstellung von Keramikgefäßen und Werkzeugen aus Metall. Im Mittelmeer entwickelte sich ein reger Handel, wobei die Schiffe nicht mehr nur an der Küste entlangsegelten, sondern das Meer kreuzten und so ihre Reisewege verkürzten. Mit dem Wandel der Schifffahrt begann auch ein neues Kapitel Mallorcas. Menschen fremder Kulturen brachten neue Techniken und Ideen mit, und manche blieben auch dort. Bis in die Mitte des 2. Jahrtausends, in der Zeit des Vortalayotikum, lebten die Inselbewohner in Höhlen oder Hütten. Teilweise legten sie künstliche Höhlen als Begräbnisstätten an, so bei Cala Sant Vincenç. Im Vortalayotikum wurden megalithische Langbauten errichtet, die bis zu 15 Meter langen Navetas, die als Wohnung oder Grabstätte dienten. Das am besten erhaltene Langhaus, die Naveta Alemany, befindet sich bei Calvià. Nach den typischen Rundbauten, den Talaiots, nennen die Historiker die Kulturepoche Talayotikum. Man nimmt an, dass der Talayot-Bau ursprünglich aus Korsika kommt. Die Kultur endet mit der Ankunft der Römer im Jahr 123 v. Chr.

Ses Païsses – ein Dorf im Stil der Zyklopen

Bereits in den Anfängen dieser prähistorischen Kultur bauten die Inselbewohner Dörfer und Kulttempel. Dass das Leben kein friedliches Paradies gewesen ist, beweisen die hohen Steinmauern, mit denen die Siedlung Ses Païsses bei Artà geschützt wurde. Aus der frühesten Phase um 1300 v. Chr. stammt noch ein mächtiger Rundturm im Zentrum der 100 mal 130 Meter großen Anlage. Er ist von rechtwirkligen Bauten und einem ehemaligen Säulensaal umgeben.

Totenstadt am Meer

Nicht weit entfernt, in der Nähe des Urlaubsortes Can Picafort, liegt die Necropòli de Son Reial, eine Stadt der Toten, die vor rund 2500 Jahren erbaut wurde. Um zum Gräberfeld zu gelangen, muss man ein Stück zu Fuß gehen. Entweder man spaziert von Can Picafort aus am Strand entlang in Richtung Südosten, oder man lässt sein Auto beim Landgut Son Reial zwischen Colonia de Son Serra und Can Picafort stehen. Wer mag, kann sich dort auch das Bauernhof-Museum anschauen. Das 800 Quadratmeter große Feld der Totenstadt mit seinen 110 Grabbauten ist das größte seiner Art im Mittelmeerraum. Erst in den 1960er-Jahren legten Archäologen die Anlage frei.

Oben: Markanter Gipfel – der Mont Ferrutx mit 510 Metern Höhe
Unten: Die schroffe Landschaft des Naturparks der Halbinsel Llevant

29 Naturpark Halbinsel Llevant
In die grünen Berge

Im Hinterland von Artà erstreckt sich der Naturpark der Halbinsel Llevant mit einer Fläche von 1672 Hektar. Die gemäßigte Bergwelt begeistert mit kargen und stillen Landschaften und der Ermita de Betlém, einer idyllisch gelegenen Einsiedelei. Die Naturstränder an der Nordseite sind zwar keine Geheimtipps mehr, aber noch immer reizvolle Alternativen.

Auf Mallorca gibt es auch eine Wüste, zumindest dem Namen nach. Die *desierto de Binialgorfa* zieht vor allem Einsamkeit liebende Naturen an und liegt im Parc Natural de la Península de Llevant, der sich nördlich von Artà bis zum Meer erstreckt.

Sträßchen zum Glück

Ein bequemer Zugang mit dem Auto führt unterhalb der Festung von Artà auf der Ma 3333 ins Hinterland. Die Radsportler haben die Strecke längst für sich entdeckt und ärgern sich über jedes Fahrzeug, das ihnen den schmalen Asphalt streitig macht. Tatsächlich schrumpft das Sträßchen, sobald es zum Puig de sa Font Crutia ansteigt, auf einspurige Breite. In dem malerischen Tal mit seinen kleinen Bauernhöfen, Obst- und Mandelbäumen fühlt man sich an italienische Landschaften erinnert. Vor allem im Frühjahr wird das geschützte Tal zum Pflanzenparadies mit blühendem Johanniskraut, Steineichen, Feigen und anderen Baumarten. Nach fünf Kilometern biegt die Ma 3333 links ab und führt in engen Serpentinen auf das Plateau zwischen den Bergen Morei und Ferrutx.

Naturpark Halbinsel Llevant

Baumlose Bergwelt

Sobald man die baumlosen Höhenlagen erreicht hat, erklärt sich, weshalb die Region »Wüste« genannt wird. Außer den kleinwüchsigen Stechpalmen, dem Buschwerk der Garriga und einigen Gräsern ist das Bergland karg und steinig. Im Schutzgebiet sind Krähenscharben, Korallenmöven, Zwergadler, Falken, Geier und Milane heimisch. In den Ruinen der arabischen Alquería Binialgorfa, etwa eine Tagesdistanz von Artà entfernt – wenn man wie seinerzeit auf dem Land üblich mit dem Esel reist –, hatten 1805 auch fünf Einsiedler eine geeignete Basis für ihr spirituelles Anliegen gefunden.

Ermita de Betlèm

Der Stifter des Landes bat darum, dass der Ort an die Geburt Jesu erinnern möge, weshalb er Ermita de Betlèm, Einsiedelei von Bethlehem, genannt wurde. Die neoklassizistische Kirche der nicht mehr bewohnten Einsiedelei steht Besuchern offen. Ihre Kuppel ist mit einer Krönung Mariens ausgemalt, schön sind auch die Kachelbilder in der Vorhalle.

Einen Besuch verdient auch die Font de S'Ermita, die Quelle der Einsiedelei, die man über einen Fußweg von wenigen Minuten erreicht. Mit Felsengrotte samt Marienskulptur, Bänken und Quelle findet der Pilger beste Bedingungen für eine fromme Rast.

Bis zum Meer und der Bucht von Alcúdia ist es nicht mehr weit. Dort hat die Bauwirtschaft ein gieriges Auge auf die ehemals verwaiste Colònia Betlèm und die Colònia de Sant Pere geworfen. Letztere ist in den vergangenen Jahren immer lebendiger geworden. Die schöne Meerespromenade mit guten Restaurants und herrlichem Blick über die Bucht ist fast noch ein Geheimtipp.

Infos und Adressen

INFORMATION

OIT Cales de Mallorca – Artà:
C/ Estel, Artà, Tel. 971 82 97 78,
www.artamallorca.travel

SEHENSWÜRDIGKEITEN

Ermita de Betlèm:
Anfahrt über Ma 3333 ab Artà;
Mo–Fr 10–12 Uhr.

Parc Natural de la Península de Llevant: Zum Wandern empfiehlt es sich, das Fahrzeug auf dem Parkplatz beim Gut Alqueria Vella abzustellen. (Anfahrt über Ma 3333, nach 5 km nicht links zur Ermita de Betlèm abbiegen, sondern rechts halten.)

ESSEN UND TRINKEN

Restaurant Sa Xarxa. Das herrliche Panorama über die Bucht von Alcúdia lässt sich sehr gut von der Terrasse des Sa Xarxa begutachten. Gute Auswahl von Fisch und Meeresfrüchten. Paseo del Mar, Colònia de Sant Pere, Tel. 971 58 92 51.

Es Vivers. Ebenfalls in Colònia de Sant Pere befindet sich das sympathische Lokal. Serviert wird frische italienische Küche, die man auch auf der Terrasse genießen kann. Paseo Marítimo, Tel. 971 58 94 78, www.esvivers.com

ÜBERNACHTEN

Predi Son Jaume II. Das kleine und exklusive Landhotel besticht vor allem durch seinen außerordentlich zuvorkommenden und persönlichen Service. Das Restaurant Andreu Genstra zählt zu den besten der Insel. Desvío Camino Son Moltó, Ctra. Cala Mesquida, km 1, Capdepera, Tel. 971 81 87 96, www.hotelsonjaumell.com

30 Cala Ratjada
Vergessene Geschichten

Vom natürlichen Hafen des Städtchens fahren noch immer die Fischerboote aufs Meer. Dank seiner schönen Promenade und der angrenzenden Strände ist Cala Ratjada auch ein beliebter Ferienort. Im frühen 20. Jahrhundert war die »Rochenbucht« ein Treffpunkt für Künstler und Intellektuelle und ein Ort des antifaschistischen Widerstands.

Cala Ratjada entstand ab dem 17. Jahrhundert. Im natürlichen Hafen, der in den Jahrhunderten zuvor regelmäßig von Piraten angegriffen wurde, ließen sich einige Fischer nieder. Davon erzählen noch die alten Lagerhäuser, die auf den Felsen in der Nähe des Hafens zu sehen sind. Was den Fischern vornehmlich in die Netze ging, das sagt der Name des Ortes. Cala Ratjada heißt »Rochenbucht«. Noch heute ist der Ort neben Palma de Mallorca der wichtigste Fischereihafen der Insel. Auf Mallorca gibt es noch etwa 700 Berufsfischer.

Bevor der Massentourismus ab den 1960er-Jahren Einzug hielt, war das damalige Fischerdorf bei Künstlern beliebt. In den Jahren vor dem Spanischen Bürgerkrieg und des Zweiten Weltkriegs war es ein Treffpunkt für republikanische und antifaschistische Intellektuelle. Zu ihnen gehörte auch Walter Benjamin, der 1932–1933 auf Ibiza lebte und Cala Ratjada besucht hatte. Heute verbringen viele Tausende Urlauber schöne Tage in dem 6500-Einwohner-Städtchen. Auch wenn der Tourismus dominiert, hat sich der Ort eine gewisse Normalität erhalten und ist auch in der Nebensaison belebt.

Im Zentrum der Hafen. Cala Ratjada hat nach Palma die größte Fischereiflotte der Insel.

Casa March

Cala Ratjada existiert dank seines natürlichen Hafens. Von ihm fährt auch heute noch eine Fangflotte aus, um in den Gewässern rund um die Balearen Fisch und Meeresfrüchte an Bord zu holen. Es macht also Sinn, vom Hafen aus den Ort zu erkunden beziehungsweise erst einmal in der Bar Maritimo die Lage zu überblicken und die Dinge des Tages mit der nötigen Gelassenheit anzugehen.

Oberhalb des Hafens erhebt sich, umgeben von einem weiträumigen Park, eine stattliche Villa. Sie gehörte dem seinerzeit reichsten Mann Spaniens, dem Magnaten Joan March.

Joan March i Ordinas (1879–1962), »der letzte Pirat des Mittelmeers« (Manuel Benavides), begann seine beispiellose Karriere als Schmuggler, der mit 30 Jahren bereits den legalen und illegalen Tabakhandel Spaniens kontrollierte. Er soll unter anderem 1936 den Putsch Francos mitfinanziert haben, was ihn jedoch nicht daran hinderte, einige Jahre später als Mittelsmann des englischen Geheim-

Oben: Im Sommer kann es am Strand von Cala Ratjada eng werden.
Unten: Im Osten von Cala Ratjada, der Far de Capdepera

dienstes die Generäle Francos zu überzeugen, nicht zugunsten Hitlers in den Krieg zu ziehen.

Der Name March ist noch immer präsent auf der Insel, etwa in Form des gleichnamigen Geldinstituts, einiger Museen und Liegenschaften. Zu Letzteren gehört auch die Villa, die von einem Park umgeben ist, den der britische Gartenarchitekt Russell Page mit Teichen und Aussichtsplätzen angelegt hat. Eine Skulpturensammlung der Moderne und des 20. Jahrhunderts zieren das Grün, wenn auch die exklusivsten Objekte, etwa von Auguste Rodin und Henry Moore, in den Palau March nach Palma verlegt wurden. Glamourös und mediterran wirkt das Interieur, das vom renommierten Maison Jansen aus Paris entworfen wurde.

Einen Abstecher oder Spaziergang wert ist – ebenfalls auf der nordöstlichen Seite des Hafens – die Punta de Capdepera. Am Kap, das sich mit einer wilden Felslandschaft ins Meer hinausschiebt, wacht der Leuchtturm Far de Capdepera. Vom Turm, der im 19. Jahrhundert errichtet wurde, schaut man auf die felsige Küste. Von hier aus ahnt man gar nicht, dass nördlich und südlich davon die schönen Sandstrände Platja Cala Agulla und die kleine Platja Cala Gat liegen.

Cala Mesquida

Weiter nördlich, jenseits des Cap des Freu, liegt die beeindruckende Cala Mesquida. Über ein Sträßchen am Ortseingang erreicht man die Bucht, die sozusagen geteilt ist. Auf der einen, der nördlichen Seite sind mehrere Großhotels und Ferienapartments. Auf der anderen Seite wartet die neben dem Strand Es Trenc vielleicht schönste Dünenlandschaft Mallorcas. Sie gehört zu einem 300 Meter breiten und bis zu 150 Meter tiefen Sandstrand.

Oben: Ein herrlicher Park umgibt die Casa March, oberhalb des Hafens.
Unten: Frank Krüger malt farbenfrohe Bilder, häufig mit mallorquinischen Motiven.

Infos und Adressen

SEHENSWÜRDIGKEITEN

Hafen. Der Port de Cala Ratjada ist das lebendige Zentrum des Ortes.

Promenade. Von der Cala Gat im Nordosten bis zum Strand Son Moll im Süden führt die Promenade über Felsterrassen und am Hafen vorbei.

Casa March (Villa Sa Torre Cega). Der älteste Teil der Villa geht auf das 15. Jh. zurück. Prächtiger Park mit Kunstwerken und elegantem Interieur.

ESSEN UND TRINKEN

Llaüt. Das Restaurant nennt sich nach den traditionellen Fischerbooten. Wie zu vermuten, gibt es reichlich Fisch zur Auswahl. Am Hafen. Paseo del Puerto 2, Cala Ratjada, Tel. 971 56 35 61.

Ses Rotges. Auf der lauschigen Terrasse des Hotelrestaurants vergisst man das hektische Treiben im Urlaubsort. Die exquisite Küche gehört zum Besten, was man vor Ort finden kann. C/ Rafael Blanes, 21, Tel. 971 56 31 08, www.sesrotges.com

Andreu Genestra. Der kreative Mallorquiner hat sich einen Michelin-Stern erkocht. Im Landhotel Predi Son Jaumell. Ctra. Cala Mesquida, 1. Tel. 971 56 59 10, www.andreugenestra.com

ÜBERNACHTEN

Cas Bombu. Auch wenn es einfach ist, an Charme fehlt es dem bereits 1885 eröffneten Hostel nicht. Günstige Preise, aber laute Umgebung. C /Leonor Servera 86, Cala Ratjada, Tel. 971 56 32 03, www.casbombu.com

The Sea Club. Elegantes und schönes Hotel mit viel Grün. Direkt am Meer. Avenida America 27, Cala Ratjada, Tel. 971 56 33 10, www.the-seaclub.com

NACHTLEBEN

Physical. Ab Mitternacht öffnet die größte Disco des Ortes ihre Pforten. C/ Coconar 17, www.grupo-physical.com

Casa March – die Sommerresidenz der schwerreichen Unternehmerfamilie kann besucht werden.

OSTEN UND SÜDOSTEN

31 Cala Millor 190

32 Porto Cristo 194

33 Von Portocolom
bis Cala Figuera 196

34 Santanyí 202

35 Colònia de Sant Jordi 204

36 Cabrera Archipel 208

37 Rund ums Cap Blanc 212

31 Cala Millor
Die große Bucht

Die »bessere Bucht« oder auch »beste Bucht« Cala Millor grenzt konsequenterweise an die »gute Bucht« Cala Bona. Cala Millor und Cala Bona sind nicht als getrennte Orte wahrnehmbar, sondern als ein großes Tourismuszentrum. Die guten Seiten der Urlaubsorte sind die weiten Sandstrände und das unaufgeregt aufgeräumte Klima. Eine gewachsene Struktur oder schöne Architektur sind hier nicht zu erwarten, dafür muss man schon einen Ausflug nach Son Severa machen.

Cala Millor ist ein touristisches Schwergewicht. Mehr Hotelbetten gibt es nirgendwo an der Südostseite der Insel. Trotzdem macht Cala Millor einen angenehmen und irgendwie aufgeräumten Eindruck, was auch an der weiträumigen Bebauung liegt. Entlang der Promenade kann man kilometerweit am Meer spazieren gehen, was auch an einem Wintertag ein Vergnügen sein kann. Während dieser Jahreszeit ist natürlich wenig los, weder am Strand noch in den Fußgängerzonen – im Sommer sieht das ganz anders aus.

Oben: Weitläufig, flach und große Hotels – typisch Cala Millor
Unten: Wehrturm aus dem 17. Jahrhundert auf der Punta de n'Amer

Im Norden grenzt der Ort an Cala Bona, das über einen kleinen Hafen verfügt. Dass es hier einmal eine Fischereitradition gab, bestaunen Jahr für Jahr im Juli Einheimische und Urlauber. Dann gedenken die Bootsfahrer und letzten noch aktiven Fischer der Heiligen Jungfrau Nostra Senyora del Carme, der Schutzheiligen der Seeleute, mit einer Bootsprozession. Cala Bona und Cala Millor liegen in der breiten Bucht von Son Servera, die im Norden vom Cap des Pinar der Halbinsel Punta de n'Amer begrenzt werden.

Halbinsel Punta de n'Amer

Die Punta de n'Amer lohnt sich für einen Spaziergang oder eine ausgedehnte Wanderung. Die fast unbebaute Halbinsel – auf ihr steht nur ein alter Wehrturm aus dem 17. Jahrhundert, der Castell de N'Amer, und eine Bunkeranlage aus dem Spanischen Bürgerkrieg – ist für ihre überschaubare Größe reich an Pflanzen und Tierarten. Südlich der Punta de n'Amer folgen Sa Coma und S'Illot, dessen Apartments und Hotels noch etwas klotziger aussehen als die von Cala Millor. Aber auch hier gibt es mehr Erlebenswertes als den schönen Strand: Die Reste einer zwei- bis dreitausend Jahre alten Siedlung, der Poblat talaiòtic de S'Illot.

In den Gassen von Son Servera

Nicht nur am Freitag, wenn Markttag ist, lohnt sich ein Ausflug nach Son Servera. Das Städtchen liegt nur drei Kilometer von Cala Millor entfernt im Landesinnern und ist doch eine Welt für sich. Den Bewohnern ist das ganz recht. Wenn die Touristen schon die Küste okkupiert haben, möchte man wenigstens im Dorf seine Ruhe haben und unter sich sein. Das heißt nun nicht, dass Besucher, die sich das nette Städtchen anschauen, nicht willkommen sind, was sich auch an den neuen Lokalen und Läden ablesen lässt, die in den vergangenen Jahren eröffnet haben. Hier finden die Besucher das, was weder Cala Bona noch Cala Millor zu bieten haben: den ländlichen Charme der Insel. Seinen Namen verdankt die Gemeinde übrigens Jaume Servera (auch: Cervera). Der kämpfte 1229 an der Seite von Jaume I. gegen die Moslems und wurde, wie es damals üblich war, mit Grundbesitz entlohnt. An das Mittelalter denkt man aber nicht, wenn man sich bis in den Ortskern vorgearbeitet hat. Eher schon an das unruhige 17. Jahrhundert.

Nicht verpassen

FRÜHGESCHICHTE ZWISCHEN BETON

Wie ein großer Kinderspielplatz liegen Tausende von Steinbrocken auf einer rechteckigen Fläche. Sie ist umgeben von großen Hotelblöcken, in denen all die großen und kleinen Kinder wohnen, die hier zum Spielen kommen. Nein, natürlich ist es nicht so. Bei dem Steinfeld handelt es sich selbstverständlich nicht um einen großen Abenteuerspielplatz. Es ist auch kein offen gelassener Steinbruch, sondern es sind die Reste eines zwei- bis dreitausend Jahre alten Dorfs. Poblat talaiòtic de S'Illot heißt es. Die Talayot-Siedlung entstand wahrscheinlich ab etwa 1100 v. Chr. Mehr als 30 Gebäudereste konnten die Archäologen identifizieren. Darunter auch das eines Heiligtums aus dem 6. Jh. v. Chr. Ein Rundweg und Holzbrücken spannen sich über die Ruinen. Es ist ein kurioses Bild aus Alt und Neu, zu sehen in S'Illot, einem Nachbarort südlich von Cala Millor.

In jener Zeit wurde nämlich die Hauptkirche Sant Joan Baptista erbaut. Wie seinerzeit auf Mallorca üblich, hatte der Turm zugleich auch Schutz- und Verteidigungsfunktion im Falle eines Piratenangriffs.

Kirche ohne Dach

Kurioserweise ist die Hauptattraktion des Ortes eine Bauruine. Die »Neue Kirche« wurde nie fertiggestellt. Joan Rubió i Bellver (1870–1952), ein Mitarbeiter von Antoni Gaudí, hat auf Mallorca einige seiner Jugendstil- bzw. Modernisme-Architekturen hinterlassen und bekam 1905 den Auftrag für den Bau der Església Nova. Erst wurde das Geld für den groß dimensionierten Plan knapp, dann kam der Spanische Bürgerkrieg dazwischen. Die »Neue Kirche« wurde zur Bauruine, was sie noch heute ist. Die Bilder, die man manchmal noch sieht, auf denen Kinder im offenen Innenhof bzw. im Kirchenschiff Fußball spielen, gehören der Vergangenheit an. Längst wurde das Langhaus parkähnlich zurechtgemacht. Das ist eigentlich schade. Denn welcher Gott stört sich schon an Fußball spielenden Kindern?

Oben: Seit über 100 Jahren ein Rohbau, die »neue« Kirche von Son Servera
Unten: Die alte Kirche musste auch Piratenangriffen standhalten.

Infos und Adressen

SEHENSWÜRDIGKEITEN

Strände und Promenade. Die weiten Sandstrände von Cala Millor und Cala Bona verbindet eine schöne Strandpromenade.

Església Nova. 1905 wurde der Antoni-Gaudí-Schüler Joan Rubió i Bellver mit dem Bau eines großen Gotteshauses in Son Servera beauftragt. Es wurde nie fertiggestellt.

Poblat talaiòtic de S'Illot. Talayot-Siedlung aus der Zeit ab 1100 v. Chr. Carrer de Llebeig, Ortsteil S'Illot.

ESSEN UND TRINKEN

Bou. Tomeu Caldentey ist einer der besten Köche Mallorcas. Seine kreative Inselküche wurde mit einem Michelin-Stern ausgezeichnet. C/ Liles, Sa Coma (Hotel Protur Sa Coma), Tel. 971 56 96 63, www.esmolidenbou.es

Sa Punta. Schöne Lage; in einer Villa auf einer kleinen Landzunge. Ausgezeichnete spanische Küche. Urbanisació Port Verd, Cala Bona, Tel. 971 58 53 78, www.restaurantesapunta.es

Peperoncino. Nicht nur die italienische Küche freut den Gast.

In den Räumlichkeiten des alten Stadthauses in Son Servera fühlt man sich gleich wohl. Plaça Sant Joan, 15, Tel. 971 81 73 82.

Ses Cases de Fetget. Das Finca-Hotel verfügt über ein ausgezeichnetes Restaurant mit schöner Gartenterrasse. Ctra. Son Servera-Artà, km 1,5, Te . 971 81 73 63, www.sescasesdefetget.com

ÜBERNACHTEN

Ses Cases de Fetget. Die edle Finca besitzt eine ebenso schöne wie luxuriöse Außenanlage. Ctra. Son Servera-Artà, km 1,5, Son Servera, Tel. 971 81 73 63, www.sescasesdefetget.com, DZ ab 105 €.

Son Floriana. Neben all den Großhotels ist die Finca mit ihren acht Zimmern eine Rarität. Klassisch spanisch eingerichtet. Av. Magnolia, 6, Cala Bona, Tel. 971 58 60 75, www.protur-hotels.com, DZ ab ca. 130 €.

Son Gener. Umgeben von einer ruhigen grünen Landschaft und doch nah an der Küste. Auch dieses Landhotel setzt auf die Kombination von Luxus und ländlichem Charme. Cta. Vella Son Servera – Artà, km 3, Son Servera, Tel. 971 18 36 12, www.songener.com; DZ ca. 320 €.

Mallorquinische Adaption eines Klassikers – Tortilla mit Sobrasada

32 Porto Cristo
Morgendämmerung unter der Erde

An der Mündung des Torrent d'es Riuet haben die Erosionskräfte der Natur eine ebenso geschützte wie landschaftlich schöne Bucht geschaffen. Kein Wunder, dass der natürliche Hafen erst von Fischern, Hafen und Strand und später vom Tourismus entdeckt wurden. Berühmt ist Porto Cristo für seine Tropfsteinhöhlen Drac und Hams.

Der Franzose Eduard Alfred Martel (1859–1938) pflegte ein für seine Zeit seltenes Hobby: Er erforschte Höhlen. Der Begründer der modernen Speleologie war mit Jules Vernes befreundet. Dessen Roman *Reise zum Mittelpunkt der Erde* erschien 1873. Dass Verne selbst auf Mallorca war und sich von der Höhle von Artà hat inspirieren lassen, ist vermutlich eine Legende. Martel reiste 1896 nach Mallorca, wo er bei Porto Cristo die »Drachenhöhlen«, die Coves del Drach, entdeckte.

Coves del Drach

Das ist natürlich nicht ganz korrekt, denn die Höhlen waren keineswegs unbekannt. Bereits die Ureinwohner kannten und nutzten sie. Die Entdeckung des unterirdischen Sees blieb jedoch Monsieur Martel vorbehalten. Mit einer Länge von 117 Metern und rund 30 Metern Breite gilt er als einer der größten weltweit. Bereits 1935 rückte Carlos Buigas die fantastische Unterwelt ins rechte Licht. Den 1898 geborenen Ingenieur kann man als frühen Lichtkünstler bezeichnen, seine Spezialität waren beleuchtete Brunnen. Höhepunkt seiner Inszenierung war und ist die »Morgendämmerung

Bizarre Welt unter der Erde – in der Drachenhöhle von Porto Cristo

Klassische Musikeinlage auf dem Martel-See

am Martel-See«. Den Besuchern wird mehrmals am Tag ein stets gleiches Schauspiel geboten. Aus dem Dunkel des Sees taucht ein mit Lampen geschmücktes Ruderboot mit Musikern auf, die Auszüge aus Werken klassischer Musik spielen.

Da es auf, nein in, Mallorca rund 4000 Höhler gibt, verwundert es nicht, dass Porto Cristo noch ein zweites Höhlenhighlight zu bieten hat, die Coves dels Hams. Die »Angelhakenhöhlen« bieten natürlich auch ein Licht- und Tonspektakel inmitten von Stalagmiten und Stalaktiten. Na gut, wer es vergessen hat: die, die von der Decke hängen, sind die Stalaktiten.

Hübscher Hafen

Wegen der Höhlen ist Porto Cristo vor allem ein Ausflugsziel. Es gibt aber mehr als Höhlen zu sehen. Der Ort liegt wirklich schön in und an einer Bucht, die sich zu einem natürlichen Hafen erweitert. Einige Llaüts, die kleinen und klassischen Fischerboote, dümpeln am Kai. Ganz richtig, Porto Cristo war mal ein Fischerdorf. Diesem Berufszweig sind auch die »Weißen Höhlen« zu verdanken, die im 19. Jahrhundert in die Felswand oberhalb des Hauptstrands der Platja Mollet gegraben wurden.

Infos und Adressen

SEHENSWÜRDIGKEITEN
Coves del Drach. Ctra. Cuevas, Porto Cristo, Tel. 971 82 07 53, www.cuevasdeldrach.com, April bis Okt. tägl. um 10, 11, 12, 14, 15, 16, 17, Nov.–März, tägl. um 10.45, 12, 14, 15.30 Uhr.

Coves dels Hams. Geführte Besichtigung mit Musikeinlage am unterirdischen See. Ctra. Manacor – Porto Cristo, Porto Cristo, Tel. 971 82 09 88, www.cuevas-hams.com, Sommer tägl. 10–18, sonst bis 17 Uhr.

ESSEN UND TRINKEN
La Magrana Café. Am schönen und gar nicht touristischen Kirchplatz ist das Café-Restaurant eine echte Wohltat. Tagsüber gibt es Kuchen. Plaça del Carme, 15, Tel. 971 55 69 74.

Roland. Roland Schulte überzeugt mit ausgezeichneter Küche zu angemessenen Preisen. C/ de Sant Jordi, 5, Tel. 971 82 01 29, http://roland-restaurant.es

33 Von Portocolom bis Cala Figuera
Träume in Türkis

Die Levante begeistert mit traumhaften Buchten. Die Calas ragen zum Teil tief ins felsige Küstenplateau hinein und wirken fast wie Fjorde. Die dazugehörigen Orte und Touristenburgen sind weniger berauschend. Aber es gibt Ausnahmen wie Portocolom und Cala Figuera. Und – kaum zu glauben, auch einige wenige unbebaute Naturparadiese haben bis heute überlebt.

Im südlichen Teil der Ostküste liegen die berühmten Cales von Mallorca. Damit ist nicht der gleichnamige Ortsteil von Manacor gemeint, sondern die tief eingeschnittenen Buchten, die zum Baden und Erholen einladen. Türkisblaues Meer, das zwischen flachen Felswänden auf einen feinen weißen Strand schwappt – schöner könnte Baden im Mittelmeer kaum sein. Einige der Buchten sind noch echte Geheimtipps, sofern man das von einem Ort auf Mallorca sagen kann. Diese abgelegenen Buchten erreicht man aber nur zu Fuß oder mit dem Boot.

Portocolom

Je näher man ans Meer kommt, desto touristischer werden Dörfer und Städte. Diese einfache Gleichung geht im Fall von Portocolom nicht auf, denn das Hafenstädtchen ist ein erstaunlich intaktes Dorf. Der »Kolumbushafen«, wie die 4400-Einwohner-Gemeinde übersetzt heißt, liegt an einer weiten Bucht, die einen idealen natürlichen Hafen abgibt. Dort, an der Nordseite, ist der älteste Teil des erstmals im 13. Jahrhundert erwähnten Orts. Entlang des modernen Jachthafens, der sich südöstlich anschließt, reihen sich Restaurants und

Oben: Eine Llaüt, ein traditionelles Fischerboot, dümpelt am Hafen.
Unten: Die klaren Buchten des Südostens sind ideal zum Schnorcheln.

Am Strand von Portocolom

Cafés aneinander. Etwas weiter Richtung Süden schließt sich Cala Marçal an, dort befindet sich der Großteil der Hotels und Ferienapartments.

Cala Sa Nau und Cala Mitjana

Die Bucht Sa Nau liegt etwa gleich weit von Portocolom und der Feriensiedlung Cala Ferrer/Platja d'Or entfernt. Keine Siedlung trübt das Bild dieses schönen Badestrands, den man zu Fuß oder mit dem Fahrrad von den genannten Orten erreichen kann. Wer mit dem Auto unterwegs ist, muss auf eine schmale Piste kurz vor Cala d'Or abbiegen (ausgeschildert) und hoffen, dass ihm unterwegs kein anderes Auto entgegenkommt. Oberhalb der Bucht gibt es einen bewachten Parkplatz. Einsam ist man auch an diesem Sandstrand nicht. Der Strandkiosk bietet nicht nur kühle Getränke und Snacks an, sondern auch köstliche Fischgerichte und andere mallorquinische Spezialitäten. Mittags muss man meist reservieren. Über einen Pfad erreicht man in südlicher Richtung die Cala Mitjana (etwa eine halbe Stunde auf einem nicht ausgeschilderten Weg entlang der Küste) Die Bucht ist nur 30 Meter breit, herrlich gelegen und, da nur zu Fuß zu erreichen, weniger besucht.

Nicht verpassen

PARC NATURAL DE MONDRAGÓ KÜSTENNATUR

Der S'Amarador-Strand in der Cala Mondragó ist das Ideal einer mediterranen Strandbucht. Das Naturschutzgebiet Cala Mondragó zeigt auch, wie vielfältig die Natur ist, wenn man ihr den Raum dazu lässt. Neben den Buchten, Klippen und Stränden geht es über Dünen in ein Feuchtgebiet, den Torrent de S'Amarador mit reicher Artenvielfalt. An sonnigen Frühlingstagen durch die dichte und artenreiche Vegetation des Naturparks zu wandern, macht glücklich. Die Sonne bricht sich durch die Kronen von Pinien und Steineichen; wilde Ölbäume und Orchideen lassen sich entdecken, während ein vielstimmiges Konzert aus Vogelstimmen das 785 Hektar große Schutzgebiet erfüllt.

Infozentrum beim Parkplatz von Ses Fonts de n'Alís. Tägl. 9–16 Uhr. Tel. 971 18 10 22. Es gibt vier beschilderte Routen (20 bis 45 Min.) durch den Naturpark.

Cala d'Or und Cala Mondragó

Die weitläufige Feriensiedlung Cala d'Or gruppiert sich um mehrere kleine Buchten. Im Unterschied zu anderen Urlaubsorten ist die Architektur angenehm in das mediterrane Landschaftsbild integriert. Zwischen den einzelnen Ferienvillen wurde genügend Platz für Pinien, Wacholder oder Grün gelassen, zumindest in den älteren Ortsteilen.

Bei der Anlage Cala d'Or aus den 1930er-Jahren orientierte man sich an der ländlichen Bauweise auf Ibiza. Im Zentrum der Anlage spaziert man durch eine gepflegte Fußgängerzone mit Boutiquen und Lokalen. Am Ausgang der Cala Longa thront das alte Fort Es Forti, das besichtigt werden kann. Die natürlichen Badebuchten sind eigentlich sehr schön, allerdings im Sommer überlaufen.

Von seiner schönsten Seite zeigt sich die Ostküste an der Cala Mondragó. Genau genommen sind es zwei Buchten mit den Stränden S'Amarador und Fonts de n'Alis. Sie liegen zwei Kilometer südlich von Portopetro und vier Kilometer nördlich von Cala Figuera. 1992 wurde der größte der mallorquinischen Meereseinschnitte zu einem Naturpark

Oben: Bilderbuch-Bucht Cala Esmeralda bei Cala d'Or
Unten: Cala Figuera liegt an einem schmalen Meereseinschnitt.

erklärt. Daher ist bis auf zwei ältere Hotelanlagen in Traumlage die einzigartige Küstenlandschaft erhalten geblieben. Neben den beiden Sandstränden und dem grünblauen Wasser ist eine Wanderung durch den Naturpark auch im Frühjahr oder Winter ein Erlebnis.

Cala Figuera

Dem Namen Cala Figuera begegnet man auf Mallorca häufiger. Eine einsame Badebucht auf der Halbinsel Formentor heißt so, eine Bucht bei Magaluf im Südwesten von Palma und der romantische Ort im Südosten, um den es hier geht. Die schmale Bucht mit malerischen Bootsgaragen und bunten Fischerkähnen lockt viele Tagesgäste an. Man kann es hier aber auch gut länger aushalten. Die »Feigenbucht« ist schmal und lang wie ein Fjord und teilt sich in zwei Arme, die Cala d'en Boira und die Cala d'en Busquets. Sie hat sich tief in die Kalkfelsen der sonnenverwöhnten Küste vorgearbeitet, sodass das türkisblaue Wasser wie ein klarer Fluss wirkt, an dessen Ufern sich die Fischer ihre Hütten und Häuser gebaut haben. Um den südlichen Arm drängen sich dicht die Bootshäuser. Teilweise wurden für sie Höhlen in den Fels gegraben. Darüber stehen die Wohnhäuser wie verschachtelt am Hang.

Ein Ort zum Wiederentdecken

In Cala Figuera, erstmals erwähnt 1306, wurde früher der Santanyi-Stein verladen. Das erste Wohnhaus wurde erst 1899 erbaut, 40 Jahre später bekam die Siedlung eine eigene Kirche, die heute allerdings ein charmantes französisches Restaurant ist. Cala Figuera wurde bereits in der ersten Phase des Massentourismus ab den 1960er-Jahren entdeckt. Hotels, Apartments und Ferienhäuser entstanden, über dem kleinen Hafen öffneten Restau-

Geheimtipp

DIE BUCHT DES MAUREN

Bitte nicht verzweifeln. Auch dies ist kein einsamer Robinsonstrand, zumindest nicht im Sommer, nicht an einem Wochenende. Trotzdem ist Caló des Moro ein Traumstrand und ja, vielleicht sogar noch ein Geheimtipp. Das liegt auch daran, dass er nicht leicht zu finden ist. Erst einmal ist er wunderschön, gut 30 Meter breit, das Wasser klar und türkis. Flache Kalkplateaus rahmen den Sandstrand, den bisher noch kein Kiosk, kein Sonnenschirm- und Liegenverleih in Beschlag genommen hat.

So kommt man hin: In Es Llombards in Richtung Cala Llombards abbiegen. Dann rechts in den Cami Cala S'Amonia. An dessen Ende ein kurzes Stück links fahren, dann wieder links in den Carrer dels Caló de Moro und oberhalb der Bucht parken. Es ist auch möglich, von der Cala S'Almunia ca. 200 Meter über das Felsplateau nach Norden zu gehen, um die Bucht zu erreichen.

rants. Das Ganze wirkt dennoch idyllisch und gewachsen. Manche der betagten Anlagen wie das Hotel La Sirena, das sich als schlichter Klotz über dem Eingang der Bucht erhebt, haben einen eigenen nostalgischen Charme. Hotels, in denen noch die Atmosphäre des frühen Mallorca-Booms lebendig ist, haben mittlerweile eine neue Fangemeinde bekommen. Ein Manko hat Cala Figuera. Vielleicht hat es auch deswegen die letzten Jahrzehnte so gut überlebt: Es gibt keinen Strand. Wer baden möchte, kann über eine der Treppen ins Wasser steigen oder eine der Buchten der Umgebung aufsuchen.

Cala Llombards/Cala S'Almunia

Etwas südlich des Fischerortes Cala Figuera ist eine weitere Traumbucht. Die von Felsen und Pinien umgebene Cala Llombards besitzt einen 60 Meter breiten Sandstrand. Malerisch drängen sich alte Bootsschuppen an die Felsen. Der gleichnamige Ort sorgt dafür, dass im Sommer viele Besucher kommen. Zwei Kilometer südlich verzaubert die Minibucht Cala S'Almunia mit einem kleinen Sandstrand.

Oben: Die Calas der Küste der Llevante Küste sind wahre Badeparadiese.
Unten: Abendstimmung an der Cala Llombards

Infos und Adressen

INFORMATION

O.I.T Municipal Portocolom. Avda. Cala Marçal 15, Portocolom, Tel. 971 82 60 84, Fax 971 82 57 62, www.felanitx.org

O.I.T Municipal Cala d'Or. Perico Pomar 10, Cala d'Or, Tel. 971 65 74 63, Fax 971 64 80 29, www.ajsantanyi.net

ESSEN UND TRINKEN

Sol y Vida. In diesem, bei deutschen Residenten beliebten Restaurant genießt man eine ausgezeichnete mediterrane Küche mit Blick auf die Bucht. Im nördlich gelegenen Cales de Mallorca. C/ Aragó, Cala Murada, Tel. 971 83 31 70, www.restaurante-solyvida.com

Celler Sa Sinia. Das traditionelle Fischlokal ist bei Einheimischen wie bei Urlaubern beliebt. Portocolom, C/Pescadors, 28, Tel. 971 82 43 23.

Colón. Das Restaurant des Österreichers Dieter Sögner gehört schon seit Jahren zu den Gourmetinstitutionen der Insel. Portocolom, C/ Cristobal Colón, 7, Tel. 971 82 47 83, www.restaurante-colon.com

Sa Lotja. Modernes Restaurant mit leckerer Fischküche. Von der Aussichtsterrasse des Hafengebäudes hat man einen schönen Ausblick. Portocolom, C/ Pescadores, Tel. 971 82 51 65, www.restaurantsallotjaportocolom.com

… und Cala Figuera

Port Petit. Von der Terrasse des gepflegten Restaurants schaut man auf den Jachthafen. Cala d'Or, Cala Llonga, Tel. 971 64 30 39, www.portpetit.com

La Petite Iglesia. Französische Küche in einer ehemaligen Kirche. Köstlich und moderat im Preis. Cala Figuera, C/ Marina, 11, Tel. 971 64 50 09, www.la-petite-iglesia.com

ÜBERNACHTEN

Playa Mondragó. Das einfache Hotel liegt einfach herrlich; nur wenige Meter von der Calo Fonts de n'Alis entfernt. Cala Mondragó, Santanyí, Tel. 971 65 77 52, www.playamondrago.com, DZ: ca. 90 €.

Hotel Villa Sirena. In außergewöhnlicher Lage, direkt über der Bucht. Einfache, aber ausreichend komfortable Zimmer mit teilweise fantastischer Aussicht. C/ Virgen del Carmen 37, Cala Figuera, Tel. 971 64 53 03, www.hotelvillasirena.com, DZ: ab 76 €.

Entspannt am Meer genießen: In Portocolom …

Sonnenterrasse über der Cala de Santanyí

34 Santanyí
Schöner wohnen in Marès

Der Name der südlichen Inselgemeinde leitet sich wahrscheinlich von Sanctus Agnus ab. Ein Schaf bzw. das »Lamm Gottes« taucht auch im Stadtwappen auf. Bis ins 17. Jahrhundert überfielen immer wieder Piraten das Städtchen, dessen beschauliches Zentrum auch ein Treffpunkt der meist deutschen Residenten der Umgebung ist.

Der warme, sandfarbene Marèsstein ist auf Mallorca allgegenwärtig. Die schönsten Gebäude, wie die Kathedrale von Palma oder die Handelsbörse La Lonja, sind aus diesem Kalksandstein erbaut. Auch auf dem Land sieht man ihn in jedem Dorf. Vielleicht ist es dieser goldene, leicht ins rötlich spielende Farbton des Steins, weshalb die 3500-Einwohner-Stadt manchmal wirkt, als würde sie wie aus sich selbst heraus leuchten. Viele lassen Santanyí links liegen bzw. umfahren die Stadt. Ihnen entgeht das beschauliche Zentrum rund um den Hauptplatz und die Pfarrkirche Sant Andreu Apòstol. Letztere stammt aus dem 18. Jahrhundert und birgt einen sehens- und vor allem hörenswerten Schatz. Es ist das Meisterwerk des Orgelbauers Jordi Bosch (1735–1891). Das 1762 fertiggestellte Instrument mit zwei Manualen und 40 Registern gilt als die herausragende Arbeit des mallorquinischen Meisters. Ursprünglich hatte er es für das Kloster Sant Domènec in Palma gefertigt, wo die Orgel bis zur Säkularisierung 1837 genutzt wurde. Dann wurde sie nach Santanyí gebracht, wo sie 1985 von dem Deutschen Orgelbauer Gerhard Grenzing restauriert wurde. Zu erleben ist die Bosch-Orgel bei mehreren Konzerten, die im Lauf des Jahres veranstaltet werden.

Reste der alten Stadtmauer

Wenn man schon mal in der Kirche ist, sollte man auch einen Blick in die Capella del Roser (»Rosenkranzkapelle«) aus dem 14. Jahrhundert werfen. Sie blieb vom ersten Kirchenbau der Stadt erhalten und ist im Übergangsstil von Romantik und Gotik erbaut. Obwohl Santanyí nicht direkt am Meer liegt, wurde es im 15. und 16. Jahrhundert mehrfach von Piraten angegriffen. Aus dieser Zeit stammt das alte Haupttor der ehemaligen Befestigungsmauer, die Porta Murada. Heute ist Santanyí ein beliebter Treffpunkt der deutschen Residenten der Region. Sie finden in dem netten Landstädtchen nicht nur angenehme Cafés und Lokale, sondern auch Geschäfte für die stilvolle Einrichtung der Finca, Kunstgalerien und natürlich einen Wochenmarkt.

SEHENSWERT

Església Sant Andreu Apòstol. Barocke Kirche aus dem 18. Jahrhundert mit berühmter Orgel.

Porta Murada. Ehemaliges Stadttor.

Aljub. In früheren Zeiten garantierte eine riesige Zisterne die Wasserversorgung der Stadt. Sie wurde im 18. Jahrhundert erbaut und befindet sich im Carrer de s'Aljub.

Casa de Cultura Ses Cases Noves. Gleich neben der alten Zisterne befindet sich das Kulturzentrum. Nicht nur im Haupthaus werden Ausstellungen gezeigt, auch im schönen Innenhof und einem Ateliergebäude. Dort sind Arbeiten des 2008 verstorbenen deutschen Bildhauers Rolf Schaffner zu sehen. C/ de s'Aljub 22, Mo–Fr 9–14, Sa 10–14 Uhr.

ESSEN UND TRINKEN

Año 1849. Neben Pasta und Tapas gibt es auch andere leckere, kreativ zubereitete mediterrane Speisen. Plaça Major, 22, Tel. 971 65 38 23, www.1849.es

Es Cantonet. Romantisches Interieur und mediterrane Küche. Pl. Bernareggi, 2, Tel. 971 16 34 07, www.es-cantonet.net

Es Moli. Beliebtes Restaurant in ehemaliger Mühle am Ortsrand. Deftig spanisch-katalanisch. C/ Consolació, 19, Tel. 971 65 33 58.

ÜBERNACHTEN

Santanyí. Charmantes Stadthotel mit sieben Zimmern. Pl. Constitució, 7, Santanyí, Tel. 971 64 22 14, www.hotel-santanyi.com, DZ: ab ca. 220 €.

35 Colònia de Sant Jordi
Salz und Süden

Mallorcas Süden ist ideal zum Baden und Relaxen. Traumstrände wie Es Trenc machen Colònia de Sant Jordi zu einem perfekten Standort für Sand- und Sonnenfans. Vom Hafen der Touristenhochburg legen Ausflugsboote zum Cabrera-Archipel ab, Mallorcas einzigem Nationalpark. Ebenfalls einzigartig sind die Salinen, die schon seit 2000 Jahren die Sonne des Südens nutzen, um dem Meer sein Salz zu entlocken.

Das flache Land und die Feuchtgebiete an Mallorcas Südspitze werden schon seit den Zeiten der Römer genutzt, um in flachen Meeresbecken Salz zu gewinnen. Dass Ses Salines auch in diese jahrhundertealte Salzgeschichte gehört, sagt schon der Name. Eigentlich hat das kleine Landstädtchen nicht viel zu bieten. Doch irgendwie hat es das Salinen-Dorf geschafft, mit cool-trendigen Cafés, Bars und einer Prise Salz, in diesem Fall feinen Gourmetsalzen, sich neu zu definieren.

Salines de Llevant

Die Salzseen gehören zum Feucht- und Sumpfgebiet Salobrar de Campos, das hinter Es Trenc und seinem Dünengürtel liegt, und bieten ein Fest für die Augen: Kontrastreich setzten sich die weißen Berge des gewonnenen Salzes von der flachen Landschaft und dem meist blauen Himmel ab. Die Becken, in denen die Lake verdunstet, nehmen durch chemische und bakterielle Prozesse eine rötlich-violette Farbe an. Rund 10 000 Tonnen Salz werden hier jährlich produziert. Beim Abzweig zu den Salinen trifft man auf die einzige

Oben: Schon die Römer gewannen in den Salinen im Südosten kostbares Salz.
Unten: Die Casa Manolo im Ortszentrum von Salines de Llevant

Heilquelle der Insel, die Banyos de Sant Joan. Seit 1845 wird das 38 °C heiße und leicht radioaktive Wasser bei der Behandlung von Rheuma- und Hauterkrankungen in dem kleinen Thermalbad angewendet. Das alte Kurhaus wurde vor Jahren zu einem eleganten Wellnesshotel umgebaut.

Colònia de Sant Jordi

Das ehemalige Fischerdorf Colònia de Sant Jordi hat fast schon die Ausmaße einer Stadt. Mit seiner Mischung aus Urlaubern, Sommerresidenten und Einheimischen ist es mehr als eine reine Touristenstadt. Colònia de Sant Jordi besitzt zwei Trümpfe: Im Osten der Kolonie gibt es einen schönen Hafen mit Promenade und vielen Restaurants. Dort befindet sich übrigens auch die Touristeninformation. Im Westen grenzt einer der schönsten Strände der Insel an, die Platja Es Trenc. Seit einigen Jahren beherbergt der Ort auch das sehenswerte Besucherzentrum der Cabrera-Inseln. In der Nähe des Hafens ragt das konische Gebäude aus dem Boden, das mit seiner Natursteinfassade wie eine Mixtur aus Felseninsel und Talayot-Turm aussieht. Der Besucher lernt in 17 Aquarien mit rund 4000 heimischen Meeresbewohnern zunächst die Unterwasserwelt des

Geheimtipp

VOM CAP DE SES SALINES ZU STILLEN STRÄNDEN
Wandern und baden

Zwischen Colònia de Sant Jordi und dem Cap Ses Salines liegen knapp zehn Kilometer unbebaute Küste. Die herrliche Landschaft mit ihren ausgewaschenen Kalksandsteinfelsen bietet sich zu jeder Jahreszeit für eine Wanderung an. Für eine Strecke sollte man etwa 3 Stunden einplanen. Da man das Meer immer im Blick hat, fällt die Orientierung leicht. Etwa einen Kilometer südlich des Kaps liegt die schöne Platja des Caragol. Kurz danach erreicht man die Strände Platja de Ses Roquetes und die Platja des Carbó. An der Platja des Dolç sind wahrscheinlich schon die Phönizier an Land gegangen. Der Traumstrand ist wegen seiner Nähe zur Colònia de Sant Jordi aber immer gut besucht.

Wanderung Cap de Ses Salines – Colònia de Sant Jordi: ca. 9 km / 3 Std. Parkmöglichkeit gibt es am Straßenrand auf dem Weg zum Kap. Keine Wertsachen im Fahrzeug lassen!

Nationalparks kennen. Ein weiterer Bereich widmet sich dem Landleben. Zu sehen sind Naturschätze und Exponate zur Geschichte des Subarchipels. Von der Dachterrasse aus sieht man in der Ferne die Inseln, die im Rahmen von Bootsexkursionen besucht werden können.

Es Trenc

Im Westen von Colònia Sant Jordi befindet sich einer der beliebtesten Strände der Insel. Es Trenc ist ein feinsandiges Beachvergnügen von fünf Kilometern Länge. Das Schöne daran: Im Hinterland türmen sich keine Hotelburgen oder Ferienhaussiedlungen, sondern stehen nur Dünen und Aleppo-Kiefern. Vor etwa 100 Jahren sah es an der Platja de Palma noch genauso aus. Den Strand erreicht man über Colònia Sant Jordi im Osten, Ses Covetes im Westen und über die Zufahrt an den Salzseen Salines de Llevant. Die Parkplätze in Strandnähe sind gebührenpflichtig und mehr oder weniger bewacht. Mehrere Strandbars versorgen den im Sommer sehr gut besuchten Strand.

Cap de Ses Salines

Zwischen Ses Salines und Santanyi zweigt die Ma 6110 ab. Zehn Kilometer lang führt die Straße immer nach Süden; vorbei an Zäunen und Trockensteinmauern, hinter denen Mandel- und Johannisbrotbäume stehen, über denen der meist blaue Himmel strahlt. Je weiter man fährt, desto mehr hat man das Gefühl, sich einem unbestimmten Ende zu nähern. Ohne Parkplatz endet der Asphalt vor einem verschlossenen Tor. Dahinter steht ein Leuchtturm. Nicht einmal Platz zum Wenden bleibt. Cap de Ses Salines, der südlichste Punkt der Insel, bietet Aussicht, Felsen und große Gefühle.

Oben: Sand und Sonne an der Südspitze Mallorcas
Unten: Mandelblüte im Migjorn

Infos und Adressen

Seltenes Bild – Flamenco-Tänzerin in Ses Salines

SEHENSWERT

Hafen und Promenade. Erleben Sie Colònia de Sant Jordi von seiner schönsten Seite.

Centre de Visitants de Cabrera. Hier erfährt man mehr über den Nationalpark Cabrera und seine Flora und Fauna. C/ Gabriel Roca.

Platja d'es Trenc. Mallorcas breiter Traumstrand schließt sich westlich der Platja Estanys an.

Botanicactus. Ein 15 Hektar großer botanischer Garten mit zahlreichen Kakteen, einem Feuchtgebiet und mediterranen Pflanzenarten. Ctra. Ses Salines Santanyí, km 1, Tel. 971 64 94 94, www.botanicactus.com

Salinas de S'Avall. Zwischen der Platja Estanys und der Hotelzone im westlichen Teil liegt der Salzsee mit den strahlend aufragenden Salzbergen.

ESSEN UND TRINKEN

Port Blau. Klassisch-elegantes Fischlokal an der Hafenpromenade. Guter, gehobener Standard. Colònia de Sant Jordi, C/Gabriel Roca 67, Tel. 971 65 65 55.

Sal de Cocó. Der Name bezeichnet die Salzreste, die man in Felsmulden am Meer finden kann. Endlich gibt es ein wirklich gutes Restaurant im Ort. Kreative und geschmackvolle Mallorca-Küche. Colònia de Sant Jordi, Moll de Pescadors, Tel. 971 65 52 25, www.restaurantsaldecoco.com

Casa Manolo. Im inselweit bekannten Fischlokal schätzt man die frische Meeresküche. Es gibt Stammgäste, die schwören, dass man bei Manolo die besten Tapas der Insel bekommt. Ses Salines, Plaça San Bartolome, Tel. 971 64 91 30, www.bodegabarahona.com

Cassai Café. Die Tapas und mediterranen Gerichte werden im schicken Interieur oder auf der großen, mit Segeltuch überspannten Terrasse gereicht. C/Sitjar, 5, Tel. 971 64 97 21, www.cassai.es

ÜBERNACHTEN

Colonial. Wer in keinem Großhotel absteigen möchte, kann es mit diesem gut ausgestatteten Hostal versuchen. Die Eisdiele im Erdgeschoss ist auch einen Tipp wert. C/.Ingeniero Gabriel Roca, 9, Colonia de Sant Jordi, Tel. 971 65 52 78, www.hostal-colonial.com, DZ: ab ca. 72 €.

Ca'N Bonico. Edles Landhotel im Ortskern, kühl elegante Einrichtung und großer Außenbereich. Plaça Sant Bartomeu, 8, Ses Salines, Tel. 971 64 90 22, www.hotelcanbonico.com, DZ: ab ca. 120 €.

EINKAUFEN

Flor de Sal d'es Trenc. Salzblumen bilden sich als feine Kruste auf der Oberfläche der Lake. Köstliche Aromasalze wie Hibiskus- oder Orangen-Chili-Salz können direkt in der netten Tienda mit Café gekauft werden. Salinas d'Es Trenc Ctra. Campos – Coloni Sant Jordi, km 10, www.flordesaldestrenc.com

36 Cabrera Archipel
Schrecklich schön

Rund zehn Kilometer südlich des Cap des Ses Salines liegt der Archipel der Ziegeninsel. Zum Nationalpark gehören neben der Hauptinsel Cabrera weitere 18 Kleininseln. Von Colònia de Sant Jordi und Porto Petro verkehren Ausflugsboote zur Hauptinsel, wo schöne Strände warten und geführte Wanderungen angeboten werden. So friedlich und still, wie sich die Insel heute zeigt, war das in der Vergangenheit nicht immer.

Eines vorweg, auf dem Arxipèlag de Cabrera, dem Archipel der Ziegeninsel, lebt keine einzige Ziege mehr. Ihr Verschwinden hängt mit einer grausamen Geschichte zusammen, an der man nicht vorbeikommt, wenn man mehr über die Inselgruppe erfahren möchte. Von Colònia de Sant Jordi aus fahren Ausflugsboote in den Nationalpark, zu dem die Inseln und das sie umgebende Meer gehören.

Nach der Niederlage der napoleonischen Truppen 1809 im andalusischen Bailén wurden 9000 Häftlinge aus Cádiz auf die Ziegeninsel verfrachtet. Das Eiland, auf dem es kaum Wasser und wenig Vegetation gibt, wurde zur Todesfalle. Die Versorgung mit Wasser und Nahrungsmitteln, erst durch die Engländer, dann einen Mallorquiner, war eine Katastrophe. Nach Kriegsende, im Jahr 1814, konnten nur noch 3600 Häftlinge in ihre Heimat zurückkehren. Was es an Ziegen, Kaninchen oder anderen Tieren auf dem Eiland gegeben haben mag, war getötet worden. Der mallorquinische Schriftsteller Baltasar Porcel verglich die Methode dieser, wenn man so will, passiven Kriegsführung mit den Konzentrationslagern des 20. Jahrhunderts.

Oben: Der kleine Hafen ist das Zentrum der Insel. Bewacht wird alles von einer Burg aus dem 14. Jahrhundert.
Unten: Scheint die Sonne, schimmert das Wasser in der Cova Azul blau.

Übersichtskarte

Ⓐ Die blaue Grotte

Kein Ausflugsboot lässt die Cova Azul aus. Die blaue Grotte liegt an der Nordflanke der Santa-María-Bucht. Sie ist nur vom Meer aus zugänglich. Besonders am späten Nachmittag, wenn das Sonnenlicht schräg einfällt, macht die Grotte ihrem Namen alle Ehre. Das Wasser hat dann ein helles Blau und scheint aus sich selbst heraus zu leuchten.

Ⓑ Die Ziegeninsel auf eigene Faust erleben

Von den 19 Inseln des Archipels darf nur die Hauptinsel, die Ziegeninsel, betreten werden. Im Nationalpark, der sich auch auf das umgebende Meer erstreckt, gelten besondere Regeln. Auf eigene Faust können Besucher zur alten Festung aus dem 14. Jahrhundert kraxeln (Ruta 5) und die Wege entlang der großen Bucht Es Port erkunden (Rutas 4). Dort befinden sich drei Badestrände und archäologische

Grabungsstätten. Eine herrliche, elf Kilometer lange Wanderung führt zum Leuchtturm Enciola an der Südostspitze der Insel (Ruta 2). Informativ ist der Besuch des hübschen Inselmuseums, zu finden in der Nähe des Monuments, das an das Schicksal der französischen Strafgefangenen im 19. Jahrhundert erinnert.

Ⓒ Geführte Touren

Der größte Teil der Hauptinsel darf nur in Begleitung eines Rangers besichtigt werden. Wer an einer Tour, etwa zum Höhenzug Ses Figueres, zum höchsten Berg Na Picamosques (173 Meter) oder zu den Buchten Santa María und Gandulf teilnehmen möchte, meldet sich im Büro des Nationalparks am Hafen. Da die Touren am späten Nachmittag und am Vormittag stattfinden, sind sie nur für Übernachtungsgäste interessant.

Mönche und Piraten

Der Besucher, der heute auf die traumhaften, weil naturbelassenen Inseln kommt, steckt in einem Dilemma: Wie passt das Grauen der Vergangenheit mit der Schönheit der Natur zusammen? Einige Kiefern, Steineichen, Wolfsmilchgewächse und mehr als 400 weitere Pflanzenarten wachsen hier, wie etwa auch der seltene Balearen-Buchsbaum. Zehn verschiedene Eidechsenarten – auch eine endemische – sind auf den im Sommer trocken-heißen Inseln heimisch. Ansonsten begeistern sich Vogelkundler, wenn sie Kormorane, Korallenmöwen oder Seeadler erspähen.

Auch wenn der Archipel seit 1991 ein Nationalpark mit entsprechendem Regelwerk ist, gehört er offiziell noch dem spanischen Militär, das die Inseln für Übungen nutzte. Bevor das Hauptteiland, die Cabrera-Insel, für die Kriegsgefangenen zur Todesfalle wurde, nutzten Piraten die Abgeschiedenheit, um sich auf weitere Beutezüge auf Mallorca vorzubereiten. Ganz anderes hatten die gläubigen Männer im Sinn, die bereits im 6. Jahrhundert die Einsamkeit der Inseln suchten. Durch Zufall fand man vor wenigen Jahren drei Gräber der frühen Eremiten, deren Existenz ansonsten nur durch einen Brief aus dem Jahr 603 belegt war. Wahrscheinlich existierte das Kloster auf Cabrera bis ins 8. Jahrhundert.

Oben: Karges Eiland. Auf der Ziegeninsel wachsen kaum Bäume.
Mitte: Von Colònia de Sant Jordi aus fahren Ausflugsboote zur Hauptinsel des Archipels.
Unten: Am Eingang zum Hafen

Infos und Adressen

Die Wanderung zum Leuchtturm Enciola darf nur mit einem Guide unternommen werden.

SEHENSWERT

Cabrera. Lediglich die Hauptinsel kann besucht werden. Die Boote aus Colònia de Sant Jordi legen am kleinen Hafen der Insel an. Fährgesellschaften sind: Excursions a Cabrera. Tel. 971 64 90 34, www.excursionsacabrera.com sowie Mar Cabrera, Tel. 971 65 64 03, www.marcabrera.com; Tagestouren ab ca. 45 €.

Museu Es Celler. Das kleine Museum auf Cabrera informiert über die Natur und Geschichte der Insel.

Castell. Die Burgruine aus dem 14. Jahrhundert kann besichtigt werden.

Cova Blava. Meeresgrotte mit blau schimmerndem Wasser.

ESSEN UND TRINKEN

Cantina. Es gibt nur eine einfache Bar auf der Insel. Dort bekommt man Bocadillos, Eis und andere Kleinigkeiten.

ÜBERNACHTEN

Albergue de Cabrera. Seit 2014 kann man auf der Hauptinsel Cabrera auch übernachten. Allerdings nur nach Voranmeldung. Information und Reservierung im Centro de Visitantes de Cabrera in Colònia de Sant Jordi, Tel. 971 65 62 82 sowie unter http://cvcabrera.es/albergue-de-cabrera; DZ: 51–61 €

37 **Rund ums Cap Blanc**
Am Abgrund

Über der knapp 100 Meter hohen Steilküste zwischen Cala Pi und Cala Blava genießt man eine grandiose Aussicht. Der unbebaute und auch wegen seiner Vegetation spannende Küstenstreifen wurde zum Teil vom Militär genutzt, das von hier aus den Zugang zur Bucht von Palma kontrollieren konnte.

Wo ein Leuchtturm steht, stehen die Chancen gut, das Land und Meer einigermaßen dramatisch aufeinander treffen. Davon kann man sich auf Mallorca immer wieder überzeugen, so auch am Cap

Oben: Radausflug zur Cala Pi

Traum in Türkis – das klare Wasser der Cala Pi

Blanc, wo man an einer rund 100 Meter hohen Steilküste prüfen kann, wie schwindelfrei man ist. Schaut man vom Leuchtturm – der selbst aber nicht zugänglich ist – nach Westen, sieht man eine mehrere Kilometer lange Abbruchkante und hat zudem einen perfekten Blick über das südwestliche Meer vor Mallorca. Den strategischen Platz nutzten die Militärs während des Spanischen Bürgerkriegs und bauten eine Bunkeranlage.

Cala Pi

Nur wenige Kilometer entfernt liegt Cala Pi. Konsequenterweise ist der Ort nach dem benannt, was ihn auszeichnet – nach der »Kiefernbucht«. Einige Bootshäuser wurden in den 1950er-Jahren an die Felswände gebaut. Landeinwärts des etwa 150 Meter langen Strandes staut sich Brackwasser des Torrent. Es ist ein kleines natürliches Feuchtgebiet. In den Felswänden haben die Mallorquiner der Talaiot-Zeit einige Grabhöhlen hinterlassen.

Wenn man von Palma aus kommt, ist Cala Pi die erste der fjordähnlichen Calas der Süd- und Ostküste. Oberhalb der Bucht befindet sich der Bereich der Siedlung, den man ein Zentrum nennen könnte.

Geheimtipp

**STILLES BAD
KÜSTENWANDERUNG
VON CALA PI ZUR
CALA BELTRÁN**

Los geht es an der langen Treppe, die zur Bucht von Cala Pi hinunterführt. Hinter dem letzten Fischerhäuschen ist ein kleiner Anstieg zu bewältigen. Das ist der anstrengendste Teil der Kurzwanderung. Der Küstenweg führt durch eine kleine Schlucht, über eine alte Steinmauer und begeistert mit tollen Ausblicken und der Vielfalt der mediterranen Flora. Etwa nach einer Stunde führt der Weg zur Cala Beltrán, wo man, je nach Jahreszeit, ein Bad im klaren Wasser nehmen kann. Zu gefährlich ist das Baden allerdings bei stürmischem Seegang, da sich dann in der Bucht starke Strömungen bilden. Wer Glück hat, sieht auf der Wanderung nicht nur Möwen, sondern auch jagende Kormorane, Reiher und Eisvögel.

Wanderung: Cala Pi – Cala Beltrán – Cala Pi, Länge 2 km / ca. 1 Std., kurzer Anstieg zu Beginn, dann leicht zu wandern.

Dort sind einige Lokale, ein Hotel und ein alter Wachturm aus dem Jahr 1663. Die Torre de Cala Pi war Teil eines Verteidigungssystem, das die spanische Krone rund um Mallorca und die anderen Balearen-Inseln anlegen ließ.

Capocorb Vell

Vor mehr als 3000 Jahren stand drei Kilometer nördlich von Cala Pi eine für damalige Verhältnisse große Siedlung. Capocorp Vell existierte wohl schon 1200 v. Chr. Aus dieser Zeit stammen drei runde und zwei eckige Talaiots. Einige der insgesamt 28 Behausungen sind noch so gut erhalten, dass man hineingehen kann.

Oben: Cabocorp Vell war vermutlich bis ins 4. Jahrhundert bewohnt.
Unten: Deutlich belebter ist der Strand von Cala Pi im Sommer.

Das Material der Wahl waren Steine. Die tonnenschweren Exemplare wurden zu Zyklopmauern geschichtet oder bedeckten primitive Sakralräume. Aus den etwas kleineren wurden Turmbauten gemauert und mit den handlich kleinen ging der Urinsulaner auf die Jagd oder vertrieb Angreifer, die übers Meer kamen. Die Mallorquiner waren im Steineschleudern so geschickt, oder besser gesagt

Rund ums Cap Blanc

gefürchtet, dass sie als Söldner bei den Karthagern in Diensten standen. Auch in den Reihen der Römer waren sie zu finden. Der antike Geschichtsschreiber Diodor (1. Jahrhundert v. Chr.) nannte die Insel, von denen die Kämpfer stammten, »balearis«, nach dem griechischen Wort für werfen, »ballein«.

Eine Wehranlage für 500 Bewohner

Von den knapp 100 archäologischen Stätten der Talaiot-Zeit, die es auf Mallorca gibt, beeindruckt Capocorb Vell sowohl durch seine Größe als auch durch die Lage. In der kaum bebauten Fläche der Marina von Cap Blanc, dem Küstenplateau, das rund 100 Meter über dem Meeresspiegel liegt, wird die Szenerie nicht durch Dörfer oder Städte gestört. Aufgrund der Lage gehen die Forscher davon aus, dass es sich um eine Wehranlage handelte, die von etwa 500 Menschen bewohnt wurde.

Bei der Besichtigung kann man gut die drei runden Talaiot-Bauten erkennen. Ihre Funktion ist bis heute nicht zweifelsfrei geklärt. Vermutlich hatten sie eine rituelle und auch kriegerische Funktion. Bei einem dieser Türme ist noch eine Zwischendecke erhalten geblieben und Teile einer Wendeltreppe. Die anderen Räume sind zum Teil in einer Reihe, entlang einer Hauptmauer, angeordnet; zum Teil formen sie ein labyrinthisches Ineinander. Capocorb Vell war eine der ersten Talaiot-Stätten, die wissenschaftlich erforscht wurde. Den Anfang machte ab 1910 Josep Colominas Roca. Dem Archäologen aus Barcelona wurde auf dem Gelände ein Denkmal errichtet. In der näheren Umgebung befinden sich noch weitere Talaiot-Bauten, die vermuten lassen, dass Capocorb Vell im 1. Jahrhundert v. Chr., als Diodor über die Balearen schrieb, noch um einiges größer war.

Infos und Adressen

SEHENSWERT

Far de Cap Blanc. Der Leuchtturm in 95 Metern Höhe wurde 1863 erbaut, ist aber für Besucher nicht zugänglich.

Torre de Cap Blanc. Ein Stück weiter östlich des Leuchtturms ragt der 1579 erbaute Wachturm über der Küste empor.

Steilküste. Weitgehend senkrecht und rund 100 Meter hoch.

Capocorb Vell. Gilt als bedeutendste Talaiot-Siedlung des westlichen Mittelmeers. Zwischen Llucmayor und Cala Pi, Fr–Mi 10–17 Uhr.

ESSEN UND TRINKEN

Mirador de Sa Cabrera. Etwas versteckt im Ortsteil Vallgonera genießt man gute mediterrane Küche. Spektakulär ist die Lage über der Steilküste. C/ Murillo 8, Es Pas de Vallcornera, Tel. 971 12 33 38, www.mirador-de-cabrera.com

Cas Busso. Nicht nur wegen der strategisch günstigen Lage an einer Kreuzung ist das Lokal immer gut besucht. Viele Radfahrer sammeln hier bei Pa amb Oli oder anderen leckeren mallorquinischen Genüssen neue Kräfte. Ctra. Cap Blanc, km 24, Tel. 971 12 30 02.

ÜBERNACHTEN

Son Julia. Das elegante Landhotel nutzt die Räumlichkeiten eines Anwesens, das auf das 15. Jahrhundert zurückgeht. Crta. De S'Arenal – Llucmajor, Llucmajor, Tel. 971 66 97 00, www.sonjulia.com, DZ: ab ca. 235 €.

SPORT UND SPASS
auf zwei Rädern

Profiradler und Hobbysportler trainieren schon lange auf Mallorca. Die Bedingungen sind ideal: vielfältige Landschaften, gute Straßen, mildes Klima und eine gute Infrastruktur. Immer beliebter wird die Insel auch für Genussradler. Teilweise markierte Touren und eine gute Infrastruktur machen es dem Radurlauber leicht, einen sorglosen Aktivurlaub zu verbringen. Das sind gute Aussichten, Mallorca anders und intensiver zu erleben.

Tour 1: Familienausflug am Meer

Der Radweg verläuft an der Küste entlang. An der Strecke liegen schöne Strände und viel Sehenswertes. Starten Sie einfach an dem von Ihnen bevorzugten Punkt; je nach Lust und Laune. Möglichkeiten zum Baden und Einkehren gibt es reichlich.

Streckenlänge (eine Richtung): 18 km, reine Fahrzeit ca. 1 Std.
Verlauf: Porto Pi – Hafen Palma de Mallorca – El Molinar – Can Pastilla – Les Meravelles – Club Nautic S´Arenal
Sehenswert Hafen von Palma, Museu Es Baluard, La Lonja, Catedral La Seu, Palma Aquarium, »Ballermann«, S´Arenal

Mallorca bietet Radsportlern ein abwechslungsreiches Terrain.

Tour 2:
Sportlich in die Frühgeschichte

Bis auf einen kleinen Anstieg in S'Arenal gibt es kaum Steigungen. Dennoch ist diese Tour eher für Rennradler geeignet. Etwa die Hälfte der Strecke führt auf schmalen, wenig befahrenen Nebenstrecken.

Streckenlänge: ca. 85 km,
reine Fahrzeit ca. 5 Std.
Verlauf: S'Arenal – Llucmajor – Sa Ràpita – Capocorb Vell – Cap Blanc
Sehenswert: Plaça Espanya, Küste bei Sa Ràpita, Capocorb Vell, Cap Blanc, Steilküste

Citybikes sind praktisch in Palma.

Tour 3:
Aufs Land

Von der touristischen Küste der Bucht von Alcúdia führt die Tour zu malerischen Städtchen wie Sineu und Sta. Margalida. Weite Landschaften mit Trockensteinmauern, das Feuchtgebiet von S'Albufera und die schöne Küstenregion bei Can Picafort machen ihren Reiz aus. Sie ist an einem nicht so heißen Tag auch für Genussradler gut zu schaffen.

Streckenlänge: 65 km,
reine Fahrzeit: ca. 4 Std.
Verlauf: Can Picafort – Port d'Alcúdia – Sa Pobla – Sineu – Maria de la Salut – Sta. Margalida – Son Real – Can Picafort
Sehenswert: Feuchtgebiet S'Albufera, Strände Badia d'Alcúdia, Sineu, Son Real

Tour 4:
Zwischen Bergen und Meer

Von Port d'Alcúdia führt die Strecke zunächst zur Halbinsel Alcúdia mit ihren herrlichen Ausblicken. Über Nebenwege wird erst das malerische Pollença angesteuert, ehe unterhalb der Tramuntana eine der schönsten Insellandschaften durchquert wird. Über Sa Pobla und parallel zum Feuchtgebiet S'Albufera erreicht man wieder den Ausgangspunkt.

Streckenlänge: 60 km,
reine Fahrzeit: ca. 4 Std.
Verlauf: Port d'Alcúdia – Alcúdia – Ermita Victòria – Pollença – Búger – Sa Pobla – Port d'Alcúdia

Erst 800 Höhenmeter bergab und dann wieder bergauf – mit dem Rad nach Sa Calobra

Sehenswert: Alcúdia, Ermita Victòria, Pollença, Fonts Ufanes, Coves de Campanet, Búger, Sa Pobla, Feuchtgebiet S'Albufera

Infos und Adressen

Das eigene Fahrrad muss man nicht mitnehmen, denn die Verleiher und Radsporthotels verfügen über hochwertiges Material. Auf Rennradler spezialisierte Veranstalter bieten Komplettpakete mit Transfer, Übernachtung, einem semiprofessionellen Rad und weiterem Equipment an.

Anbieter

Bicycle Holidays Max Hürzeler.
Tel. +34 971 89 05 86,
www.huerzeler.com

Easy Tours.
Te . 07031 41 06 80,
www.easy-tours.de

Marcel Wüst/Casa Ciclista.
www.casaciclista.de

Rad&Finca Mallorca.
Tel. +34 697 88 97 79,
www.radundfinca-mallorca.com

Sicherheit

Auf Mallorca gilt Helmpflicht. Nebeneinanderfahren ist Rennradlern erlaubt, aber nur auf breiten Straßen mit Mehrzweckstreifen. Achtung: Nach Regen werden die Straßen zu gefährlichen Rutschbahnen! Wasser und Staub mischen sich zu einem schmierigen Belag. Mountainbiker sollten Tore und Gatter immer schließen, wenn Sie sie geöffnet haben.

INSELMITTE

38 Jardins d'Alfàbia und Raixa   222

39 Binissalem   228

40 Alaró   232

41 Inca   234

42 Muro   238

43 Sineu   240

44 Els Calderers   244

45 Porreres und Montuïri   246

46 Manacor   248

47 Felanitx   250

48 Campos   258

49 Llucmajor   260

50 Puig de Randa   262

38 Jardins d'Alfàbia und Raixa
Historische Gärten und Residenzen

Die Jardins d'Alfàbia gehören zu den schönsten Gartenanlagen der Insel. Das einzige noch erhaltene Zeugnis maurischer Gartenkunst verzaubert mit seinen Laubengängen, Wasserspielen und einem sehenswerten Gutshaus. Die Gärten des nahe gelegenen Herrenhauses Raixa setzen dagegen auf die romantische Verbindung wilder und gestalteter Natur. Nach jahrelanger Restaurierung ist das Herrenhaus wieder geöffnet.

Alfàbia – die Residenz des Wesirs

In arabisch-maurischer Zeit gehörte das bedeutende Landgut Ben Abet. Der arabische Wesir hatte den christlichen Eroberer Jaume I. unterstützt, als dieser die Insel 1229 einnahm. Für seine Dienste wurde Ben Abet mit dem Landsitz entlohnt. Im 16. Jahrhundert wird die ehemalige Residenz des Wesirs von der Familie Santacília erworben. Ab etwa 1750 heißt der neue Besitzer Gabriel de Berga i Zaforteza, einer der reichsten Männer Mallorcas. Zaforteza ließ die ehemals gotischen Bauten abreißen und im Stil der damaligen Zeit, dem platereken Barock, umgestalten bzw. neu errichten. Den Zafortezas gehört der Landsitz bis heute. Man betritt das Landgut durch ein großes Eisentor aus dem Jahr 1864. Eine von Platanen gesäumte Allee führt leicht bergan, direkt auf das barocke Hauptportal zu. Zunächst geht es auf einer mit Palmen gesäumten Treppe zum barocken Gärtner-

Mallorcas berühmteste Gartenanlagen sind die Jardins d'Alfàbia.

Jardins d'Alfàbia

haus. Gleich daneben befindet sich die Zisterne, deren Wasser die Gartenanlage mit ihren Teichen und Wasserspielen versorgt. Eines davon ist in einem Laubengang verborgen, der von einer Pergola mit 32 Säulenpaaren beschattet wird. Ein Spaß, nicht nur für Kinder, sind die 24 Wasserspeier, die eine Art Tunnel bilden, der zu einem Balkon führt, von dem aus man einen idyllischen Blick über die fruchtbare Landschaft und die Ländereien des Gutes mit Orangen- und Zitronenbäumen hat.

Typisch für die barocke Gartengestaltung sind die mit Buchsbaum gesäumten Parterres, die sich anschließen. Durch einen Gang, der von toskanischen Säulen gefasst wird, sind die Gebäude und der englische Garten miteinander verbunden. Dieses romantische, fast tropisch wuchernde Icyll wurde im 19. Jahrhundert angelegt.

Das rote Schlösschen

Das sogenannte rote Schlösschen wurde im 17. Jahrhundert erbaut und ist mit sehenswerten Möbeln, Teppichen, Karten und Kunstwerken ausgestattet. Herausragend ist die Bibliothek mit einigen Inkunabeln sowie antiken mallorquinischen Möbelstücken.

Lobpreis Allahs

Im Torhaus überrascht eine aufwendig gestaltete Artesonado-Decke. Die verzierte Holzdecke stammt noch aus dem 13. Jahrhundert. Wahrscheinlich zierte sie einen der Salons des Wesir-Palastes. Unterhalb der Decke preist eine Inschrift Macht und Gnade Allahs. Die mächtigen, mit Eisen beschlagenen Torflügel stammen vom ehemaligen Inquisitionsgericht, das 1823 abgerissen wurde und an der Stelle der heutigen Plaça Maior in Palma stand.

Einfach gut!

BERGPASS COLL DE SÓLLER

SCHWEISS UND KURVEN

Liebhaber schöner Bergstraßen kommen beim Coll de Sóller auf ihre Kosten. Seit ein Tunnel das Orangental von Sóller mit dem Rest der Insel verbindet, ist die Passstraße wenig befahren. Das freut besonders die Radsportler, die hier den mehr oder weniger einzig echten Bergpass bezwingen können. Genau genommen gibt es noch weitere Pässe auf Mallorca. Aber nur der Coll de Sóller bietet zahllose Serpentinen im alpinen Stil. Von Bunyola aus steigt das Asphaltband auf 8 km rund 300 Höhenmeter an. Auf der anderen Seite, ins Tal von Sóller, liegt der Höhenunterschied bei 450 Metern. Ob mit dem Auto oder dem Rad, an der Passhöhe wartet die Café-Bar Ca'n Topa mit viel Aussicht. Es gibt sogar einen kleinen Pool zum Abkühlen. Passhöhe Coll de Sóller, Tel. 971 148 467, www.cantopa.com

Neoklassischer
Rundtempel

Kapelle ⓘ

Aussichtspunkt
"Sa Miranda"

Östlicher
Pavillon

Großer
Teich

Haus der
Mädchen

Neben-
gebäude

Mühle

Haupt-
gebäude

Apollo-Garten

"Portal
forà"

Neogotisches
Portal

Garten

Torrent
de Raixa

B e n i a t z a r

Ⓟ

N

0   100 m

Eine große Freitreppe führt in den
Apollo-Garten von Raixa.

Raixa

Von den Jardins d'Alfábia sind es nur vier Kilometer auf der Ma 11 in Richtung Palmanyola zum palastartigen Landgut Raixa. Nicht nur die Geschichte der Finca, sondern auch über Umwelt, Architektur und Ethnologie informieren die Ausstellungen im Herrenhaus, das anders als etwa La Granja oder Els Calderers nicht möbliert ist. Den Kern des 52 Hektar großen *possessió* bildet ein zwei- bis dreistöckiges Gebäudekarree, das sich um eine *clastra*, einen Innenhof, gruppiert. Die Innenräume des Herrenhauses wurden teilweise im modernen Stil restauriert. Zu sehen sind die Wohn- und Verwaltungsräume, die ehemalige Küche, das Gemach des Kardinals Despuig sowie die Hauskapelle. Die Bereiche der landwirtschaftlichen Nebengebäude mit Ölmühle, Öllager, Stallungen, Sattlerei etc. wurden noch nicht restauriert.Das Haupthaus öffnet sich mit einer eleganten Loggia aus zehn Bögen zum unteren Garten, der in einen nicht mehr vorhandenen Orangengarten mit vier regelmäßigen Parterres und in einen englisch inspirierten Garten mit Palmen, Zypressen, Washingtonia- und Araucaria-Bäumen unterteilt ist.

Auf der Bergseite des Gartens führt eine imposante Freitreppe den Hang hinauf. Nach Westen hin erreicht man ein enormes Wasserreservoir mit einer Oberfläche von 1400 Quadratmetern. Von der Aussichtsterrasse am Rand des Teichs hat man einen schönen Blick über das stille Tal. Der höchstgelegene Teil der Anlage, der steile Trockengarten Sa Muntanyeta, wird nicht mehr von dem Wassersystem gespeist und besitzt daher einen ganz anderen Charakter. Die wildromantische Atmosphäre wird verstärkt durch eine künstlich angelegte Grotte, einen neomaurischen Aussichtspunkt, eine Kapelle und einen neoklassizistischen Rundtempel.

Portal zum Raixa-Anwesen

Geschichte

Die historischen Wurzeln von Raixa liegen wahrscheinlich in maurischer Zeit. Nach der Aufteilung der Landgüter durch König Jaume an diejenigen, die ihn bei der Eroberung Mallorcas im 13. Jahrhundert unterstützt hatten, fiel es an die Grafschaft Roussillion, die damals zu Katalonien gehörte. Nachdem Raixa noch einige Male den Besitzer wechselte, erwarb es 1660 Ramón Despuig i Rocabertí, der drei Jahre zuvor zum Grafen von Montenegro ernannt worden war. Mitte des 18. Jahrhunderts wurden auf dem *possessió*, dem Anwesen, Seidenraupen gezüchtet. Auf den Ländereien wuchsen Eichen und Pinien und in diversen Gärten Zitrusfrüchte, Gemüse und Safran.

Der kunstsinnige Kardinal

Kardinal Antoni Despuig i Dameto (1745–1813), ein Nachfahre und Erbe des erwähnten Ramón Despuig, hatte während einer Italienreise seine Neigung für die Kunst und Kultur des Mittelmeerlandes entdeckt. Als er wieder zurück auf Mallorca war, ließ er das Gut im italienischen Stil umbauen. Despuig besaß eine bedeutende

Nicht verpassen

ORIENT – VERSTECKTE SCHÖNHEIT

In einem verwunschenen Hochtal zwischen der Serra d'Alfàbia und dem Gipfel von Alaró liegt eines der schönsten Bergdörfer der Insel. Längst haben die Rennradler die Bergstrecke und den Ort für sich entdeckt. Es bleibt aber noch immer genug Raum für Ruhe und mediterrane Sehnsüchte. Schon die Anfahrt über Bunyola ist ein kurvenreicher Traum. Nachdem der Coll de Hono mit 550 Metern geschafft ist, öffnet sich ein traumhaftes Hochtal. Gerahmt wird es im Westen von der Serra d'Alfàbia mit gut 1000 Metern Höhe und im Osten vom Puig d'Alaró. Einige Mandel-, Oliven- und Obstbäume wachsen auf der fruchtbaren Erde in rund 450 Metern Höhe, und dann ist da noch dieses sehr kleine Dorf mit den verschachtelten Häusern aus Naturstein. Orient ist mittlerweile ein »Bien de interes cultural«, ein Wert von kulturellem Interesse. Es ist denkmalgeschützt und ein schöner Ausgangs- oder Zielpunkt für eine Wanderung.

Sammlung antiker Skulpturen und ließ sich einen klassizistischen Garten anlegen. Die Skulpturensammlung des kunstsinnigen und gelehrten Despuig kann man heute im Castell Bellver in Palma besichtigen. 1910 verkaufte der letzte Graf der Linie Despuig das Anwesen.

Streit um Raixa

Ende der 1990er-Jahre gelangte das mittlerweile restaurierungsbedürftige Landgut in die Schlagzeilen. Die Erbengemeinschaft wollte das Kulturdenkmal verkaufen und hatte sogar schon eine prominente Käuferin gefunden. Unter den Bietern machte die deutsche Modeschöpferin Jil Sander das Rennen und unterzeichnete 2001 eine Kaufoption über 8,4 Millionen Euro. Doch es kam anders: Nicht zuletzt Proteste der mallorquinischen Öffentlichkeit und die Angst vor dem Ausverkauf der Insel setzen die Landesregierung unter Druck, sodass das spanische Umweltministerium und der Inselrat von Mallorca ihr Vorkaufsrecht in Anspruch nahmen. Seitdem werden das Herrenhaus und seine Gartenanlagen nach und nach restauriert.

Oben: Im roten Schlösschen
Unten: Brunnen im Innenhof

Infos und Adressen

SEHENSWERT

Jardines d'Alfàbia. Ctra. Palma – Sóller (Ma 11), km 17; Apr–Okt. Mo–Sa 9.30–18.30 Uhr, Nov. bis März Mo–Fr 9.30–17.30 Uhr, Sa 9.30–13 Uhr, www.jardinesdealfabia.com

Raixa. Ctra. Palma – Sóller (Ma 11), km 12,2; Di–Sa 10–15 Uhr, www.raixa.net

ESSEN UND TRINKEN

Bar Jardins d'Alfàbia. Im verwunschenen englischen Garten von Alfàbia bietet ein Kiosk Erfrischungen an. Das Angebot ist begrenzt, die Lage könnte aber nicht schöner sein. www.jardinesdealfabia.com.

Ses Porxeres. Etwas unterhalb des Eingangstors zu den Alfàbia-Gärten liegt das edel-rustikale Restaurant, das besonders bei Mallorquinern beliebt ist. Gehobene Küche mit entsprechenden Preisen. Ctra. Palma – Sóller (Ma 11), km 17, Tel. 971 61 37 62.

Sa Plaça. Besonders schön sitzt man auf der Terrasse der einfachen Bar im Zentrum von Bunyola.

Es gibt auch kleine Gerichte wie Burger und Tapas. Sa Plaça 7, Bunyola, Tel. 871 03 21 81.

ÜBERNACHTEN

Agroturismo Alfábia Nou. Es nennt sich Agrotourismo, ist aber ein herrschaftliches Anwesen mit italienischen und kolonialen Stilelementen. Die Anlage verfügt über sechs Apartments und einen Pool. Ctra. Palma – Sóller (Ma 11), km 17, Bunyola, Tel. 971 14 82 43, www.alfabia-nou.com, Apartment für 2–3 Pers. ab ca. 110 €.

Alqueria Blanca. Großes Herrenhaus mit modernistischen Elementen und schöner Außenanlage. Ctra. Palma – Sóller, km 13,6, Tel. 971 14 84 00, www.alqueria-blanca.com, DZ: ab ca. 120 €.

EINKAUFEN

Lafiore. Mundgeblasene Gläser, Vasen, Schalen, Kronleuchter und anderes werden in der Manufaktur hergestellt. Ctra. Valldemosa, km 11, S'Esgleieta, Tel. 971 61 18 00, www.lafiore.com

Das Herrenhaus Raixa ist wieder geöffnet.

39 Binissalem
Vorsicht vor fliegenden Trauben

Der Ortskern überrascht mit einer Fülle von Casals, das sind palastähnliche Herrenhäuser, vor allem aus dem 17. Jahrhundert. Binissalem war das erste Weinanbaugebiet der Insel mit einer geschützten Herkunft. Seitdem müssen die Weine der Denominació d'Origen D.O. Binissalem bestimmte Kriterien erfüllen. Neben Wein und Winzerfest im September sind auch weniger bekannte Dichterhäuser zu entdecken.

Wenn man auf der alten Landstraße von Palma in Richtung Inca unterwegs ist, sieht man gleich am Ortseingang von Binissalem ein großes Weingut. Es ist die Bodega José Luis Ferrer. Wer vor, sagen wir, 30 Jahren in einem Restaurant nach einem mallorquinischen Wein gefragt hat, bekam höchstwahrscheinlich eine Flasche von Ferrer empfohlen. Damals war es eines der wenigen Weingüter, die auf Mallorca den Anspruch hatten, Weine zu keltern, die mit denen des Festlands mithalten konnten. Auch heute kann man die Weine der Bodega mit gutem Gewissen empfehlen. Binissalem ist nach wie vor *das* Zentrum des mallorquinischen Weinanbaus. Heute kann man sagen, so wie der Wein seine Zeit brauchte, um wieder auf der Insel Fuß zu fassen, so ist es auch mit dem Weinfest von Binissalem. Das findet jedes Jahr am dritten Septemberwochenende statt und wird immer beliebter. Die *Festa de Vermar* startet mit einer ausgelassenen Traubenschlacht, die an die berühmtere Tomatenschlacht im valencianischen Bunyol erinnert. Als im Jahr 2000 erstmals die Trauben flogen, waren nur ein paar junge Einheimische dabei. Mittlerweile ist es ein großes Spektakel,

Oben: Mallorca hat schon eine jahrhundertealte Weinbaugeschichte.
Unten: Barriquefass-Ausbau in der Bodega José L. Ferrer in Binissalem

Die Serra de Tramuntana schützt den Wein um Binissalem.

bei dem auch deutsche Residenten und Urlauber mitmanschen. Volkstümlicher geht es auf der Plaça de la Església im Ortskern beim Wettbewerb der Traubentreter zu.

Barockes Zentrum

Am gemütlichen Kirchplatz merkt man erst, was für ein angenehmer Ort Binissalem ist. An einen echten Dorfplatz gehört unbedingt ein bodenständiges, einfaches Lokal. So ist es auch in Binissalem, das übrigens auch als Zentrum der Steinmetze gilt, die natürlich auch ihr eigenes Fest haben. Das »Bini« im Ortsnamen – wie auch bei Biniali oder Biniagual – bedeutet »Söhne des ...« und belegt die arabische Vergangenheit. Tatsächlich war die Gegend auch schon in der Talayot-Zeit besiedelt. Beim Spaziergang durch den historischen Ortskern lassen sich auch einige Spuren der spanischen Literaturgeschichte verfolgen. Im herrschaftlichen Stadthaus Casal Gelabert im Carrer Sant Sebastià hat der Autor Llorenç Moyà (1916–1981) gelebt. Etwas bekannter ist der Schriftsteller Llorenç Villalonga (1897–1980), in dessen ehemaligen Wohnhaus heute ein Museum ist. Er hat den für Mallorcareisende lesenswerten Roman *Das Puppenkabinett des Senyor Bearn* geschrieben.

Infos und Adressen

SEHENSWERT

Església Nostra Senyora de Robines. Pfarrkirche aus dem 17. Jh.

Casa Museu Llorenç Villalonga. Im Herrenhaus aus dem 17. Jahrhundert lebte und arbeitete der Autor, dem sich ein kleines Museum widmet. C/ Bonaire, 25, Di–Fr 9–15 und Di–Do 16–20 Uhr, www.cmvillalonga.org

Festa des Vermar. Weinfest mit Traubenschlacht, Traubentreten und gemeinsamer langer Tafel. Drittes Sept.-Wochenende.

José L. Ferrer. Klassische Rotweine sind die Stärke des Weinguts Ferrer. Es werden auch regelmäßig Führungen angeboten. C/ Conquis

ESSEN UND TRINKEN

Ca S'Hereu. In dem populären Restaurant stehen ein Dutzend Pa-amb-Oli-Varianten zur Wahl. C/ Pere Estruch,1, Tel. 971 88 68 73.

Singló. Modernes Café-Restaurant am Hauptplatz. Gutes Tagesmenü. Plaça Església 5, Tel. 971 87 05 99.

KLEINE INSEL, GROSSE WEINE

Marc Gayda vom Gut Son Artigues bei der Weinlese

Der Weinbau hat auf Mallorca eine lange Tradition. Besonders geschätzt war im 17. und 18. Jahrhundert der Malvasier, dessen Reben an der Tramuntana-Küste wuchsen. Bis ins 19. Jahrhundert hinein war Wein das wichtigste Exportgut der Insel. Dann zerstörte die Reblaus fast die gesamten Anbauflächen. Nach einer langen Phase des Niedergangs geht es seit den 1990er-Jahren wieder bergauf. Heute gibt es eine florierende Weinszene, die jedes Jahr mit neuen ambitionierten Bodegas überrascht.

In der Weingeschichte Mallorcas gibt es ein Vorher und ein Nachher. Das Vorher endet 1891. Bis dahin wurden auf einer Fläche von 33 000 Hektar Trauben für 750 000 Hektoliter Wein angebaut. Anders gesagt, es wurde mehr als 20-mal so viel Wein produziert als heute. Zwei Drittel davon gingen in den Export

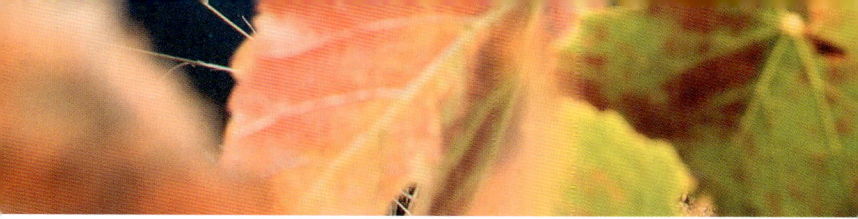

nach Frankreich. Doch dann machte sich die Reblaus breit und zerstörte innerhalb eines Jahres fast den gesamten Bestand. Viele Bauern pflanzten stattdessen Mandelbäume. Als in den 1950er-Jahren der Ansturm der Massen auf Mallorca begann, war der Weinbau so gut wie verschwunden.

Schöne neue Weinwelt

Ende der 1980er-, Anfang der 1990er-Jahre, als sich die Ferieninsel mehr und mehr als Ziel einer kaufkräftigen Klientel etablierte, änderte sich die Stimmung. Mit den Luxushotels, Edel-Fincas und ersten Gourmetrestaurants wuchs die Nachfrage nach dem Besonderen. Mit der Entdeckung des »anderen Mallorca« wurden nicht nur das Landesinnere, die Dörfer und ihr ruhiges Landleben aufgewertet. Man erinnerte sich auch wieder an heimische Traditionen und den Weinbau. Einige Weingüter, wie Luis Ferrer aus Binissalem, hatten zwar durchgehalten und all die Jahre über gute Weine gemacht, aber es war nicht das, was die Klientel suchte. Erst mit Rotweinen wie dem Anima Negra, der 1994 von drei Hobbywinzern in Felanitx aus autochthonen Rebsorten gekeltert wurde, ging es wieder aufwärts. Seitdem sind Rebsorten wie Callet und Manto Negro auch für anspruchsvolle Gaumen salonfähig, und die Bodegas sprießen wie Pilze aus dem Boden. Das Schöne daran ist, dass

die junge Winzerszene mit großem Enthusiasmus zu Werke geht und auf Klasse und Charakter setzt. Übrigens mischen auch einige Deutsche in der Branche mit. Eine Orientierung über die Anbaugebiete und Herkunftsbezeichnungen D.O. (Denominació d'Origen) fällt schwer. Beim Anbau spielt weniger die Region als vielmehr das Mikroklima eine entscheidende Rolle. Eine Ausnahme sind dabei die Malvasierweine der Tramuntana-Küste. Was sollte man probieren? Wenn die Zeit nur für einige Bodegas ausreicht, dann vielleicht für diese: Miguel Gelabert (Manacor), Anima Negra (Felanitx), Biniagual (Binissalem), 4 Kilos (Felanitx) und Castel Miquel (Alaró).

Die Weine der größten Bodega der Insel

40 Alaró
Eine Festung unter dem Himmel

In 800 Metern Höhe erhebt sich die Ruine von Alaró über Mallorca. Schon aus weiter Ferne kann man seine Mauerreste ausmachen, die hoch oben auf einem markanten, mythisch wirkenden Felsstumpf regelrecht entrückt wirken. Der Aufstieg zum Kastell, wo sich auch die Wallfahrtskirche Nostra Senyora del Refugi befindet, ist wegen seiner Aussicht einer der schönsten Ausflüge auf der Insel. Beschaulich geht es im Landstädtchen Alaró zu.

Auf Mallorca mangelt es nicht an aussichtsreichen Plätzen. Sozusagen der Gipfel aller Aussichtspunkte ist das Castell d'Alaró.

Markante Felsen

Der 822 Meter hohe Felsklotz des Puig d'Alaró hat einen Zwillingsbruder, den Berg S'Alcadena, der nur sechs Meter niedriger ist, aber ähnlich kahl wie ein riesiger Backenzahn aus dem Grün des Gebirgsvorlandes aufragt. Die Gestalt der beiden Felsen regte schon immer die Fantasie an. In den *rondaies*, den Märchen der Insel, treiben dort Hexen in Vollmondnächten ihr Unwesen. In der prähistorischen Talayot-Kultur war der Puig d'Alaró bereits besiedelt. Die Römer befestigten den natürlichen Wachturm, die Mauren ebenso, die unten im Tal das Gehöft Oloron gründeten. Diesen Namen findet man in einem Dokument von 1241. Er verkörpert damit den ersten gesicherten Hinweis für das heutige Alaró.

Widerstand der Volkshelden

Kurz nachdem die Christen Mallorca eroberten – die Festung von Alaró fiel als letzte maurische Bas-

Oben: Das Castell d'Alaró
Unten: Das letzte Stück zur Festung muss man zu Fuß gehen.

tion –, kam es angeblich zu einer grausamen Episode. Der Sohn von Jaume dem Eroberer, Jaume II., rief Mallorca 1276 zu einem eigenständigen Königreich aus. Sein Bruder Alfons II. von Aragón war mit diesem Schritt keinesfalls einverstanden und schickte Truppen nach Mallorca. Im Hinterland stießen die Aragoneser auf erbitterten Widerstand. 1286 belagerten die Truppen Alfons II. noch immer das Castell d'Alaró, auf dem Guillem Cabrit und Guillem Bassa das Kommando führten. Nachdem es den Aragonesern schließlich gelang, das Kastell einzunehmen, ließ Alfons die Verteidiger von Alaró bei lebendigem Leib rösten. 1298 erhielt Jaume II. auf päpstliches Geheiß hin sein Königreich zurück, Alfons soll wegen seiner grausamen Tat exkommuniziert worden sein.

Prozession zur Einsiedelei

Die Kapelle bauten die Bewohner von Alaró 1622. Damals litt die Insel unter einer Hungersnot, da es zu wenig geregnet hatte. Nachdem man eine feierliche Prozession auf den Berg unternommen hatte, fiel endlich das ersehnte Nass, und zum Dank wurde die Kapelle errichtet. Noch heute führen jedes Jahr zwei Prozessionen zur Ermita, eine nach Ostern und die weitere im September.

Alaró

Das Städtchen Alaró lockt mit nettem Hauptplatz und der Pfarrkirche Sant Bartomeu aus dem 13. und 18. Jahrhundert. Von ihrer Kanzel hat 1419 der heilige Vicenç Ferrer gepredigt. Malerisch ist auch die Oberstadt Los d'Amunt rund um die Plaça Cabrit i Bassa, wo sich Natursteinhäuser aneinanderdrängen. Alaró war die erste Gemeinde auf Mallorca, die sich mit Strom versorgte. Die Reste des 1901 in Betrieb genommenen Elektrizitätswerkes befinden sich in der Avinguda de la Constitució.

Infos und Adressen

ESSEN UND TRINKEN

Es Verger. Rustikales Restaurant in einem historischen Hof unterhalb der Festung. Sehr beliebt und lecker sind Lammschulter (*paletilla de cordero*) und Spanferkel (*lechona*). Camino Castillo 143, Alaró, Tel. 971 18 21 26, Di–So 9–21 Uhr.

Mandala. Im romantischen Weiler Orient führt ein Paar aus der Schweiz das unkomplizierte und schöne Restaurant. Orientalisch inspirierte Fusionsküche. C/ Nueva 1, Orient, Tel 971 61 52 85.

ÜBERNACHTEN

S'Olivaret. Das historische Landgut mit rustikal gediegenem Charme liegt am Fuß des Puig d'Alaró. Hallenbad und Freibad, gutes Restaurant (Nov.–Mitte März geschl.). Ma 2100 Alaró – Orient, km 3, Tel. 971 51 08 89 (www.solivaret.com).

Refugí Puig d'Alaró. Einfache Herberge auf dem Castell d'Alaró. Ganzjährig geöffnet. Tel. 971 18 21 12. 12 € pro Person, nach Voranmeldung.

Petit Hotel Alaró. Das kleine Landhotel mit sieben romantisch eingerichteten Zimmern in einem historischen Gebäude im alten Stadtkern. Mit Pool. Camp Roig 43, Alaró, Tel. 971 51 87 51, www.petithotelalaro.es, DZ ab 85 €.

VERANSTALTUNGEN

Alaró ist bekannt für seine Prozessionen während der *semana santa*, der Karwoche.

41 Inca
Lebendige Lederstadt

Viele Mallorca-Reisende machen um die mit Manacor zweitgrößte Stadt der Insel einen Bogen. Dabei hat das quirlige Zentrum mit seinen Geschäften, Cafés und Lokalen durchaus Charme. Inca ist nach wie vor ein Zentrum der Lederindustrie. Die Verkaufsräume von Camper, Lottusse und Co. liegen entlang der großen Ausfallstraßen.

Das Schuhhandwerk hat in Inca eine jahrhundertealte Tradition. Schon im 13. Jahrhundert nach der Eroberung des Königs von Aragón entwickelte sich im Ort das Handwerk. Da ist es nur richtig, dass nach vielen Jahren der Planung und des Umbaus, diesem Wirtschaftszweig ein eigenes Museum gewidmet wird. Das Museu del Calçat zeigt Maschinen und Gegenstände des Lederhandwerks. Wäre die spanische Wirtschaftskrise nicht dazwischen gekommen, hätte die spannende Gebäudearchitektur wohl eine etwas vielfältigere Sammlung aufbauen können. Aber das kann ja noch kommen. Das Museum ist in der ehemaligen Kavalleriekaserne, im Cuartel General Luque, untergebracht, das architektonisch gelungen erweitert worden ist. Es ist gar nicht weit entfernt von den Outletshops von Camper, Lottusse, Tschibo und Casa Nativa – falls das ein Argument sein sollte.

Geschichte der Stadt

Das Zentrum der 32 000-Einwohner-Stadt ist vor allem wegen seiner lebendigen Normalität sowie einiger Kulturdenkmäler einen Besuch wert. Inca geht auf die römische Gründung Quint Cecili Metel aus dem 2. vorchristlichen Jahrhundert zurück. Später, während der arabischen Herrschaft, wird

Wuchtig erhebt sich der Turm der Pfarrkirche Santa Maria la Major über das Zentrum.

Stadtspaziergang Inca

Wenn Sie mit dem Auto nach Inca fahren, parken Sie zentral im Parkhaus unter der Markthalle.

🅐 Der **Mercat Municipal**, also die städtische Markthalle, ist einen Besuch wert. Nicht nur wegen der frischen Produkte, die hier angeboten werden, sondern auch architektonisch macht das Gebäude mit dem Zickzackdach aus Holz einen spannenden Eindruck.

🅑 Nicht zu übersehen ist Incas Hauptkirche **Santa Maria la Major**. Sie wurde im 18. und 19. Jahrhundert erbaut und birgt im Innern ein sehenswertes Gemälde von Joan Daurer. Das gotische Gemälde (14. Jahrhundert) zeigt die Muttergottes mit dem Jesuskind.

🅒 In einen Spaziergang gut zu integrieren ist das **Kloster Sant Domingo** (17. Jahrhundert) am gleichnamigen Platz. Das Kloster mit dem schönen Kreuzgang ist ein Kulturzentrum, in dem Wechselausstellungen gezeigt werden. Mo–Fr 10–13.30 und 17–20 Uhr, Sa 10–13.30 Uhr.

🅓 Die **Avinguda del General Luque** zieht sich hin und ist auch nicht besonders schön zu laufen.

Diese Leisten werden nicht mehr gebraucht. Sie befinden sich im Schuhmuseum von Inca.

Wer sich für die Entwicklung der Lederindustrie und das Schuhhandwerk interessiert, für das Inca bekannt ist, steuert das **Schuhmuseum** daher besser mit dem Mietwagen an. Museu del Calçat. Antic Quarter, General Luque. Av. del General Luque, 223. Mo–Fr 10–14 und 16–20 Uhr, Sa 10–13 Uhr.

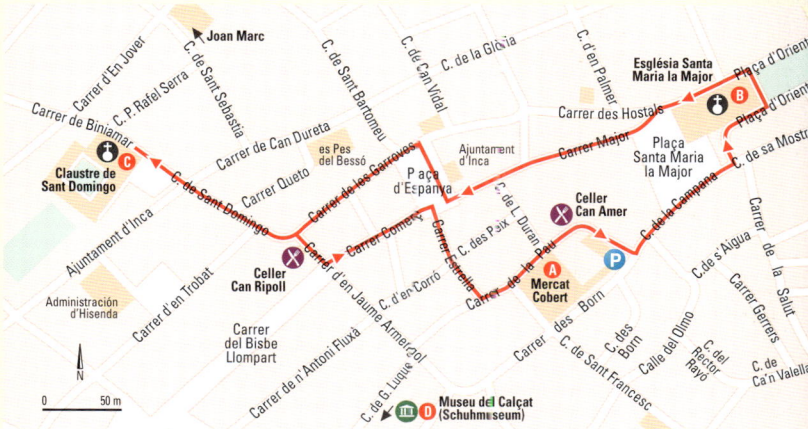

SCHICKE SCHUHE

Einfach gut!

Auf Mallorca werden ausgezeichnete Lederwaren und Schuhe gefertigt. Mitte des 19. Jahrhunderts belieferten 250 Firmen vor allem Süd- und Nordamerika. Heute gibt es noch etwa 40 Hersteller. Dazu zählen Camper, Lottusse, Barrats und Farrutx. In den Outlet-Stores in Inca lassen sich Schnäppchen machen. Wer etwas Zeit mitbringt, kann sich auch einen individuellen Schuh anfertigen lassen. Tony Mora in Alaró näht Lederstiefel nach den Wünschen der Kundschaft. Bekannt ist die Manufaktur durch ihre Cowboystiefel. Aus Lloseta kommen Wanderstiefel von Bestard und Sa Muntanya.

Lottusse Outlet. Pagessos 14 C (Polígon d'Inca), Tel. 971 50 46 39, www.lottusse.com

ReCamper. Nähe Stadtumgehung Ronde de Migjorn, Poligono Industrial s/n, Inca (Stadtausfahrt in Richtung Binissalem), www.camper.com

Farrutx. Av. des tren, 74, Tel. 971 50 18 66, www.farrutx.com.
Georges's. Av. Antonio Maura 107, 1º, Tel. 971 50 07 94, www.georges-shoes.com

Tony Mora. Shop und Factory, Ctra. Alaró 4, Alaró

Bestard. C/ l'Estació, Lloseta, Tel. 971 51 40 44, www.bestard.com

die Stadt an der römischen Heerstraße zwischen Palma und Pollentia einer der zwölf Marktflecken, in die die Insel gegliedert wurde. Als Jaume I. die Insel 1229 eroberte, war das arabische »Inkan« wohl der größte Ort Mallorcas. Das zumindest lässt er im *Llibre dels feits*, der Chronik des Eroberers, notieren. In gewisser Hinsicht lebt die muslimische Kultur heute wieder auf. Inca ist eines der bevorzugten Ziele der marokkanischen Einwanderer auf Mallorca.

Kirchen und Klöster

Der ruhende Pol der Stadt ist die wuchtige Pfarrkirche Santa Maria la Major. An dem barocken Gotteshaus wurde fast 200 Jahre lang bis ins ausgehende 19. Jahrhundert gebaut. Sein größter Kunstschatz ist wohl ein Tafelgemälde auf Goldgrund, das Joan Daurer, ein auf Mallorca arbeitender Künstler, 1373 gemalt hat. Es zeigt Maria mit dem Kind.

Gleich drei Klöster erfreuen den Kulturreisenden. Das Kloster Sant Domènec wurde ab 1664 erbaut. Besonders sehenswert sind der Kreuzgang und die Rosenkranzkapelle. Auch das Kloster Sant Francesc am Carrer Vent besitzt einen architektonisch stimmigen Kreuzgang und als Kirchenschatz eine von Gabriel Mòger geschaffene Skulptur der Muttergottes. Mòger (ca. 1379–1439) hat auf Mallorca eine ganze Reihe an Malereien und Skulpturen hinterlassen. Das letzte Kloster in der Runde liegt etwas außerhalb des Zentrums, in der Nähe der sechs alten Mühlen und dem Felsen, auf dem das Pferd von Jaume I. abgerutscht sein soll. »Sa Pota del Rei« nennt sich der Felsen mit dem ominösen Abdruck. Das Kloster wurde ab 1534 von den Klausurnonnen des Hieronymitenordens bewohnt.

Infos und Adressen

SEHENSWÜRDIGKEITEN

Església de Santa Maria la Major. Incas Haupt-kirche (18./19. Jh), Gemälde von Joan Daurer aus dem 14. Jh.

Klöster. Claustre de Sant Domingo (17. Jh); Claustre de Sant Francesc; Monestir de Sant Bartomeu.

Mercat Cobert. Incas moderne Markthalle ist ein architektonisch interessantes Gebäude.

Museu del Calçat. Schuhmuseum. Antic Quarter General Luque. Av. del General Luque, 223.

ESSEN UND TRINKEN

Celler Can Ripoll. Köstliche regionale Küche und hausgemachte Nachspeisen. C. Jaume Armen-gol, 4, Inca, Tel. 971 50 00 24, www.restaurantcanripoll.com

Ca'n Amer. Sehr angenehmes Celler-Restaurant mit uriger Weinfass-Kulisse. Köstliche klassische Gerichte mit dezenten Innovationen.

Gute Weinauswahl. C/ Pau, Inca, Tel. 971 50 12 61, www.celler-canamer.com

Joan Marc. Gourmetrestaurant mit anspruchs-voller Küche von Joan Marc Garcías. Pl. Blanquer, 10, Tel. 971 50 08 04, www.joanmarcrestaurant.com

Santi Taura. Spitzenküche mit lokalen Produkten. C/ Joan Carles I, 48, Lloseta, Tel. 656 73 82 14, www.restaurantsantitaura.com

Son Catiu. In der Cafeteria der modernen Ölmühle werden leckere Pa amb Oli serviert. Hier bekommt man auch das gute Olivenöl des Hauses. Ctra. Inca - Llubí, km 3.8, www.soncatiu.com

ÜBERNACHTEN

Cas Comte. Gediegener Luxus im Dorfzentrum vom Lloseta. Edel-rustikales Ambiente, angeneh-mer Service. C/ Comte d'Aiamans 11, Lloseta, Tel. 971 87 30 77, www.hotelcascomte.com

Urige Atmosphäre und gute Küche – beides bekommt man im Celler Ca'n Amer.

42 Muro
Ländliches Erbe

Auf einem Bergrücken in der Ebene Es Pla liegt Muro, das sich schon seit 1300 »Stadt« nennen darf. Überragt wird das noch wenig besuchte Landstädtchen von der beeindruckenden Kirche: Sant Joan Baptista. Sie ist ebenso einen Besuch wert wie das ethnologische Museum und der alte Ortskern mit seinen zahlreichen Adels- und Bürgerhäusern.

Mächtig und rotgolden strahlt die Església Sant Joan Baptista. Die Pfarrkirche Johannes des Täufers aus dem 16. Jahrhundert besitzt einen quadratischen, freistehenden Glockenturm. Er ist durch einen Bogen mit dem Haupthaus verbunden. Typisch für eine Kirche auf Mallorca sind die Stützpfeiler, die sich an der Außenfassade zu Arkaden wölben. Seitlich der Kirche ist das Rathaus und davor die leicht abfallende Plaça Comte d'Empuries. In den ruhigen Gassen mit den altehrwürdigen Herrenhäusern käme man nicht auf die Idee, dass von hier aus große Touristenzentren wie die Platja de Muro an der Bucht von Alcúdia verwaltet werden.

Kekse, Messer und ein sehenswertes Museum

Dass das »alte« Mallorca in Muro noch lebendig ist, beweisen einfache Café-Bars oder die Backstube von Galletes Gori. Dort werden seit 1890 süße und salzige Kekse gebacken, die die Bauern und Seeleute früher mit zur Arbeit nahmen. Die in Handarbeit gefertigten *Galletes* sind noch immer beliebt auf Mallorca, und wer ein wirklich authentisches Souvenir sucht, ist hier richtig.

Oben: Der Convento de los Mínimos mit schönem Kreuzgang.
Unten: Rund um Muro erstreckt sich eine weite und wenig bebaute Landschaft.

Infos und Adressen

Ähnliches gilt für die *Cuchilleria Miralles*. In der Messermanufaktur werden seit vier Generationen Schneidewerkzeuge für Fischer, Schäfer, Bauern und jedermann gefertigt. Ganz in der Nähe der Messerschmiede, nämlich auf der anderen Straßenseite, befindet sich die älteste Kirche des Ortes, die Capella de la Sang. Die Kapelle wurde im 15. Jahrhundert erbaut, sieht aber mit seinen romanischen Fensterbögen aus, als stamme sie aus dem 13. Jahrhundert. 1906 wurde die Kapelle, die ursprünglich neben dem Rathaus stand, am Carrer Màrtis neu aufgebaut.

Dass Muro auf einem Hügel liegt und die Landwirtschaft noch immer einen großen Stellenwert besitzt, sieht man, wenn man im Rücken der Kirche in Richtung Passeig de la Riba spaziert. Das ist eine Art Höhenpromenade mit schönem Blick über die Felder des Umlands. Von hier aus, dem ältesten Teil Muros, dem Viertel El Comtat, kann man einen Spaziergang zum Stammhaus der Alomars machen. Das befindet sich im Carrer Major und ist ein sehenswertes Völkerkundemuseum mit alten landwirtschaftlichen Gerätschaften, Keramiken und einer alten Brunnenanlage mit einer »Noria«, einem Schöpfrad.

Romantisches Dinner auf der Finca Predio Son Serra bei Muro

SEHENSWERT

Església Sant Joan Baptista. Pfarrkirche aus dem Jahr 1570 mit barockem Hochaltar.

El Comtat. Im alten Ortskern, mit zahlreichen Herrenhäusern.

Museu Etnològic de Muro. Die Sammlung im Haus Can Alomar zeigt Keramik, handwerkliche Gerätschaften und anderes mehr. C/ Major, 5, Di–Sa 10–15, Do 17–20 Uhr.

Capella de la Sang. Kapelle aus dem frühen 15. Jahrhundert, C/ Màrtirs.

Convento de los Mínimos. Klosteranlage (18. Jh.) mit sehenswertem Kreuzgang. Placeta des Convent.

ESSEN UND TRINKEN

Daica. Die moderne mallorquinische Marktküche hat bereits viele Fans. Hübsches, rustikales Interieur und Außenterrasse. C/ Nou, 8, Llubí, Tel. 971 52 25 67, www.daica.es

ÜBERNACHTEN

Petit Hotel Daica. Zum guten gleichnamigen Restaurant gehört auch ein kleines Hotel mit nur drei Zimmern. C/ Nou, 8 Llubí, Tel. 971 52 25 67, www.daica.es

EINKAUFEN

Cuchilleria Miralles. Messermanufaktur für Küche, Garten und Handwerk. C/ dels Martirs, 28, www.cuchilleriamiralles.com

Galletes Marineres Gori de Muro. Keksbäckerei mit langer Tradition. Plaça Sant Martí 8, www.goridemuro.com

43 Sineu
Der ruhende Pol

In der Mitte von Mallorca, ein wenig erhöht und – wie es sich gehört – bekrönt von einer schönen Kirche aus dem 13. Jahrhundert, liegt Sineu. Beschauliche Gassen mit historischen Stadthäusern und ein malerischer Kirchplatz prägen das Stadtbild. Nur am Mittwoch, wenn Markttag ist, wird es voll und lebendig. Im benachbarten Ort Petra wurde der Gründer von Los Angeles und anderen Städten Kaliforniens geboren.

Es Pla, die Ebene zwischen der Serra Tramuntana und dem Gebirge der Llevanteküste, ist noch immer geprägt von Landwirtschaft und bäuerlichen Strukturen. Wer die Gegend um Sa Pobla, Muro, Sineu und Petra bereist, wird feststellen, dass der Tourismus dort nur eine untergeordnete Rolle spielt. Allerdings sollte man sich nicht der Illusion hingeben, es gäbe noch so etwas wie ein unentdecktes Mallorca. Dennoch, die landwirtschaftliche Seite der Insel ist nirgendwo lebendiger als in Es Pla, und gerade diese noch intakten Strukturen machen den Reiz der sehenswerten Orte aus.

Im Zentrum der Insel

Als historisches und geografisches Zentrum der Ebene kann Sineu gelten. Malerisch liegt die Altstadt auf einem Hügel mit Kirche und ehemaligem Königspalast. Schon zu der Zeit, als das Kalifat von Córdoba bis auf die Balearen-Insel expandierte, war Sineu ein bedeutender Handelsplatz. Ein Jahrtausend zuvor hatten die Römer die Siedlung *Sinium* gegründet, die möglicherweise dort lag, wo sich das heutige Sineu befindet.

Oben: Schon von Weitem zu sehen – die Kirche Santa Maria de Sineu.
Unten: Sineu hat den berühmtesten Wochenmarkt.

Was den Besucher heute interessiert, stammt aber aus der Zeit der mallorquinischen Könige. Jaume II. machte sich Ende des 13. Jahrhunderts daran, seine Insel mit einer Reihe von Residenzen zu schmücken. Er ließ in Palma die Almudaina umbauen, das Castell Bellver und in Valldemossa eine Residenz errichten. Sineu machte er wegen seiner zentralen Lage zu einer Residenzstadt. Zu ihrem Wahrzeichen wurde ein geflügelter Löwe, der den heiligen Markus, den Stadtpatron, symbolisiert.

Església de Santa Maria de Sineu

Der *Lleó de Sant Marc* bewacht den Platz vor dem Pfarramt der monumentalen Gemeindekirche, dem auffälligsten Bauwerk der Stadt. Schon von Weitem ist die ab 1505 erbaute Església de Santa Maria de Sineu zu sehen. Den wehrhaften Glockenturm, 1549 neben der Kirche auf einem quadratischen Grundriss errichtet, kann man über eine schmale Wendeltreppe besteigen und die Aussicht über die Ebene Es Pla genießen. Ein überdachter Gang, der *pontet de Santa Bàrbara*, verbindet den Turm mit der Kirche.

Außen im schlichten gotischen Stil gehalten, wurde 1880 die Westfassade neu gestaltet und eine Kuppel ergänzt. Im Chor kann man sich das gotische Bild der Jungfrau Maria von Sineu, eines der sogenannten *vírgenes-sagrario* (heiligen Jungfrauen), von Gabriel Mòger aus dem Jahr 1509 ansehen. Die Kapelle Fonda schmückt ein Altarbild der Jungfrau Maria mit dem Rosenstrauch (Mare de Déu del Roser) von 1572 sowie Malereien von Rafael Guitard. Im Pfarramt wurde ein Museum mit einer Sammlung alter Wappenschilder und Keramiken eingerichtet, die bei Arbeiten im Umfeld des Gotteshauses gefunden wurden.

Einfach gut!

WEINE VON MIQUEL OLIVER

Mögen Sie guten Wein? Dann sollten Sie der Bodega Miquel Oliver in Petra einen Besuch abstatten. In dem traditionellen Familienbetrieb keltert die junge Winzerin Pilar Oliver hervorragende Weine. Ihren roten Aià aus der Merlot-Traube zeichnet der spanische Weinpapst José Peñín regelmäßig mit 90 und mehr Punkten aus. Der Wein wird sieben Monate in amerikanischen und französischen Barriquefässern ausgebaut und ist für einen südländischen Rotwein angenehm leicht mit fein eingebundenen Tanninen. Fülliger ist der Rotwein Ses Ferritges, eine Cuvée der heimischen Sorte Callet und der internationalen Syrah, Merlot und Cabernet. Bemerkenswert ist auch der weiße Muscat, ein leckerer Sommerwein, trocken und säurebetont – schließlich ist es nicht leicht auf Mallorca, eine guten Weißwein zu machen. Die Weine kann man in der sehenswerten Bodega probieren und natürlich käuflich erwerben.

Bodegues Miquel Oliver. Ctra. Petra-Santa Margalida, Km. 1,8, Tel. 971 56 11 17, Mo–Fr 10–18, Sa 11–13.30 Uhr. www.miqueloliver.com

Palau dels Reis de Mallorca

Der Convent de las Monjas Concepcionistas diente einst den Königen von Mallorca als Palast. Jaume II. hatte den Bau 1309 in Auftrag gegeben. Er steht wahrscheinlich auf den Resten des Alcázars von Emir Mubaxir. Mit dem Verschwinden des Königreichs Mallorca ging es auch mit dem Stadtschloss bergab. 1538 wurde es vom spanischen König Felipe II. dem Nonnenorden übergeben, der die Anlage den neuen Bedürfnissen anpasste und bis heute bewohnt. Die Nonnen leben in strenger Klausur, weshalb das Kloster nicht besichtigt werden kann. In der zugänglichen Klosterkirche befindet sich ein Mariengemälde, das Gaspar Gener 1590 geschaffen hat.

Petra

Knapp zehn Kilometer östlich kommt man nach Petra. Das sehenswerte Landstädtchen überrascht mit rechtwinklig angelegten Straßen und ist bekannt für seine guten Weine. Der berühmteste Mann der 3000-Einwohner-Gemeinde wird wohl für alle Zeiten Fra Juniper Serra (1713–1784) bleiben. Der Franziskanermönch schiffte sich 1749 mit anderen Missionaren nach Mexiko ein. Von der Ordensstation an der Grenze zur Baja California ging er unermüdlich auf Missionstour und errichtete Niederlassungen, aus denen unter anderem die Städte San Diego, San Francisco und Los Angeles hervorgingen.

Im Convent Sant Bernardi von Petra ging der künftige Missionar zur Schule. Die Kirche des Konvents wurde 1677 im barocken Stil fertiggestellt. Über die C/ Fra Juníper kommt man zur Casa Natal i Museu Juníper Serra. Im Geburtshaus und Museum kann man Bilder, Landkarten und Modelle der Missionskirchen sehen, die Serra gegründet hat.

Oben: Windmühle und Restaurant – Moli d'en Pau
Mitte: Auf dem Wochenmarkt gibt es fast alles zu kaufen.
Unten: Handbestickte Tischdecken

Infos und Adressen

SEHENSWÜRDIGKEITEN

Església de Santa Maria de Sineu. Museum mit alten Keramiken im Pfarrhaus.

Convent dels Mínims. Im ehemaligen Minoritenkloster (17. Jh.) befindet sich heute das Rathaus der Gemeinde.

Palau dels Reis de Mallorca. Der 1309 gegründete Königspalast wurde im 16. Jh. zu einem Kloster umgebaut.

Wochenmarkt. Am Mittwoch (mit Viehmarkt).

Casa Natal i Museu Juníper Serra. In Petra, Geburtshaus und Museum des Missionars und Gründers von San Diego, San Francisco und anderen Städten in Kalifornien. Sollte das Museum verschlossen sein, kann man im Haus rechts des Eingangs, C/ Miquel de Petra 2, nach dem Schlüssel fragen.

MÄRKTE UND MESSEN

Viehmarkt. Er findet regelmäßig seit dem Jahr 1306 statt.

Sa Fira. Die meisten Besucher kommen nicht nach Sineu wegen seiner sympathischen Altstadt und den Kulturdenkmälern, sondern wegen seiner Märkte. Sa Fira ist die älteste Landwirtschaftsmesse Mallorcas. Sie wurde im Jahr 1318 erstmals eingeführt und findet jedes Jahr am ersten Sonntag im Mai statt.

ESSEN UND TRINKEN

La Nata. In der Nähe der Kirche wartet das romantische Lokal mit portugiesischen Spezialitäten. Calle Major 7, Tel. 639 46 52 89.

Es Celler. Im rustikalen Kellerlokal wird noch echt mallorquinisch gekocht. Leckeres Tumbet und Gegrilltes. Günstige Preise. C/ l'Hospital 46, Petra, Tel 971 56 10 56.

ÜBERNACHTEN

Hotel León de Sineu. Die ältesten Teile des herrschaftlichen Hauses stammen aus dem 15. Jahrhundert. Mit dem Charme antiker Möbel, einem verwunschenen Garten hält man es in dem Stadthotel gut ein paar Tage aus.
C/ Dels Bous 129, Sineu, Tel. 971 52 02 11, www.hotel-leondesineu.com, DZ ab 95 €.

Hotel Sa Plaça. Das Landhotel in Petra hat nur drei Doppelzimmer. Schönes altes Mobiliar, viel Atmosphäre und noch mehr Ruhe. Sehr empfehlenswertes Restaurant. Plaça Ramon Lull 4, Petra, Tel./Fax 971 56 16 46, www.petithotelpetra.com, DZ 110 €.

Der Wochenmarkt findet jeden Mittwoch statt.

44 Els Calderers
Zu Besuch in der Vergangenheit

Zwischen Sant Joan und Vilafranca de Bonany zeigt Els Calderers, wie der Landadel bis ins 20. Jahrhundert hinein gelebt hat. Die Wohnräume des Guts sind mit kostbaren Möbeln und historischen Gerätschaften ausgestattet. In den Wirtschaftsräumen bekommt man einen Eindruck von der traditionellen Landwirtschaft und der Verarbeitung von Feldfrüchten, Mandeln, Oliven und Wein.

Noch sind nicht alle herrschaftlichen Landgüter in schicke Finca-Hotels umgebaut worden. Manche bröckeln vor sich hin, weil die Restaurierung Summen verschlingen würde, über die nicht jeder Nachfahre jener meist angesehenen und alteingesessenen Familien verfügt. Andere sind wie seit Jahrhunderten in privatem Besitz und tabu für neugierige Touristen. Zwei Ausnahmen gibt es auf Mallorca, die Museumshäuser La Granja und Els Calderers.

Els Calderers liegt zwischen Sant Joan und Vilafranca, unterhalb der Wallfahrtskirche Ermita de Bonany. Auf dem Autobahnkreisel bei Vilafranca folgt man dem Hinweisschild »Es Calderers«, um zur bukolischen Szenerie zu gelangen. 1285 wurde der Landsitz erstmals erwähnt, allerdings sah er zu jener Zeit noch anders aus. Das mächtige Herrenhaus, in dem der Besucher ein originales Ambiente des 18. und 19. Jahrhunderts erleben kann, wurde um 1750 im typischen mallorquinischen Landhausstil errichtet und über Jahrhunderte hinweg erweitert. Neben dem dreistöckigen Haupthaus sind verschiedene Stallungen zu besichtigen, eine Scheune sowie ein Backhaus und eine Schmiede.

Oben: Das Landgut Els Calderers
Unten: Speisesaal des Gutes

Feudales Landleben

Bis zum Ausbruch der Reblausplage Ende des 19. Jahrhunderts wurde auf den Ländereien von Els Calderers Wein angebaut. Davon zeugen alte Weinpressen und Fässer im Keller. Nach dem Niedergang des Weinbaus verlegte man sich auf den Anbau von Feldfrüchten, Mandeln, Johannisbrot und Melonen. Interessant ist die Küche mit ihren originalen Gerätschaften, die bis zur Öffnung des Hauses als Museum 1994 noch in Gebrauch waren. Über den Speiseraum, wo eine große Tafel eingedeckt wurde, führt der Rundgang in den Wohnbereich. Ausgesuchtes originales Mobiliar und Gemälde aus dem 18. Jahrhundert geben dem Salon einen feudalen Charakter. Nach dem Essen zogen sich die Herren ins Waffen- und Jagdzimmer zurück, die Damen ins klassizistische Musikzimmer. Wie die Mode im 19. Jahrhundert ausgesehen hat, zeigt eine Puppe. An das Schlafgemach mit Himmelbett und Mahagonimobiliar schließen ein Ankleidezimmer für die Dame und eines für den Herrn an. Die Großgrundbesitzer lebten gut von den Erträgen ihrer Ländereien. Damit die göttliche Vorsehung den Hausherren und der Dienerschaft gewogen blieb, wurde in der Kapelle regelmäßig die Messe gelesen.

Im Kornspeicher

Die ehemalige Kornscheune ist eine auf Säulen gestützte Halle, wo Kichererbsen, Bohnen, Mandeln und Mais gelagert werden. Die alten Geräte für die Feldwirtschaft sind noch funktionstüchtig und wurden zum Teil bis in die jüngste Vergangenheit benutzt. In den Stallungen werden allerlei Tiere gehalten wie Gänse, Schafe, Ziegen und schwarze Schweine. Die mallorquinische Rasse der *porc negre*, der schwarzen Schweine, genießt auf der Insel höchstes Ansehen. Schließlich wird aus ihnen die beliebte Sobrasada-Wurst hergestellt.

Infos und Adressen

SEHENSWÜRDIGKEITEN

Els Calderers. Ausfahrt an der Ma 15 Palma – Manacor bei km 37, dann dem Hinweisschild folgen. Te . 971 52 60 69, tägl. 10–17 Uhr, www.elscalderers.com
Für den Rundgang sollte man eine gute Stunde einplanen. Anders als im Finca-Museum La Granja erwarten den Besucher keine tanzenden Folkloregruppen, auch hält sich die Besucherzahl in Grenzen. Im Rahmen des ungeführten Rundgangs können hauseigene Speisen wie Sobrasada und Wein probiert werden.

Ermita de Bonany. Die auf 317 Metern gelegene Wallfahrtskirche Bonany erreicht man über Petra oder Vilafranca de Bonany. Es gibt fünf einfache Zimmer für Selbstversorger. Tel. 971 56 11 C1. In der Ermita bewahrt man eine Marienfigur auf, die wie so oft in Spanien, nach der Reconquista auf wundersame Weise gefunden wurde. Sie soll aus römischer Zeit stammen, wirkt aber recht barock. Ihre Macht hat die Muttergottes im Dürrejahr 1609 bewiesen, als sie dabei half, dass auf den Feldern ausreichende Erträge geerntet werden konnten. Die Anlage der Einsiedelei wurde zwischen 1920 und 1925 erbaut.

Kornspeicher mit landwirtschaftlichem Gerät

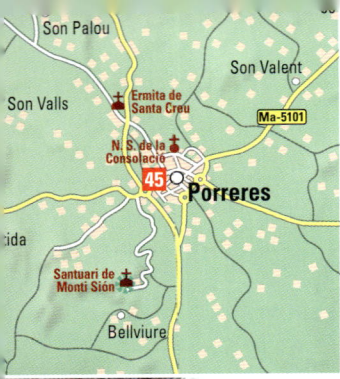

45 Porreres und Montuïri
Unbekannte Größen

Eigentlich ist Es Pla eine Ebene, doch bei Porreres wird das Land hügelig. Mandeln, Wein und Aprikosen wachsen um das hübsche Städtchen, das mit einem Kunstmuseum überrascht. Schön ist der Blick über die ländliche Idylle vom Heiligtum Monti-Sion aus. Ein wenig besuchter Geheimtipp ist Montuïri, das mit einem gut erhaltenen Talaiotdorf und einem informativen Museum punktet.

Auf dem Weg hoch zum Santuari de Monti-Sion blickt man unterhalb des schmalen Sträßchens in einen offenen Krater. Wer sich schon immer gefragt hat, woher all die schönen Natursteine kommen, dem sei gesagt, sie kommen aus Porreres. Dort durchziehen rund 14 Kilometer lange Schächte den Untergrund, in denen der Marès-Stein abgebaut wird.

Wein, Aprikosen und moderne Kunst

Dass über Jahrhunderte hinweg insbesondere die Landwirtschaft wichtig war, beweisen die 36 ehemaligen Mühlen, die es auf dem Gemeindegebiet gibt. Getreide, Mandeln und Wein wachsen um das Städtchen mit seinen knapp 6000 Einwohnern besonders gut, und natürlich Aprikosen. Für die süßen Früchte, die auch getrocknet werden, ist Porreres inselweit bekannt. In früheren Zeiten wurde auch Safran angebaut.

Wie Montuïri wurde Porreres im 13. Jahrhundert zur »Pobla Reial«, zum »königlichen Dorf« erklärt. In jener Zeit dürfte es auch eine jüdische Gemein-

Aprikosen gelten als eine der Spezialitäten Landstädtchens.

Porreres und Montuïri

de gegeben haben. Der Ort selbst folgt dem ruhigen Modus mallorquinischen Landlebens, den man gern einmal mit dem hektischeren der Küstengebiete tauscht. Es gibt eine schöne Pfarrkirche zu sehen, deren Inneres golden und blau schimmert, einige mittelalterliche Bauwerke und lauschige Plätze. Und es lockt ein Kunstmuseum, mit dem man hier wohl nicht gerechnet hätte. Es zeigt das Kunstschaffen der Insel in der 2. Hälfte des 20. Jahrhunderts. Im Heiligtum Monti-Sion, auf dem gleichnamigen Hügel, etwas außerhalb, wurde wie auf dem Puig de Randa 1530 eine Grammatikschule eingerichtet. Der ehemalige Klassenraum ist ebenso sehenswert wie der weite von Arkaden umschlossene Hof des Sanktuariums.

Montuïri

Ein kantiger Kirchturm und ein knappes Dutzend Mühlen sind das Gesicht einer der ältesten Inselgemeinden. Malerisch liegt Montuïri auf einem Hügel und wird doch kaum besucht. Sehr sehenswert ist das Museu Son Fornès. Es nutzt die Räumlichkeiten einer alten Windmühle und zeigt neben Funden auch interessante Schautafeln zur Talayot-Zeit. Ein kulturelles Highlight ist die gleichnamige Talayot-Siedlung, etwa drei Kilometer außerhalb des Dorfes. Dort ist unter anderem der am besten erhaltene Turmbau zu bestaunen.

Jaume Mesquida baut seine biologischen Weine vor den Toren der Stadt an.

Infos und Adressen

SEHENSWERT

Església Parroquial. Pfarrkirche von Porreres aus dem 17. Jahrhundert.

Museu i Fons Artístic de Porreres. Das Museum zeigt Arbeiten mallorquinischer Künstler. C/ Prevere Agusti Font, 23, Porreres, Tel. 971 16 66 17.

Santuari de la Mare de Déu de Mont-Sion. Heiligtum aus dem 15. und 18. Jahrhundert. 1530 zog dort eine Grammatikschule ein.

Església de Sant Bartomeu. Der Kirchenbau in Montuïri geht auf das 14. Jahrhundert zurück und wurde im 18. Jahrhundert erweitert.

Museu Arqueològic de Son Fornès. Archäologisches Museum. C/ Emili Pou, Montuïri, www.sonfornes.mallorca.museum

Son Fornès. Talayot-Siedlung aus dem 2. Jahrtausend v. Chr. Drei Kilometer ortsauswärts in Richtung Pina.

ESSEN UND TRINKEN

L'Escrivania. Angenehmes Restaurant im Ortskern mit guter spanischer Küche. Plaça de la Vila 1, Tel. 971 64 70 94.

ÜBERNACHTEN

Sa Casa Rotja. Ruhig gelegenes Fincahotel mit schöner Außenanlage und Spa. Cami de Sa Pedrera S/N, Tel. 971 16 82 25, www.sabassarotja.com; DZ: ab ca. 80 €.

EINKAUFEN

Calçats Salleras. Tomeu Salleras C/ Rector Llompart, 3, Tel. 971 64 71 67.

46 Manacor
Die große Unbekannte

Das wirtschaftliche Zentrum im Nordosten der Insel tritt langsam aus seinem touristischen Schattendasein heraus. Immerhin hat Manacor ein sehenswertes historisches Museum und eine lebendige Innenstadt zu bieten. Der Reiz der Stadt liegt aber vor allem in seiner geschäftigen Normalität, von der man sich am besten an einem Montag überzeugt, wenn Wochenmarkt ist.

Nach der Hauptstadt Palma hat Manacor die meisten Einwohner auf der Insel, gut 40000 sind es. Den Ruf, eine schmutzige Industriestadt zu sein, legt Manacor langsam ab. Das liegt zum einen am Strukturwandel. So ist zum Beispiel die ehemals bedeutende Möbelproduktion bis auf einige wenige Betriebe geschrumpft. Und zum anderen reizt es immer mehr Besucher und Residenten, gerade einen Ort kennenzulernen oder sogar dort zu leben, der nicht im Fokus des Tourismus steht; der, wenn schon nicht malerisch oder schön, zumindest authentisch ist.

Das Wahrzeichen der Stadt ist der schon von Weitem sichtbare Kirchturm mit seiner neugotischen Spitze. Er gehört zur Gemeindekirche Nostra Senyora dels Dolors und passt stilistisch eigentlich überhaupt nicht nach Mallorca. In den Straßen und Gassen rund um die Kirche ist das geschäftige Zentrum mit einigen Cafés und Modeläden. Noch vor zehn Jahren sah man hier kaum Touristen. Sie legten höchstens am Ortsrand einen Stopp ein, um funkelnde Kunstperlen von Majorica zu bestaunen und zu kaufen. Majorica wurde übrigens von einem Deutschen gegründet. Eduard Heusch hatte Ende des 19. Jahrhunderts eine Me-

Oben: Natürlich gibt es auch in Manacor einen Wochenmarkt – immer montags
Unten: Verkaufsschlager seit über 100 Jahren – die Kunstperlen von Majorica

Eine Autobahn mit Kunst – das gibt es nur bei Manacor.

thode entwickelt, mit der sich Perlen täuschenc
echt imitieren ließen. Im Wesentlichen basiert sie
noch heute auf dem Prinzip, dass eine Glasperle
oder ein anderes Trägermaterial in eine Tinktur
aus Fischschuppen und anderen geheimen Zusät-
zen getaucht und anschließend gebrannt wird.
Da dieser Vorgang bis zu 30-mal wiederholt wird,
können die Kunstperlen eine ähnliche optische
Wirkung und Haptik haben wie echte.

Kultur am Stadtrand

Manacor hat auch für Kulturreisende etwas zu
bieten. Allerdings liegen diese Schätze nicht im
Zentrum, sondern am Stadtrand. An der Landstraße
in Richtung Sant Llorenç de Cardassar gibt es eine
kleine, aber sehr interessante archäologische Stätte
zu sehen: die Rudimente der Basilica de Son Peretó. Das frühchristliche Gotteshaus wurde gegen
Ende des 4. Jahrhunderts erbaut. Erst im frühen
20. Jahrhundert fand ein Bauer zufällig den historischen Schatz, zu dem ein Taufbecken, einige
Grabstätten und ein römisches Mosaik gehören.
Letzteres ist im Museu d'Història de Manacor zu
sehen, das ebenfalls etwas außerhalb der Stadt zu
finden ist. Schon das Gebäude des Museums aus
dem 14. Jahrhundert ist bemerkenswert.

Infos und Adressen

SEHENSWERT

Museu d'Història de Manacor. Funde aus der Frühgeschichte bis zum
islamischen Mittelalter. Ctra. Cales
de Mallorca, km 1,5, Tel. 971 84 30
65, Mitte Juni–Mitte Sept., Mo, Mi–
Sa 9.30–14.30 und 18–20.30 Uhr,
Mitte Sept.–Mitte Juni, Mo, Mi–Sa
10–14 und 17–19.30 Uhr.

Basilica de Son Peretó. Fundamente einer frühchristlichen Kirche
(4./5. Jahrhundert). Son Peretó, Ctra.
Palma – Manacor, km 53,3.

ESSEN UND TRINKEN

Ca'n March. Populäres Lokal mit
ausgezeichneter mallorquinischer
Küche. Von der Lage sollte man sich
nicht abschrecken lassen.
C/ Valéncia, 7, Tel. 971 55 00 02,
www.canmarch.com

La Reserva Rotana. Die schöne
Golfhotel-Finca ist auch eine gute
Adresse für ein Dinner in angenehmer Atmosphäre. Camí de brendis,
km 3, Tel. 971 84 56 85,
www.reservarotana.com

47 Felanitx
Unter den Mühlen

Über dem schönen Landstädtchen ragen die Türme von mehr als 20 Windmühlen auf. Getreide, Obst und Wein wachsen prächtig um die 10000-Einwohner-Stadt, deren Zentrum die Pfarrkirche aus dem 16. Jahrhundert prägt. Grandios ist die Aussicht vom Kloster Sant Salvador in gut 500 Metern Höhe. Weniger hoch, aber nicht weniger begeisternd ist der Blick vom Castell de Santueri.

Wahrscheinlich gab es auf dem Berg, auf dem heute die Reste des Castell de Santueri stehen, bereits in der Bronzezeit eine Siedlung. Dort wurden künstliche und natürliche Höhlen gefunden, die um 2000 v. Chr. bewohnt waren. Später nutzten die Römer den strategisch günstigen Ort und bauten eine Festung auf dem Berg. Erstmals genannt wird Felanitx nach der Invasion der Araber im Jahr 902. In jener Zeit war der Ort für seine Azulejo-Werkstätten bekannt. Während der Reconquista ab 1229 wurde Felanitx zerstört und zunächst aufgegeben. 1300 stellte König Jaume II. eine neue Gründungsurkunde aus. Im 16. Jahrhundert lebten rund 4000 Menschen in der Stadt, die damit eines der wichtigsten Zentren der Insel war. Neben der Landwirtschaft und dem Handwerk gewann der Weinbau in den folgenden Jahrhunderten zunehmend an Bedeutung. Im 19. Jahrhundert war die Stadt zusammen mit Inca das wichtigste Zentrum für Wein. Vom Hafen von Portocolom brachten Handelsschiffe die Weine vor allem nach Frankreich. Neben Binissalem gehört die D.O. Pla i Llevant rund um Felanitx zu den Hauptanbaugebieten Mallorcas.

Oben: Die mächtige Parroquia Sant Miquel
Unten: In der Markthalle von Felanitx

Rund 20 Windmühlen überragen die Stadt.

Rundgang durch die Altstadt

Das Herz des Städtchens bildet die Parroquia Sant Miquel. Die mächtige Pfarrkirche, die sich hinter einer breiten Freitreppe erhebt, wurde zwischen 1551 und 1603 erbaut. Ihre Fassade ist im plateresken Stil gehalten, über dem Hauptportal wacht der Erzengel Michael. Der obere Teil der Hauptfassade wurde 1746 im Churrigueresk-Stil, einer spanischen Spielart des Barock, modifiziert. An der seitlichen Außenfassade befindet sich eine Gedenktafel, die an den 31. März 1844 erinnert: Während der Osterprozession war damals eine Stützmauer eingebrochen, was den Tod von mehr als 414 Gläubigen zur Folge hatte. Im Inneren glänzt ein goldenes Altarretabel die Blicke auf sich. Gegenüber der Kirche führen einige Stufen zur Font de Margalida. Die Quelle soll heilende Wirkung haben und ist laut Volksglauben noch nie versiegt. Der Brunnen wurde 1830 barock gefasst. Am größten ist der Trubel in Felanitx am Sonntagvormittag, wenn der Wochenmarkt gehalten wird. Die Geschäfte haben geöffnet, und in den Straßen rund um die Markthalle hinter der Kirche Sant Miquel haben die Händler ihre Stände aufgebaut.

Nicht verpassen

DER REIZ DER RUINE CASTELL DE SANTUERI

Auch wenn der Puig de Sant Salvador, auf dem sich der gleichnamige Wallfahrtsort befindet, etwa 100 Meter höher ist, war wohl der 400 Meter hohe Berg im Südosten von Felanitx früher besiedelt. Dort, wo sich heute das Castell de Santueri befindet, hatten die Römer eine Festung gebaut. Die Araber bauten diese so stark aus, dass Jaume I. ein Jahr brauchte, um sie einzunehmen. Nach der Belagerung war die Burg nur noch eine Ruine, und es dauerte Jahrzehnte, bis im 14. Jahrhundert der Wiederaufbau begann. Heute ist die Festung verfallen, aber dennoch sehenswert. Allein die Anfahrt über eine schmale Straße durch das schöne Hügelland um Felanitx macht Laune, und die weite Aussicht vom ehemaligen Bollwerk lohnt den Weg. Bei gutem Wetter sind die Cabrera-Inseln im Süden, Ibiza im Südwesten und Menorca im Norden auszumachen. März–Nov. tgl. 10–18.30, sonst nur Sa/So 10.30–14.30 Uhr. www.santueri.org

Oben: Mallorquinischer Alltag auf dem Land
Unten: Landwirtschaftliche Produkte und Kunsthandwerk

Calvari

Besinnlicher als der Wochenmarkt ist ein Spaziergang auf den Kalvarienberg. Von der Markthalle in der Carrer Maior sind es nur einige Schritte, ehe man in südlicher Richtung auf die Carrer de Call stößt, wo einst das Judenviertel des Ortes lag. Am Ausgang der Gasse beginnt der alte Kreuzweg. Er führt zu einer Kapelle im Süden der Stadt, von der man eine recht gute Aussicht hat. Für den leicht ansteigenden Spazierweg braucht man etwa eine halbe Stunde.

Ermita de Sant Salvador

Was die Lage betrifft, kann es kein anderes Kloster Mallorcas mit dem Heiligtum von Sant Salvador aufnehmen. Von der Felsnase des 509 Meter hohen Berges bei Felanitx ist die Aussicht über weite Bereiche der Insel einfach grandios. Das wehrhafte Kloster wirkt wie eine gut befestigte Burg.

Den steilen Anstieg mit den engen Kehren quälen sich tagtäglich die Hobbyradrennfahrer hinauf.

Felanitx

Je heftiger der Schmerz, desto größer das Vergnügen – diese Gleichung scheint eine der Grundregeln dieses Sports zu sein. Sie hat, wenn man so will, christliche Züge. Guillermo Timoner war in einem wie im anderen zu Hause, das heißt sowohl im Glauben als auch im Radsport. Daher übergab der sechsfache Weltmeister und 29-fache spanische Meister im Bahnradrennen seine Siegertrikots der Heiligen Jungfrau, die das Geschenk natürlich nicht ablehnen konnte. Die Mönche, die bis 1992 im Kloster Santueri de Sant Salvador lebten, drapierten die Votivgaben des 1926 in Felanitx geborenen Radsportlers in einzelne Bilderrahmen. Sie befinden sich in der Eingangshalle des Klosters. Dort gelangt man auch in die urige Klostergaststätte, die trotz ihres bescheidenen gastronomischen Angebots nostalgischen Reiz besitzt.

Das verschlossen und trutzig wirkende Kloster geht auf die erste Hälfte des 14. Jahrhunderts zurück. Damals fiel etwa die Hälfte der Bevölkerung von Felanitx der Pest zum Opfer. Als Zeichen der Dankbarkeit errichteten die Überlebenden 1348 eine erste Kirche auf dem höchsten Berg der Umgebung, dem 509 Meter hohen Puig de Sant Salvador. Die heutige Klosteranlage wurde zwischen 1707 und 1734 erbaut. Selbst hier oben war man vor Piraten nicht sicher, weshalb die Anlage nach und nach weiter befestigt wurde. Eine Madonna aus dem 13. oder 14. Jahrhundert, der in der Region viele Wunder zugeschrieben werden, wird am Hauptaltar verehrt.

Große Gesten

Auch wenn der Glaube und speziell die Verehrung Mariens auf Mallorca noch immer eine bedeutende Rolle spielen, darf man behaupten, dass nur die wenigsten Besucher von religiösen Motiven auf

Geheimtipp

KERAMIK – TREND ZUR TRADITION

Keramik als Kunsthandwerk hat auf Mallorca eine jahrhundertealte Tradition. Zum Teil ist sie noch lebendig, wie in Marratxi. Aber auch in Felanitx gibt es ein paar Unverbesserliche, die, trotz Aussicht auf schlechte Geschäfte, dem schönen Handwerk die Treue halten. Zum Beispiel Ceràmiques Mallorca: Seit 1947 werden Rohlinge selbst gefertigt und anschließend bemalt. Auch Maria Ramis von Call Vermell formt aus Ton schöne Teller, Tassen und Figuren; zum Beispiel für Weihnachtskrippen. Bereits in vierter Generation wird bei Can Polla in Ton gearbeitet. Wie in der Gastronomie kommt das Lokale langsam wieder zurück, zum Beispiel die »Gerreta Felanitxera«. Die unbemalten, aber reich verzierten Wasserkrüge sind bei Sammlern sehr beliebt. Hier werden sie noch gefertigt.

Ceràmiques Mallorca, C/. Sant Agustí 50 –58.
Call Vermell, C/ Major, 44.
Can Polla, C/ Mar, 19.

EL PESCAPEE

den Klosterberg getrieben werden: Es ist vielmehr die fantastische Aussicht.

Aber auch die ist eingebettet in ein christliches Rahmenprogramm. Vom Klosterparkplatz erreicht man über eine breite Freitreppe das Monument Crist Rei. Das 1934 im Stil des spanischen Barockbaumeisters Herrera errichtete Christkönigsdenkmal beweist einmal mehr, dass Mallorca und die Moderne nicht unbedingt parallel laufen. Unter Franco erlebte der Herrera-Stil des 16. Jahrhunderts eine Renaissance. Das Monument hat eine reaktionäre und brachiale Ästhetik. Der Blick von der Aussichtsterrasse nach Osten auf die Küste von Portocolom und Cales de Mallorca ist dagegen grandios. Ebenfalls nicht beklagen kann man sich über die Aussicht vom Creu del Picot, von wo man die Ebene Es Pla in Richtung Alcùdia überblickt. Das monumentale Gipfelkreuz steht auf dem Nebenberg Es Picot (477 m) und wurde 1957 errichtet. Wer mag, kann das Heiligtum Sant Salvador auch über einen ebenso schönen wie anstrengenden Pilgerweg ab Felanitx erklimmen.

Oben: Das monumentale Gipfelkreuz wurde 1957 errichtet.
Unten: Die Ermita de Sant Salvador liegt auf einer 509 Meter hohen Felsnase.

Infos und Adressen

Das Hotel Rural Sa Posada d'Aumallia war eines der ersten Landhotels der Insel.

SEHENSWERT

Església Sant Miquel. Die Bausubstanz stammt vor allem aus dem 18. Jahrhundert. Eine barocke Freitreppe führt zum Vorplatz und der imposanten Hauptfassade.

Font de Sa Margalida. Der Legende nach ist das Wasser des Brunnens noch nie versiegt. Die Anlage stammt aus dem Jahr 1830. Gegenüber der Kirche Sant Miquel.

Ermita de Sant Salvador. Kloster im Stil einer Festung wurde im 18. Jahrhundert vereint in 500 Metern Höhe erbaut.

Castell de Santueri. Felsenburgruine aus dem 14. Jahrhundert in 400 Metern Höhe. März –Nov. tgl. 10 –18.30, sonst nur Sa/So 10 –14 und 16 –18 Uhr. www.santueri.org

ESSEN UND TRINKEN

Estragon. Im kleinen sympathischen Restaurant genießt man köstliche mediterrane Küche zu fairen Preisen. Plaça Peralada 14, Tel. 971 58 33 03, www.estragon-felanitx.com

Cafe Ca'N Usola. Populäres Café und einfaches Restaurant mit großer Außenterrasse. Plaça Espana 8, Tel. 971 58 00 46.

Cafeteria Sant Salvador. Einfaches Lokal im Kloster. Es gibt auch einen Mittagstisch.

Can Calco 510 Sant Salvador. Restaurant-Cafeteria des Hotels Sant Salvador. Pa amb Oli, Kaffee und anderes kann man auf der luftigen Terrasse mit Fernblick genießen. Puig de Sant Salvador, Tel. 971 51 52 60.

ÜBERNACHTEN

Sant Salvador Petit Hotel. Die ehemalige Klosterherberge wurde zum netten Hotel mit geschmackvoll eingerichteten Zimmern und Apartments umgebaut. Grandioser Ausblick. Puig de Sant Salvador Felanitx, Monasterio de Sant Salvador, Felanitx, Tel. 971 51 52 60, www.santsalvadorhotel.com

Son Menut. Finca mit Reitschule. Es werden auch Reiterferien auf dem Landgut angeboten. Carrí de Son Negre, 3ª Volta, 3040, Felanitx, Tel. 971 58 29 20, www.sonmenut.com

EINKAUFEN

Sa Botiga d'es Passeig. Käse, Feinkost, Gebäck etc. Paseo E. Mestre, 57, Tel. 971 82 70 52.

Sonntagsmarkt. Das bunte Treiben rund um die Markthalle ist das Hauptereignis der Woche.

WAR KOLUMBUS MALLORQUINER?

Christoph Kolumbus, wie ihn Ridolfo Ghirlandaio (1483–1561) sah.

Gabriel Verd Martorell erforscht seit Jahrzehnten die Herkunft von Christoph Kolumbus. Für den Hobbyhistoriker aus Felanitx spricht vieles dafür, dass der berühmte Entdecker auf Mallorca geboren wurde. Klingt verrückt? Die Thesen des Mallorquiners widersprechen der gängigen Lehrmeinung. Spannend sind sie trotzdem.

256

Urlauber wundern sich vielleicht über den Namen des malerischen Hafenorts Portocolom. Colom (span. Colón) wurde im Deutschen zu Kolumbus. Dass der berühmte Entdecker Cristobal Colón bzw. Tofol Colom (auf Katalanisch) von Mallorca stammen könnte, ist eine Legende, die Gabriel Verd Martorell bereits kannte, bevor er als junger Mann in Barcelona eine Seekarte studierte. Sie stammte von dem auf Mallorca tätigen Kartografen Gabriel de Valseca aus dem Jahr 1439. Die Karte schrieb Geschichte. Amerigo Vespucci, der italienische Seefahrer und Namensgeber Amerikas, nutzte sie für seine Entdeckungsreisen.

Seit seinem Barcelona-Erlebnis gräbt Martorell in den Beständen des Archivo General de Indias in Sevilla und in der Lokalgeschichte Mallorcas, um zu beweisen, dass der Entdecker Amerikas nicht aus Genua, sondern aus Felanitx stammt. Im Zentrum seiner Theorie steht eine Affäre zwischen dem aragonesischen Thronfolger Karl von Viana (1421–1461) und der Bäuerin Margalida Colom. Karl wurde von seinem Vater, wegen eines innenpolitischen Machtkampfes um die Thronfolge, bis 1460 im Castell Santueri eingesperrt. Ein Jahr später soll er im Auftrag seiner Stiefmutter vergiftet worden sein, damit deren Sohn Ferdinand König werden konnte, was er dann auch wurde. Ferdinand von Aragón und Isabella von Kastilien, die »Katholischen Könige«, werden Kolumbus 1492 mit drei Schiffen und Besatzung nach Westen reisen lassen.

Kolumbus ein unehelicher Neffe von Königin Isabella?

Dass es sich bei dem unehelichen Sohn der Bäuerin Colom, der den Namen Tofol erhält – eine Abkürzung für Cristofol – um den berühmten Entdecker handelt, liege auf der Hand, sagen die Verfechter der Mallorca-Theorie. Als Kolumbus am 12. Oktober 1492 die Insel eines fremden Kontinents betrat, gab er ihr den Namen Sar Salvador, so wie der Hausberg und das Heiligtum von Felanitx heißen. Eine Insel nennt er Margalida, nach dem Namen der Mutter. Die Katholischen Könige, so Verd, hätten dem Seefahrer wohl kaum zum Großadmiral und Vizekönig der Neuen Welt ernannt, wäre er nur der Sohn eines Wollwebers gewesen. Ein Problem an der Mallorca-Theorie ist, dass Kolumbus acht Jahre später hätte geboren werden müssen, als bislang angenommen. Neben Felanitx gibt es übrigens noch ein halbes Dutzend anderer Städte, die behaupten, der Geburtsort des Entdeckers zu sein.

INFOS UND ADRESSEN:

Kolumbusmuseum. Im Nuevo Pueblo Español, Pueblo Español 55, Palma de Mallorca, Nov.–März 9–17, Apr.–Okt. 10–19 Uhr.

48 Campos
Kirchen und Käse

Das freundliche Landstädtchen ist bekannt für Viehzucht und Käse, den *Formatge Mallorquí*. Im historischen Kern wurden einige alte Wehrtürme in die Architektur integriert. Der Besuch lohnt nicht nur wegen der Kirche Sant Julià und des hübschen Zentrums, sondern auch, um an einem Samstag über den Trödelmarkt zu schlendern.

Wenn man auf dem Puig de Randa steht und nach Süden schaut, blickt man über eine weite Ebene. Man sieht die Gärten und Felder, auf denen Oliven- und Johannisbrotbäume stehen, die von kilometerlangen Trockenmauern gefasst werden und dem Land sein eigenes Muster geben. Inmitten dieser Ebene liegt Campos. Die 8000-Einwohner-Stadt lebt vom Tourismus der Küstengebiete und von der Landwirtschaft. Wie so oft auf Mallorca, überragt eine mächtige Kirche das verschachtelte Ineinander der Häuser. Die klassizistische Església de Sant Julià wurde in der zweiten Hälfte des 19. Jahrhunderts erbaut, wobei der seitlich stehende Glockenturm rund 200 Jahre älter ist. Wenn die Kirche offen ist, sollte man unbedingt einen Blick hineinwerfen. Das Kirchenschiff beeindruckt mit seinen stimmigen Proportionen und einem Tonnengewölbe, samt filigraner Kassettendecke, das sich im hohen Bogen über das Hauptschiff spannt.

Das Gemälde des leidenden und melancholisch wirkenden Christus, gleich in der ersten Seitenkapelle auf der rechten Seite, soll von dem sevillanischen Meister Bartolomé Esteban Murillo (1618 bis 1682) stammen. Bei der Sakristei kann auch ein kleines Museum mit alten Münzen und liturgischen Gerätschaften besichtigt werden.

Oben: Sant Julià beeindruckt durch ihr Kirchenschiff mit weitem Tonnengewölbe.
Unten: Häufig im Landesinnern zu finden – alte Steinkreuze

Früher pumpten sie Wasser an die Oberfläche.

Zum Trödelmarkt am Samstagvormittag

Besonders lohnenswert ist es, an einem Samstagvormittag nach Campos zu kommen. Dann werden im Zentrum Flohmarktstände aufgebaut. Man kann sich mit den Produkten der fruchtbaren Ländereien versorgen und die lokalen Spezialitäten wie Kapern, Mandeln und Käse probieren. Für Letzteren ist der Ort auf der Insel bekannt. Bevor man die Stadt wieder verlässt, lohnt noch ein Gang zur Plaça Major, wo sich das herrschaftliche Rathaus an einen Verteidigungsturm aus dem 17. Jahrhundert anlehnt.

Vier Kilometer außerhalb, in Richtung Colònia de Sant Jordi, wartet eines der ältesten christlichen Gotteshäuser der Insel, die Ermita de Sant Blai. Bereits 1248 wird sie erwähnt. Leider ist das Kirchlein meist verschlossen. Wer hinein will, muss am ersten Sonntag des Monats zur Messe kommen oder an der Wallfahrt am Sonntag nach dem 3. Februar teilnehmen. Die hat auch einen heilenden Effekt. Sankt Blasius, das weiß man auch in anderen ländlichen Regionen, schützt nicht nur das Vieh, er hilft auch bei Halsbeschwerden aller Art.

Infos und Adressen

SEHENSWERT

Església de Sant Julià. Sehenswert sind auch das Pfarrmuseum und das »Santo Cristo de la Paciencia«, das Murillo zugeschrieben wird.

Ermita de Sant Blai. Eine der ältesten Kirchen Mallorcas (erstmals 1248 erwähnt). 4 km außerhalb, an der Straße in Richtung Colònia de Sant Jordi.

ESSEN UND TRINKEN

Moli de Vent. Die Allgegenwart der Deutschen hat auch ihre Vorzüge. Etwa, wenn man so gut bekocht wird wie in dieser umgebauten Mühle am Ortsrand. C/ Norte, 34, Tel. 971 16 04 41, www.moli-de-vent.com

Pomar. Unwiderstehliche Torten und Backwaren. C/ Plaça, 20–22, Tel. 971 65 06 06, www.patisseriespomr.com

ÜBERNACHTEN

Hotel Segle. Stadthotel in einem Haus aus dem 16. Jahrhundert C/ de Santanyí, 4, Campos, Tel. 971 65 00 97, www.hotelsegles.com, DZ: ab 90 €.

49 Llucmajor
Die letzte Schlacht des Königs

Llucmajor ist die flächenmäßig größte Gemeinde Mallorcas. In der Geschichte fällt dem Landstädtchen das traurige Kapitel zu, dass das Königreich Mallorca hier 1349 sein frühes Ende fand. Im Ortszentrum gibt es eine ganze Reihe historischer Gebäude und einen der schönsten Hauptplätze der Insel.

In dem Klassiker der deutschsprachigen Inselliteratur *Mallorca, ein Jahr* gibt es ein Lokal, das so etwas wie das Zentrum der Insel und auch der Romanwelt darstellt. Es ist die Bar Colón. Sie ist keine Fiktion, sondern Anlaufstelle für Einheimische und Besucher seit 1928. Allerdings ist ihr korrekter Name Café Colón. Im Endeffekt macht das aber keinen Unterschied, da ein spanisches Café ja auch eine Bar ist. Das Café Kolumbus findet man an der Plaça Espanya. Der Hauptplatz ist das Schmuckstück der Gemeinde und sicherlich einer der schönsten der Insel. Mitverantwortlich für den angenehmen Eindruck ist die Pfarrkirche Sant Miquel aus dem Jahr 1820 sowie eine alte Markthalle. Sie wurde 1915 erbaut, dient heute aber nicht mehr dem Fischverkauf, sondern der Information von Touristen.

Die Schlacht von Llucmajor

Auf dem Weg zum Zentrum kommt man, wenn man den Passeig de Jaume III nimmt, an einem steinernen Sockel vorbei, auf der eine Fahnen schwingende Bronzefigur steht. Das Denkmal erinnert an die Schlacht von Llucmajor im Jahr 1349. 25 Jahre zuvor hatte Jaume III. (1315 –1349) die Regentschaft über das Königreich Mallorca geerbt.

Ortskern ohne Autos – Llucmajor gehört wieder seinen Bewohnern.

Die Plaça Espanya mit ihren herrschaftlichen Häusern

Es war eine Zeit des Wohlstands. Mehr als 300 Handelsschiffe stachen damals von Palma aus in See und mehrten den Reichtum der Krone und der Insel. Pedro IV. von Aragón sah sein Haus in der Thronfolge benachteiligt bzw. suchte einen Grund, wie er Mallorca und die Balearen in seinen Machtbereich bekommen konnte. Es gelang ihm in einem ersten Sieg 1344 bei Santa Ponça. Jaume, dem nur noch Montpellier blieb, verkaufte die Stadt, ließ von dem Geld eine Flotte bauen und heuerte ein Söldnerheer an, um Mallorca zurückzugewinnen. Nach anfänglichen Erfolgen wurde sein Heer 1349 bei Llucmajor geschlagen und er selbst getötet. Damit war die kurze Phase Mallorcas als eigenständiges Königreich beendet, und die Insel fiel Aragón zu. Aus Angst, Jaume III. könnte für die Insulaner zu einer Märtyrerfigur werden, ließ Pedro IV. ihn in der Kathedrale von Valencia beisetzen. Erst 1947 wurde er in die Kathedrale von Palma umgebettet. Dort liegt er neben seinem Großvater Jaume II. (1276 –1311). Neben seinem schönen Hauptplatz, an dem man dreimal in der Woche frisches Obst und Gemüse einkaufen kann (Mi, Fr, So), ist Llucmajor auch ein Ziel für Radfahrer. Neben den vielen Strecken, die es bereits gibt, soll bald noch eine neue hinzukommen: Die alte Bahntrasse nach Arenal soll zur Via Verde werden.

Infos und Adressen

SEHENSWERT

Església de Sant Miquel. Die große Pfarrkirche (18./19. Jahrhundert).

Plaça Major. Lebendiger Hauptplatz mit schönen Gebäuden wie der Casa Consistorial (1884).

Convent i Església de Sant Bonaventura. Franziskanerkloster (17. Jahrhundert) mit Kreuzgang.

ESSEN UND TRINKEN

Café Colón. Traditionslokal mit nostalgischem Interieur. Plaça Espanya, 17, Tel. 971 10 72 07.

Mercat. Leckere Baguettes, Tapas und Snacks. Plaça Espanya, 21, Tel. 971 64 70 08, www.bistromercat.com

ÜBERNACHTEN

Hilton Sa Torre. Historisches Anwesen mit eigener Kirche. Ein Hotel, das Business- und Fincaluxus verbindet. Großer Wellnessbereich. Cami de Sa Torre, km 8,7, Llucmajor, Tel. 971 96 37 00, www.hiltonhotels.de, DZ: ab ca. 160 €.

50 Puig de Randa
Der heilige Berg

Zwischen Algaida und Llucmajor erhebt sich der Puig de Randa auf 542 Metern Höhe. Gewissermaßen auf drei Etagen befinden sich dort die Klöster Gràcia, Sant Honorat und Cura, die im 13. bis 15. Jahrhundert auf Mallorcas heiligem Berg errichtet wurden. Ganz oben, beim Kloster Cura, hatte der Legende nach der Philosoph Ramón Llull eine göttliche Vision.

Das Dörfchen Randa mit seiner Pfarrkirche aus dem 18. Jahrhundert und den sandfarbenen Häusern ist ein echtes Kleinod. Durch die schmale Ortsdurchfahrt geht es hinauf ins schöne Randa-Massiv, doch schon die fünf Kilometer lange Bergstrecke begeistert durch vielfältige und abwechslungsreiche Natur und schöne Ausblicke. Der Tafelberg im Südosten der Insel war seit dem 13. Jahrhundert der bevorzugte Ort für christliche Einsiedler. Mit seinen Eremitagen und dem Kloster Cura ist der Puig de Randa ein ebenso spiritueller wie populärer Ort.

Santuari Nostra Senyora de Gràcia

Auf der schmalen Straße zum Tafelberg sollten Autofahrer langsam fahren und nicht überholen. Und zwar nicht nur wegen der schönen Pflanzenwelt, der Aussicht und der Berglandschaft, sondern auch wegen der Radsportler, die auf der Bergstrecke sehr gern trainieren und in halsbrecherischer Geschwindigkeit zu Tal rasen.

In einer Linkskurve tauchen rechts zwei große Torpfosten auf. Hier zweigt der Weg zum Santuari de Gràcia ab. Das Heiligtum klebt an – oder besser gesagt unter – der Felswand im Süden des Puig de

Oben: Portal des Santuari de Nostra Senyora de Cura
Unten: Im Umland des Klosterbergs

Puig de Randa

Randa. Ein herrliches Panorama über die Gärten und Felder des Migjorn eröffnet sich von hier oben. Man erkennt die Küste rund um das Kap Ses Salines und auf dem Meer die dunklen Umrisse des Cabrera-Archipels.

1440 beschloss der Franziskaner Antoni Caldés aus Llucmajor gemeinsam mit einem Glaubensbruder, in der Höhle d'Aresta eine Einsiedelei einzurichten. 1497 bekamen sie das Land der Eremitage von einem Mann aus Llucmajor mit der Auflage geschenkt, regelmäßig die Messe zu feiern und eine Marienfigur in Ehren zu halten. Die Skulptur der Nostra Senyora de Gràcia steht noch immer in der kleinen Kirche und gilt als Mallorcas älteste Darstellung einer *Maria Inmaculada*, einer unbefleckten Jungfrau.

Die kleine Kirche, wie sie heute zu sehen ist, entstand zwischen 1637 und 1819. In den 1980er-Jahren wurde die Aussichtsterrasse vor der Einsiedelei erweitert und die Klosterherberge erneuert. Als Marienheiligtum wird das Santuari Nostra Senyora de Gràcia ab dem 16. Jahrhundert verehrt.

Ermita Sant Honorat

Einige Kehren weiter auf der Ma 5018 führt rechter Hand ein schmaler Weg den Berg hinauf, der auf dem kleinen Vorplatz der Einsiedelei Sant Honorat endet. Das Kloster liegt über dem großen Felsen, der das Santuari de Gràcia überragt. Von außen macht die kleine Anlage, deren Fassade 1888 errichtet wurde, einen verschlossenen und stillen Eindruck. Tatsächlich wird die Einsiedelei aber von einigen Mönchen bewohnt, weshalb der Besucher den Ort und die meditative Ruhe, die ihn umgibt, respektieren sollte.

Über dem Eingangsportal findet sich eine Darstellung des hl. Honorat. Über einen kleinen In-

Einfach gut!

DIE MACHT DER TOLERANZ

Es ist ein helles, fast aufgeklärtes Mittelalterbild, was aus den Schriften und Lebenszeugnissen von Ramón Llull (1235–1315) spricht. Der christliche Philosoph, Dichter und Missionar vertraute auf die Macht des Wissens und des Verstandes. Der Weise vom Tafelberg Randa, der nach einer göttlichen Vision sein Leben als höfischer Lebemann aufgab und in den Dienst des Glaubens stellte, war in der Kirche nicht immer gern gesehen. Llull vertrat die Ansicht, dass man Andersdenkende nicht mit dem Schwert, sondern mit Logik zu überzeugen habe. Dazu lernte und lehrte er auch Arabisch, setzte sich mit den Ideen des Judentums und Islams auseinander. Viele Jahrhunderte lang stand sein Werk auf dem Index, doch im 19. Jh. wurde er rehabilitiert und seliggesprochen. Hilfreich dabei war sein angeblicher Märtyrertod in Nordafrika, wo er als unerschrockener Prediger gesteinigt wurde. Es ist aber auch gut möglich, dass der weit gereiste und betagte Weise eines natürlichen Todes auf Mallorca starb. Er liegt in Palma in der Klosterkirche Sant Francesc begraben.

Der 542 Meter hohe Puig de Randa im Nebel

nenhof erreicht man die Kapelle, die 1661 fertiggestellt wurde und in ihrem Inneren unter anderem ein Kruzifix aus dem 14. Jahrhundert birgt. Die Ursprünge der kleinen Kirche gehen auf das ausgehende 14. Jahrhundert zurück. Damals erwirkte der Adlige Arnau Desbrull vom Bischof von Palma die Erlaubnis, hier eine Kapelle zu errichten. 1890 wurde die *Congregació de Missioners dels Sagrats Cors* gegründet, die »Kongregation der Missionare der heiligen Herzen«. Mönche des Ordens bewohnen noch heute das kleine Kloster und pflegen einen sehenswerten Kräutergarten. Sant Honorat ist der Schutzpatron von Algaida.

Santuari Nostra Senyora de Cura

Da der Puig de Randa zunehmend lichter und baumfrei wird, glaubt man, weit höher zu sein als nur auf 500 Metern. Auf der Nordseite des flachen Hochplateaus stören riesige Radaranlagen die durchaus spirituelle Atmosphäre des Klosterbergs. Am anderen Ende liegt das Santuari de Nostra Senyora de Cura.

Oben: Blick auf die Llevante-Küste
Unten: Santuari Nostra Senyora de Gràcia – auch von hier aus hat man einen herrlichen Ausblick.

GUT ZU WISSEN

PRÜFUNG FÜR PILGER
Das Santuari de Nostra Senyora de Cura auf dem Gipfel des Klosterbergs ist ein Wallfahrtsziel. Immer wieder wird empfohlen, den Aufstieg auf einem alten Pilgerweg zu unternehmen. Das wäre schön, aber leider geht das nicht, jedenfalls nicht so, wie man möchte. Der Pfad von Randa hinauf zum Kloster beginnt und endet, wo er will. Mag sein, dass manche den rechten Weg gefunden haben. Andere weichen entnervt auf die Straße aus, und das ist angesichts des starken Rennrad- und Mietwagenverkehrs, der hier herrscht, kein Vergnügen.

Die ehemalige Grammatikschule des Santuari de Nostra Senyora de Cura ist heute ein Ramón-Llull-Museum. Zu sehen sind Manuskripte, Folianten und Darstellungen des Mystikers.

Wahrscheinlich wurde der Berg seit der Rückeroberung im 13. Jahrhundert als Rückzugsort von Eremiten genutzt. Der prominenteste soll Ramón Llull gewesen sein, der sich 1273 in einer Höhle unterhalb des heutigen Klosters der inneren Einkehr verschrieben hatte und dort eine göttliche Vision erlebt haben soll.

Heute findet der Pilger, Besucher oder Radsportler eine festungsartige Anlage vor, mit Kirche, Museum, Klosterherberge, Restaurant, Souvenirshop und Picknickplätzen. Man betritt sie durch ein großes Tor, das ein Zitat des Philosophen und Mystikers Llull ziert, die Übersetzung des Zitats lautet: »Lieber Sohn, begrüße unsere Liebe Frau, sie ist unser Heil und unser Segen.«

Schule der Grammatik

Links vom Portal schließt sich der Gebäudetrakt mit der 1947 erbauten Klosterherberge an, wo

Der Weise vom Berg – Ramón Llull zog sich im 13. Jahrhundert auf den Puig de Randa zurück, wo er eine göttliche Vision erlebt haben soll. Der Tafelberg war im Mittelalter eine bei Einsiedlern beliebte Zuflucht.

man einfache Zimmer und Apartments mit prächtiger Aussicht mieten kann. Über den großen Hof, unter dem sich eine riesige Zisterne befindet, die die Anlage mit Wasser versorgt, gelangt man zum Kloster. Der Brunnen auf der Platzmitte wurde erstmals im 16. Jahrhundert erwähnt. Im ehemaligen Saal der Grammatikschule haben die Mönche des Klosters ein sehenswertes Museum eingerichtet. Gezeigt werden seltene Ausgaben von Llulls Büchern, Manuskripten und Gemälden.

Ab 1510 wurde an der Stelle der einstigen Schule Llulls die Grammatikschule wiederaufgebaut, in der den Schülern eine allgemeine Bildung sowie Grammatik, Rhetorik und Latein gelehrt wurde. Während Mitte des 16. Jahrhunderts noch 100 Schüler auf Cura unterrichtet wurden, stellte man den Schulbetrieb 1826 ein.

An der Stelle der kleinen Klosterkirche, die ab dem 17. Jahrhundert erbaut wurde, standen bereits andere Klosterkapellen. Rechts vom Eingang ist eine Weihnachtskrippe zu sehen, die nach französischer Tradition das ganze Jahr über aufgebaut bleibt. Über einen Seitengang kommt man zum Gnadenbild Mare de Déu de Cura. Die Muttergottes von Cura wurde Anfang des 16. Jahrhunderts gearbeitet. Etwas unterhalb des Heiligtums befindet sich die Höhle, in die sich Ramón Llull 1275 zurückgezogen hatte und in der er eine göttliche Vision erlebt haben soll.

Oben: Kloster Cura und die ehemalige Grammatikschule
Mitte: Die Mönche haben ein sehenswertes Museum eingerichtet.
Unten: Klosterrestaurant des Santuari de Cura

Infos und Adressen

SEHENSWÜRDIGKEITEN

Santuari Nostra Senyora de Gràcia. Marienheiligtum mit der ältesten Darstellung einer »unbefleckten Maria« auf Mallorca. Großartiger Blick nach Süden.

Ermita Sant Honorat. Kleine, bewohnte Klosteranlage. Im Inneren der stillen Kapelle ist ein Kruzifix aus dem 14. Jh. zu sehen. Herrlicher Blick nach Südosten.

Santuari Nostra Senyora de Cura. Klosterkirche mit Gnadenbild Mare de Déu de Cura, Llull-Museum (Di–So 11–13 und 16–18 Uhr), Klosterherberge, Restaurant, Souvenirshop und Picknickplätzen.

ESSEN UND TRINKEN

Klosterrestaurant Cura. Die Konventsbibliothek dient teilweise als Restaurant und Bar für alle Gäste des Klosters. Einfache und günstige Speisen. Mo geschl. Tel. 971 66 11 83.

Es Recó de Randa. Restaurant des gleichnamigen Hotels. Sehr gute mallorquinisch geprägte Küche. Hauptspeisen ab 16 €. C/ Font 21, Tel. 971 66 09 97 und 971 12 03 02.

S'Hostal D'Algaida. Am Ortsrand von Algaida legen viele Radsportler eine Rast bei Kaffee und Kuchen oder Ensaimada ein. Auch vom Mittag- oder Abendessen wird man nicht enttäuscht. Mallorquinische Küche, mittlere Preisklasse. Ctra Vieja Manacor, km 21, Tel. 971 66 51 09.

ÜBERNACHTEN

Es Recó de Randa. Schon seit vielen Jahren überzeugt das Landhotel mit seinem gediegenen rustikalen Charme. Am Ortsrand von Randa. Mit Pool und gutem Restaurant. C/ Font 21, Randa, Tel. 971 66 09 97 und 971 12 03 02, www.esrecoderanda.com

Klosterherberge Cura. Familien, Reisegruppen, Pilger oder Individualtouristen können auch länger im Kloster Cura bleiben. In der Herberge werden Zimmer und Apartments angeboten. Tel. 971 12 02 60, Fax 971 66 20 52.

UMGEBUNG

Heilige Höhle

Zwischen Parkplatz und Radaranlage führt ein Weg unterhalb des Klosters Randa bergab. Vor dem verschlossenen Gittertor folgt man links einem schmalen Pfad. Er führt zu einer Höhle, wo sich Llull im 13. Jh. zurückgezogen und er eine göttliche Vision erlebt haben soll. Das Ereignis spiegelt sich in einer schönen Legende wider, wonach der Mystiker seine ersten Schriften nicht erdacht, sondern von den Blättern eines Strauchs abgelesen habe, der auf wundersame Weise beschrieben war.

Die Heilige Höhle von Randa

REISEINFOS

1 Mallorca von A–Z   270

2 Veranstaltungskalender   280

3 Mallorca für Kinder
und Familien   282

Anreise mit dem Auto/ der Bahn

Wer mit dem Auto anreist, muss die Autobahngebühren in Frankreich, Spanien und der Schweiz berücksichtigen. Mit Bahn oder Pkw steuert man Barcelona an, von wo regelmäßige Fährverbindungen mit Palma bestehen. Durch den Ausbau der TGV-Strecke bis Barcelona dauern Bahnfahrten weniger lang. Köln–Barcelona (ca. 12 h), München–Barcelona (ca. 24 h). Die Überfahrt dauert mind. vier Stunden.

Acciona Transmediterranea, Tel. 0034 902 45 46 45, www.trasmediterranea.es; **Iscomar,** Tel. 0034 971 43 75 00, www.isocmar.com, buchbar auch über Portale: www.directferries.de

Die meisten Urlauber reisen mit dem Flugzeug an.

Anreise mit dem Flugzeug

Selbst von kleineren Flughäfen in Deutschland, Österreich und der Schweiz werden Direktflüge nach Mallorca angeboten, etwa von Eurowings, Germanwings, Airberlin, Condor, LTU, Niki und Swiss. Iberia fliegt die Insel im Linienverkehr über Madrid an.

Der Aeroport de Sant Joan (PMI) liegt acht Kilometer südöstlich der Hauptstadt Palma (www.aena.es). Im Bereich der Gepäckbänder haben Mietwagenfirmen ihre Büros, die Fahrzeuge parken im Erdgeschoss des Parkhauses gegenüber dem Hauptgebäude. Mit dem Taxi kostet der Transfer ins Zentrum von Palma de Mallorca ca. 25 €. 5 € kostet die Fahrt mit dem Bus der Linie 1 (Plaça d'Espanya), der beim Ausgang D abfährt. Vier neue Buslinien (Aerotib) verbinden den Flughafen direkt mit den Urlaubsorten: A11: Magaluf–Peguera; A32: Alcúdia–Platja de Muro–Can Picafort; A42: Cala Millor–Bona–Cala Millor; A51: S'Arenal de Llucmajor–Cala d'Or.

Autofahren

Mitzuführen sind Ausweis, nationaler Führerschein, Fahrzeugschein und Versicherungsnachweis. Die Höchstgeschwindigkeit beträgt 50, 90 bzw. 120 km/h (Stadt, Landstraße, Autobahn). Wer außerorts wegen einer Panne aus dem Auto steigt, muss eine Signalweste anlegen. Hohe Geldbußen werden fällig bei überhöhter Geschwin-

Die Bahn verbindet Palma mit Sa Pobla und Manacor.

digkeit, Falschparken und Telefonieren ohne Freisprechanlage. Gelbe Randstreifen bedeuten Halteverbot, in blau markierten Zonen muss ein Parkschein gelöst werden.

Bus/Bahn/Taxi

Bahn: Auf Mallorca gibt es derzeit zwei Bahnlinien. Der historische Tren de Sóller verbindet seit 1913 die Hauptstadt mit Sóller (mehrmals täglich ab Plaça d'Espanya, www.trendesoller.com). Vom unterirdischen Bahnhof an der Plaça d'Espanya startet eine moderne Bahn in Richtung Sa Pobla mit Stationen in Marratxi, Santa María del Camí, Alaró, Binissalem, Llosetta, Inca, Llubi, Muro, Sineu, Petra und Manacor (Fahrplan/Infos unter: www.tib.org).

Bus: Das wichtigste öffentliche Verkehrsmittel der Insel ist der Bus. Der zentrale Busbahnhof von Palma liegt bei der Plaça d'Espanya in der C/ Eusebi Estada. Von dort starten die Busse der TIB (Transports de les Illes Balears, Tel. 971 17 77 77, www.tib.org) sowie privater Unternehmen in alle größeren Orte der Insel. Zwischen Palma-Stadt (ab Plaça Espanya) und Flughafen pendelt die Linie 1 (tägl. 6–1.30 Uhr).

Taxi: Taxis stehen am Flughafen und an Taxiständen bereit. Funktaxis kann man an jede Adresse der Insel rufen. Nachts und sonntags gilt ein höherer Tarif. Taxiruf: 971 75 54 40 (Taxiradio), Palma 971 40 14 14; Alcúdia 971 54 59 75; Andratx 971 23 55 44; Arenal 971 44 02 12; Artà

Von Mallorca kommen ausgezeichnete native Olivenöle und Weine.

971 83 62 02; Puerto Pollença 971 86 62 13; Sóller 971 63 84 84.

Einkaufen, Shopping, Souvenirs

Die Hauptstadt Palma bietet beste Einkaufsmöglichkeiten. Spanische Modemacher und Einkaufsketten findet man hier ebenso wie Filialen der mallorquinischen Schuh- und Lederwarenhersteller Camper, Lottusse, Barrats 1890 oder Munper. Deren Hauptniederlassungen sind jedoch in Inca, wo Outlets mit günstigen Preisen locken.

Typisches Kunsthandwerk sind handgefertigte Töpferwaren etwa aus Marratxi, dort werden auch die Siruells gefertigt.

Die kleinen weißen, mit bunten Strichen verzierten Pfeiffiguren sollen böse Winde und Dämonen vertreiben. Traditionelle Ikat-Textilien mit Lenguado-Muster werden noch bei Bujosa (C/ Santa Eugenia 53) in Santa María del Camí gefertigt. Für täuschend echt wirkende Kunstperlen ist Majorica in Manacor bekannt. Die Glasbläsereien Gordiola bei Algaida und Lafiore bei Consell fertigen zerbrechliche Kunststücke. Kulinarisch lohnen sich Mandeln, Honig, eingelegte Kapern, Olivenöl, Ensaimada, Feigenbrot, Kräuterlikör (*Hierbas*) und Wein.

Das *Flor de Sal d'es Trenc*, ein unraffiniertes und mineralreiches Salz, wird von den Salzseen bei Es Trenc abgeschöpft. Kunstgalerien gibt es in Palma, Pollença und Santanyí.

Kleine Pause nach dem Shoppen

Elektrizität

220 Volt Wechselstrom

Essen und Trinken

Die traditionelle Küche Mallorcas ist reichhaltig und deftig. Typisch sind *frit*, ein Schmortopf aus Gemüse und Innereien wie Leber, Niere und Blutwurst. *Arroz brut* heißt ein Eintopf mit verschiedenen Fleischsorten und Reis. *Tumbet* vereint gebratenes Gemüse mit Tomatensauce. Unverzichtbar ist *pa amb oli*, geröstetes Bauernbrot mit Knoblauch, Tomate und einer Scheibe Serrano-Schinken. Beliebte Spezialitäten sind *botifarró* (Blutwurst) und *sobrasada* (Streichwurst) sowie *ensaimada*, eine in Schmalz gebackene Hefeschnecke.

Auch die Paella ist ein Genuss.

Fremdenverkehrsämter

Deutschland – Spanisches Fremdenverkehrsamt
Touristeninformationen und Prospektbestellung: Litzenburgerstr. 99, 10707 Berlin, Tel. (0 30) 88 26 55 43, berlin@tourspain.es

Myliusstr. 14, 60323 Frankfurt/Main
Tel. (0 69) 772 50 33, frankfurt@tourspain.es

Postfach 15 19 40
80051 München
Tel. 089 530746-12
munich@tourspain.es

Österreich – Spanisches Fremdenverkehrsamt

Walfischgasse 8–14, 1010 Wien 1
Tel. +43 15 12 95 80-11,
viena@tourspain.es

Schweiz – Spanisches Fremdenverkehrsamt
Seefeldstr. 19, 8008 Zürich
Tel. +41 44 2 53 60 50,
zurich@tourspain.es

Geld

Bargeld lässt sich an Geldautomaten (mehrsprachige Menüs), in Banken und Wechselstuben abheben (werktags von 9–14 Uhr, Wechselstuben meist bis abends). Mit Kreditkarten kann man problemlos einkaufen. Weniger gebräuchlich ist die EC- bzw. Maestro-Karte. Allgemeine Sperrnummer bei Kartenverlust: Tel. 0049 116 116.

Mensch und Tier – auf Mallorca ein heiß diskutiertes Thema

Gesundheit (Ärzte, Notruf)

Notarzt und Krankenwagen: Tel. 112
Es gibt zahlreiche deutsche Ärzte/Ärztehäuser auf Mallorca: Ärztehaus Palma, C/ Unió 9, Tel. 971 22 80 67; Clinica Picasso, Avda. Picasso 57, Palma, Tel. 971 22 12 58; Internationales Fachärztezentrum, C/ Porto Pi 8, Palma, Tel. 971 70 70 55. Man kann sich auch direkt an die Notaufnahme (*urgencia*) eines Krankenhauses wenden. Üblicherweise muss die Behandlung direkt vor Ort bezahlt werden. Die Rechnung reicht man anschließend bei der Krankenkasse ein. Die Krankenhausbehandlung ist bei Vorlage des Formulars E111 oder der europ. Versicherungskarte EHIC kostenfrei.

Apotheken (*farmàcia*) haben Mo–Sa von 9–13 und 16–20 Uhr geöffnet. Adressen von 24-Stunden-Apotheken und Notdiensten findet man in der Tageszeitung oder den deutschsprachigen Wochenzeitungen (siehe »Medien«).

Haustiere

Der Zutritt in Bars, Restaurants und städtischen Verkehrsmitteln ist mit Haustieren nicht gestattet, Blindenhunde ausgenommen. Wer mit Hund oder Katze nach Mallorca reist, sollte sich versichern, dass sie in der gewählten Unterkunft auch zugelassen sind. Im EU-Heimtierausweis müssen die Kennzeichnung des Tieres und eine gültige Tollwutimpfung eingetragen sein. Kampfhunde oder als gefährlich eingestufte Hunderassen müssen Maulkorb tragen und an der Leine geführt werden.

Kinder

Zum Baden für kleine Kinder eignen sich die sehr flach abfallenden Strände in den Buchten von Pollença und Alcúdia. Große Ferienhotels bieten Kinderpools, Spielgruppen u. Ä. Allerdings sollte man bei der Buchung genau schauen, welche Angebote tatsächlich bestehen. In den Touristenzentren findet man Fahrradverleih sowie Wassersportangebote. Spaßbäder gibt es bei Arenal (Aqualand, Autovía Palma – Arenal, Ausfahrt 13, km 15) und Magaluf (Aqualand, Ctra. Cala Figuera –

Kinder beim Saftpressen

La Porrasa). Lehrreich ist ein Besuch im Palma Aquarium an der Platja de Palma (Manuela De Los Herreros I Sora, 21).

Klima und Reisezeit

Mallorca hat ein gemäßigtes mediterranes Klima mit milden Wintern und zum Teil ergiebigen Niederschlägen, die in den Höhen der Serra Tramuntana auch als Schnee fallen können. Die Mandelblüte beginnt bereits Ende Januar. In diese Zeit fallen oft ausgespro-

Ab Februar blüht die Insel auf.

KLIMADIAGRAMM

Mittlere Tagestemperatur in °C

Jan	Feb	März	Apr	Mai	Juni
15	14	16	18	22	26

Juli	Aug	Sept	Okt	Nov	Dez
32	32	27	23	18	16

Mittlere Nachttemperatur in °C

Jan	Feb	März	Apr	Mai	Juni
6	6	8	11	14	18

Juli	Aug	Sept	Okt	Nov	Dez
21	22	18	15	11	8

Mittlere Wassertemperatur in °C

Jan	Feb	März	Apr	Mai	Juni
13	13	14	15	17	21

Juli	Aug	Sept	Okt	Nov	Dez
25	26	24	21	18	15

Sonnenstunden pro Tag

Jan	Feb	März	Apr	Mai	Juni
4	5	6	8	9	11

Juli	Aug	Sept	Okt	Nov	Dez
11	12	9	7	5	5

Durchschnittliche Regentage pro Monat

Jan	Feb	März	Apr	Mai	Juni
10	9	9	8	7	5

Juli	Aug	Sept	Okt	Nov	Dez
2	1	5	12	12	11

chen warme Tage, die von den Mallorquinern auch »kleiner Sommer« genannt werden. Von Mai bis Oktober kann man mit sommerlichen, sehr heißen Temperaturen rechnen. Durch den Meereseinfluss bleibt die Sommerhitze selbst im Juli/August erträglich.

Mallorca im Internet

www.illesbalears.es
Offizielle Seite vom Institut für Balearen-Tourismus IBATUR. Umfassend mit Infos zu allen Themenbereichen.

www.palmademallorca.es. Seite der Inselhauptstadt mit Veranstaltungskalender (auf Deutsch)

www.infomallorca.net. Seite des Inselrates mit Informationen für Touristen und Residenten

www.spain.info. Portal des Spanischen Fremdenverkehrsamtes

Kulinarisches Begriffslexikon

katalanisch	kastilisch	deutsch
albergines farcides	berenjenas rellenas	gefüllte Auberginen
all	ajo	Knoblauch
allioli, aioli	alioli	Knoblauch-mayonnaise
ametles	almendras	Mandeln
ànec	pato	Ente
anxoves	anchoas	Sardellen, Anchovis
arròs	arroz	Reis
bacallà	bacalao	Kabeljau/ Stockfisch
boccata	bocadillo	belegtes Brötchen
bolet	setas	Pilze
bou	vaca	Rindfleisch
boquerons	boquerones	Sardellen
botifarra	butifarra	Blutwurst
bunyols	buñuelos	Krapfen
cabrit	cabrito	Zicklein
calabacins	calabacines	Zucchini
calamars	calamares	Tintenfisch
cargols	caracoles	Schnecken
ceba	cebolla	Zwiebel
ciurons	garbanzos	Kichererbsen
col	col	Kohl
conill	conejo	Kaninchen
costella	chuleta	Kotelett
empanades	empanadas	gefüllte Teigtaschen
ensaladilla	ensaladilla	Kartoffelsalat
escalop	escalope	Schnitzel
escarxofes	alcachofas	Artischocken
espàrrec	espárragos	Spargel
espinacs	espinacas	Spinat

katalanisch	kastilisch	deutsch
faves	habas	weiße Bohnen
fenoi	hinojo	Fenchel
fesol	judias	grüne Bohnen
figa	higo	Feige
formatge	queso	Käse
fruita	fruta	Obst
ostra	ostra	Auster
ou	huevo	Ei
pa	pan	Brot
paella	paella	Reispfanne
palo	palo	Aperitif-Likör
patata	patata	Kartoffel
pebre	pimienta	Pfeffer
peix	pescado	Fisch
perdiu	perdiz	Rebhuhn
pernil serrano	jamón serrano	luftgetrockne-ter Schinken
pesol	guisantes	Erbsen
pilotes	albóndigas	Hackfleisch-bällchen
pinya	pina	Ananas
pollastre	pollo	Hähnchen
poma	manzana	Apfel
porc	cerdo	Schwein
porcella	lechona	Spanferkel
rap	rape	Seeteufel
sépia	sepia	Tintenfisch
sopa	sopa	Suppe/ Eintopf
taronja	naranja	Orange

Vor der Kathedrale La Seu und dem Almudaina-Palast in Palma warten die Pferdekutscher auf Fahrgäste.

Die Anbieter haben meist einen neuen Fuhrpark. Da die Konditionen variieren, empfiehlt es sich, auf die Vertragspunkte Deckungssumme, Freikilometer, Selbstbeteiligung und Tankregelung zu achten. Der Tagespreis für einen Kleinwagen beginnt in der Nebensaison bei ca. 30 €. Unter Umständen ist es günstiger, noch von zu Hause aus zu buchen. www.billiger-mietwagen.de und ähnliche Mietwagenbroker bieten meist günstigere Tarife an. ADAC in Spanien: 935 08 28 28; ADAC-Notrufzentrale Deutschland: 0049 89 22 22 22

Medien

Deutsche Presse ist in den Touristenzentren in großer Auswahl vorhanden. Über das Inselgeschehen und die spanische Politik berichten die auf Mallorca ansässigen Wochenzeitungen *Mallorca Magazin* (www.mallorcamagazin.com) und *Mallorca Zeitung* (www.mallorcazeitung.es).

Das Inselradio sendet auf FM 95,8 MHz in deutscher Sprache: www.inselradio.com

Mietwagen

Zur Anmietung braucht man Ausweis, Führerschein, Kreditkarte und oft ein Mindestalter von 21 Jahren.

Ein zahmes Lamm auf dem Bauernhof

Öffnungszeiten

Banken: Mo–Fr 8.30–14.30 Uhr,
Sa 9–13 Uhr. Kleinere Geschäfte öffnen
Mo–Fr 9.30–13.30 und 17 bis 20 Uhr,
Sa 9–13 Uhr, größere auch durchge-
hend von 10–20 oder bis 22 Uhr.

Restaurants: 12–15 Uhr und
19–24 Uhr, sonntags oft geschlossen.

Post

Briefmarken bekommt man in Postäm-
tern (*oficina de correos*) oder Tabaklä-
den (*estancos*). Das Porto für einen
Standardbrief oder eine Postkarte innerhalb der EU kostet derzeit 1,25 €.

Telefonieren

Vorwahlen aus Spanien: Deutschland
0049, Österreich 0043, Schweiz 0041.
Danach die erste 0 der Orts- oder Mo-
bilfunkvorwahl weglassen. Bei Anrufen
nach Spanien wählt man 0034 und
dann die komplette Rufnummer. An
Telefonzellen kann man entweder mit
Münzen oder Telefonkarten telefonieren. Letztere sind in Tabak- oder Tele-
fonläden (*locutorios*) erhältlich.

Trinkgeld

Anders als in Deutschland rundet man
normalerweise nicht auf, sondern hin-
terlässt, wenn der Kellner das Wechsel-
geld gebracht hat, etwa 10 % der Sum-

Mallorca hat sich zu einem Ziel für Luxusurlauber entwickelt.

Eine der besten Luxusadressen der Insel, das St.-Regis-Mardavall-Resort

me auf dem Tisch. Beim Taxifahrer rundet man den Betrag auf.

Übernachtung

Hostelzimmer beginnen jeweils bei ca. 50 €, individuell gebuchte Hotelzimmer bei 80 €. In der Hauptsaison ist kaum etwas unter 120 € zu bekommen. Für Design und Luxus muss man ab 180 € die Nacht zahlen. Aufgrund der hohen Nachfrage ist zu empfehlen, immer im Vorfeld zu reservieren.
Seit dem 1. 7. 2016 wird auf Mallorca eine Tourismusabgabe erhoben. Die Höhe der Abgabe ist nach Art der Unterkunft gestaffelt, Höchstsatz 2 € pro Person/Nacht.

Hostel. Privat geführte Pensionen oft mit Hotelstandarts wie Klimaanlage, TV, WLAN. Die Zimmer sind etwas kleiner als im Hotel.

Hotel. In den großen Touristenzentren findet man zum Teil riesige Hotelanlagen für Pauschalurlauber. Poolanlagen und Restaurants sind Standard, Fitnessraum, Spa, Kinderbetreuung bleiben den komfortableren Anlagen vorbehalten.

Die Strandhotels haben meist drei oder vier Sterne. Die luxuriösesten Häuser gehören zur Kategorie *****GL.

Apartamento. Apartments für Selbstversorger befinden sich in großen Strandhotels und in rustikalen Fincas auf dem Land.

Agroturismo. Landhotels auf bewirtschafteten Höfen. Oft beschränkt sich der bäuerliche Aspekt auf eine Schafherde oder

Das elegante St.-Regis-Mardavall-Resort ein Luxushotel, das durch seine einzigartige Architektur und seinen berühmten St. Regis Butler-Service beeindruckt.

auf bewirtschaftete Ländereien. Die besten Finca-Hotels haben Restaurants, wo man ebenso gut wie kostspielig dinieren kann. Pool und Garten, häufig Spa und Fitnessraum gehören dazu.

Camping. Mallorca ist für Campingurlauber kaum geeignet. Lediglich beim

Das Spa des St. Regis Mardavall in Palma

Kloster Lluc (Tel. 971 51 70 83, info@lluc.net) und während der Sommermonate bei der Jugendherberge auf der Halbinsel La Victòria ist Zelten möglich (Tel. 971 54 55 42, reserves@tjove.caib.es). Caravan- und Wohnmobilurlauber finden weder Stellplätze noch Entsorgungsstationen.

Tipps im Internet zur Hotelbuchung

Seiten zur individuellen Hotelsuche: https://booking.visitmallorca.com (mallorquinischer Hotelverband). Reis de Mallorca, geschmackvolle Stadt- und Landhotels: www.reisdemallorca.com. Seite des Agrotourismus der Balearen: www.topfincas.com. Jugendherbergen: www.inturjoven.com

FEIERTAGE

1. Januar
6. Januar
1. März
Gründonnerstag
Karfreitag
Ostermontag
1. Mai: Tag der Arbeit
15. August: Maria Himmelfahrt
12. Oktober: Jungfrau des Pilar
1. November: Allerheiligen
6. Dezember: Tag der spanischen Verfassung
8. Dezember: Maria Empfängnis
24. Dezember: Heiligabend
25. Dezember: Weihnachtsfeiertag
26. Dezember: St. Stefan

FESTE UND BRAUCHTUM

Am Abend des 5. Januar wird der Einzug der **hl. drei Könige** (*els Reis Mags*) gefeiert. Ähnlich wie beim Karneval freuen sich besonders die Kinder auf die geschmückten Prozessionswagen, von denen es Bonbons regnet.

Am 16. Januar werden zu Ehren des **Sant Antoní** in vielen Gemeinden Feuer entzündet, in denen symbolische Figuren des Teufels verbrannt werden.

Sant Sebastià in Palma wird am 20. Januar mit Feuerwerken und Musik gefeiert.

Die **Karwoche, Setmana Santa** wird auf Mallorca mit Prozessionen von christlichen Bruderschaften (*cofradías*) begangen. Dabei werden verehrte Marien- oder Christusfiguren durch die Gassen getragen. Besonders inbrünstig wird in Palma, Alaró, Sineu, Pollença und Artà die **Osterwoche** begangen.

In der **Johannisnacht** im Juni wird in vielen Orten die *Revetla de Sant Joan* gefeiert. In der *Nit de Sant Joan* werden Feuer entzündet, es gibt Tanz und Musik. Um Mitternacht ist es Brauch, etwas ins Feuer zu werfen, von dem man sich symbolisch trennen möchte. Besonders sehenswert in Palma, Deià, Muro, Felanitx und Son Servera.

Jeweils am 11. Mai in Port de Sóller und am 2. August in Pollença wird die Verteidigung der Christen gegen maurische Piraten nachgespielt. Das Spektakel **Moros i Cristians** ist ein buntes Kostümfest.

Festes de Sant Sebastià in Palma

Viel Andrang herrscht bei den **Landwirtschaftsmessen** (*Fira*), die meist im Spätsommer oder Herbst abgehalten werden. Die größte Herbstmesse, der *dijous bo*, wird jedes Jahr in Inca ab Oktober in drei Etappen gefeiert.

281

MALLORCA
für Kinder und Familien

Stolze kleine Fischer

Mit Kindern auf Mallorca? Wie schön, denn für Groß und Klein gibt es viel zu unternehmen. Zum Beispiel Geschichte und Natur, was überhaupt nicht langweilig ist. Oder Ausflüge zu spannenden Zielen und in quirlige Erlebniszentren. Wenn mal das Wetter nicht so berauschend ist, oder Sie mal etwas anderes als einen Strandtag verbringen möchten – bestimmt ist etwas für Sie dabei.

Das wird ein Abenteuer

Eine einsame Insel entdecken, in Baumwipfeln klettern oder eine Kajaktour entlang der Küste? Hier sind Entdecker gefragt, die keine Angst vor Gruselgeschichten haben.

Auf zur Pirateninsel
Ausflug zur Cabrera-Insel
Mit dem Boot geht es von Colònia de Sant Jordi auf die einsame Ziegeninsel. Dort gibt es keine festen Straßen und keine Hotels. Stattdessen eine alte Burg, in der manchmal unheimliche Stimmen zu hören sind, einen schönen Strand und eine Grotte, in der es blau leuchtet. Da man auch seltene Vögel beobachten kann, gehört neben Reiseproviant und Badesachen auch ein Fernglas in den Rucksack.

Überfahrt: Excursions a Cabrera (Tel. 971 64 90 34, www.excursionsacabrera.es) und Marcabrera (Gabriel Roca 20, Tel. 971 65 64 03, www.marcabrera.com).
Ausflug ca. 45 €, Kinder 25 €.

Klettern, grillen, staunen
In der Reserva Mallorca Puig de Galatzó
Am Hang des Galatzó im Tramuntana-Gebirge gibt es einen riesigen Naturpark mit tollen Felsen und Wasserfällen, in denen man baden kann. Auch Bären, Pfaue, Enten, Gänse, Ziegen und Esel leben im Reservat. Wer sich traut, kann in einem Klettergarten seine Geschicklichkeit beweisen.

Apr.–Okt. tgl. 10.00–18.00 Uhr, www.lareservamallorca.com, Eintritt 14 €, Kinder 7 €. Bei Puigpunyent.

Das wird cool!
Kajaktour in der Bucht von Pollença
Ab ins Kajak! jetzt wird gepaddelt. Entlang an den Felsen der Halbinsel Formentor und durch die Bucht von Pollença. Die 3-Stunden-Tour für Anfänger kostet 40 €.

Am Strand La Gola, Puerto de Pollensa, Tel. 971 91 91 52, Mobil: 609 80 62 36, www.piraguasgm.com

Vom Himmel gefallen
House of Katmandu
Zwischen den Hotel- und Apartmentblöcken von Magaluf ist ein tibetanisches Kloster vom Himmel gefallen. Ja, es steht auf dem Kopf. Achtung! Drinnen ist es ganz schön unheimlich. Wer den Yeti treffen will, muss sich durch ein Spiegelkabinett kämpfen und andere Prüfungen bestehen.

Av. Pedro Vaquer Ramis 9, Magaluf, Öffnungszeiten tgl. ab 10.00 Uhr, www.katmandupark.com/de, Eintritt: Erwachsene ab 27 €, Kinder ab 20 €.

Raus aus der Sonne

Regenwetter oder Sonnenbrand? Oder einfach keine Lust auf einen Strandtag? Dann wird es Zeit für inspirierende Erlebnisse: unter der Erde, unter Wasser, in der Fantasie!

Im Reich der Fische
Palma Aquarium
Was rund um Mallorca so alles im Meer lebt… Aber auch in fernen Gewässern: Rochen, Barracudas und Haifische sind die Stars der 55 Aquarien. Doch es gibt noch viel mehr zu bestaunen.

C. Manuela de los Herreros i Sorá 21, Can Pastilla (Palma de Mallorca), Öffnungszeiten: April–Okt. tgl. 10.00–17.00, sonst bis 15.30 Uhr, www.palmaaquarium.com, Eintritt 23 €, Kinder 14 €.

Reise zum Mittelpunkt Mallorcas
Die Höhlen Drach, Hams, Artà und Campanet
Auf Mallorca gibt es viele Zugänge in die Unterwelt. Riesige Höhlen mit Tropf-

steinen und sogar einen unterirdischen See. Der See verbirgt sich in den Cuevas del Drach. In der Höhle von Artà wachsen riesige Stalaktiten und Stalagmiten. Ein Besuch der Höhlen von Campanet ist auch zu empfehlen, weil dort nicht so viele Touristen sind. Aber eigentlich sind sie alle spannend.

Cuevas del Drach. Porto Cristo. Nov. bis Mitte März, Führungen tägl. 10.45, 12, 14, 15.30, Mitte März–Okt, tgl. 10, 11, 12, 14, 15, 16, 17 Uhr. www.cuevasdeldrach.com, Eintritt: 15 €, Kinder 8 €.

Cuevas del Hams. Porto Cristo. Tgl. 10 bis 16.30 Uhr, www.cuevasdelshams.com, Eintritt: 21 €, Kinder 14,50 €.

Cuevas de Artà. Canyamel. Apr–Okt. 10–18, Nov.–März bis 17 Uhr, www.cuevasdearta.com, Eintritt: 14 €, Kinder 7 €.

Coves de Campanet. Campanet. Tgl. ab 10 Uhr, www.covesdecampanet.com, Eintritt: 14 €, Kinder 8 €.

Kontaktaufnahme mit einem Rochen im Palma Aquarium

Seltsame Wesen
Miró Museum

Mit Kindern ins Kunstmuseum? Na klar. Die Werke von Joan Miró sind so schön, und die einfach wirkenden Figuren so fantasieanregend, dass man selber gleich zum Pinsel greifen möchte.

Fundació Pilar i Joan Miró. Joan de Saridakis 29, Palma de Mallorca, Sommer Di-Sa 10–19, im Winter bis 18 Uhr, So. ganzjährig 10–15 Uhr. http://miro.palmademallorca.es, Eintritt: 7,50 €, Kinder bis 16 Jahre frei.

Wie war das auf Mallorca?

Früher war alles besser? Nein, nur anders. Aber wie? Auf den alten Landgütern spaziert man durch den Salon und das Kinderzimmer der Vergangenheit. Und von den Mauern aus kann man das Meer nach feindlichen Piratenschiffen absuchen.

Ein Bauernhof wie ein Schloss–
La Granja

Mittwochs und freitags gibt es besonders viel zu sehen. Dann ist in den Werkstätten einiges los. Der Schmied schlägt im Feuer Eisen, bis es glüht, und auf dem Spinnrad wird Wolle zu feinem Garn gesponnen. Das riesige alte Haus mit seinen Gängen und verwunschenen Zimmern ist wie verzaubert.

Bei Esporles, Öffnungszeiten, April–Okt tgl. 10.00–19.00, Nov–März bis 18.00, www.lagranja.net, Eintritt 15 €, Kinder 8 €.

Kommen die Piraten?
Castell de Capdepera

Vorsicht, am Wehrgang gibt es kein
Geländer. Aber Papa passt schon auf.
Von der alten Burg in Capdepera hat
man eine tolle Aussicht. Man sieht sogar
das Meer. Früher kamen von dort oft
Piraten auf die Insel. Aber auch innerhalb der Mauern gibt es viel zu erkunden. Zum Beispiel eine Kapelle mit einer
alten Figur der Muttergottes. Sie soll
sogar schon Piraten vertrieben haben.
In Capdepera. Mitte März–Mitte Okt.,
tgl. 9–20, sonst bis 17 Uhr,
www.castellcapdepera.com, Eintritt: 2 €.

Puppe am Klavier–Els Calderers

Wer sitzt denn da am Klavier? Der große
Raum sieht aus wie ein Saal in einem
Schloss, die große Tafel ist gedeckt. Vielleicht wohnt hier eine Prinzessin. Die reichen Landbesitzer, die hier gelebt haben,
waren fast so etwas wie Könige. Viele
Bedienstete haben für sie gearbeitet.
Das sieht man auch in der Scheune, in
der die alten Gerätschaften stehen, mit
denen das Land bestellt wurde.

Camino Els Calderers, Sant Joan, Sommer
tgl. 10–18, sonst bis 17 Uhr,
www.elscalderers.com,
Eintritt: 8 €, Kinder 4 €.

Coole Action

Zu diesem Programm muss man Kinder
wohl kaum überreden. Aber auch den
Erwachsenen macht es nach anfängli-
chem Zögern Spaß, die Wasserrutsche
herunterzusausen, eine Delfinshow anzu-

sehen oder ihr Können in einer verrückten
Minigolf-Landschaft zu beweisen.

Das soll eine Minigolfanlage sein?
Expedition Golf

Im Katmandupark in Magaluf spielt man
auf gepflegtem, wenn auch künstlichem
Grün, zwischen Felsen und unter einem
Wasserfall.

Av. Pedro Vacuer Ramis 9, Magaluf,
Öffnungszeiten tgl. ab 10.00 Uhr,
www.katmandupark.com, Eintritt:
Erwachsene ab 27 €, Kinder ab 20 €.

Rutsch doch
Aquaparks

Im Meer kann man ja leider nicht rut-
schen. In den Wasserparks dagegen
umso besser. Jetzt müssen nur noch die
Eltern überzeugt werden. Wer weiß, vielleicht haben sie ja auch Lust und trauen
sich nur nicht, es zuzugeben.

Aqualand Arenal. Autovia Palma – Are-
nal, km 15, Mai, Juni, Sept. tgl. 10–17;
Juli, Aug. bis 18 Uhr, www.aqualand.es,
Eintritt 28 €, Kinder 19 €.

Western Water Park. Ctra. Cala Figuera
a Sa Porrasa, Magaluf, Mai, Juni, Sept.
tgl. 10–17; Juli, Aug. bis 18 Uhr,
www.westernpark.com, Eintritt 27 €,
Kinder 19 €.

Alcúdia Waterpark. Avinguda del Tucà,
Puerto Alcúdia, Mai, Juni, Sept. tgl. 10–
17; Juli, Aug. bis 18 Uhr
www.alcudia-waterpark.com,
Eintritt 24 €, Kinder 18 €.

Register

Agroturismo 15, 17, 93, 95, 227, 279
Alaró 9, 19, 22, 47, 134, 225, 231, 232, 236, 271, 281
Albufera 24, 152, 175, 176 f., 218
Alcúdia 14, 18, 23, 28, 152, 156, 168 f., 183, 218, 274
Alfàbia 115, 227
Algaida 153, 262, 267, 272
Andratx 72, 78 f., 86, 271
Anreise 270
Apotheken 274
Artà 18, 23, 138, 175, 178 f., 194
Azorin 109

Ballermann 15, 62 f., 68, 217
Banyalbufar 11, 22, 86 f., 115
Barceló, Miquel 20, 42 f., 51, 166, 172
Bardolet, Coll 105, 145
Bayeu, Manuel 109
Benjamin, Walter 184
Bennassar, Dionis 158 f.
Bennassar, Toni 158 f.
Biniagual 73, 229 f.
Biniaraix 122 f.
Binissalem 11, 38, 46, 73, 228, 231, 236, 250
Botanicactus 207
Búger 34, 218
Bunyola 137 f., 151, 225 f.
Burwitz, Nils 111

Cabrera 11, 207 f., 215, 282
Cabrera Archipel 21, 26, 204, 207 f., 263

Cala Bona 190 f.
Cala d'Or 198
Cala Figuera 167, 196 f., 274, 285
Cala Fornells 75 f.
Cala Millor 190 f.
Cala Mitjana 197
Cala Mondragó 26, 198, 201, 203
Cala Pi 213
Cala Sa Nau 197
Cala Sant Vincenç 22, 156, 181
Calvià 73, 181
Campos 23, 153, 204, 207, 257 f.
Can Pastilla 24, 63, 217, 283
Can Picafort 23 f., 152, 174 f., 180, 218
Canyamel 23, 179, 284
Cap Blanc 24, 212 f., 218
Cap de Ses Salines 24, 153, 204 f.
Capdepera 19, 23, 178 f., 186
Capocorb Vell 28, 214 f.
Castell d'Alaró 19, 134
Castell de Santueri 19, 250 f., 256
Castell del Rei 19, 159
Centro Cultural Andratx 81
Coll, Antonio Parietti 165
Colònia Sant Jordi 24, 28, 204 f., 259, 282
Colònia de Sant Pere 183
Costa i Llobera, Miquel 159, 166 f.
Cuevas de Artà 284
Cuevas de Campanet 284
Cuevas del Drach 284

Cuevas del Hams 284

Dalai Lama 166
Dario, Rubén 109
Deià 10, 67, 112 f., 118 f., 125, 131 f., 281
Diehl, Adam 166
Domènech i Montaner, Lluis 40
Douglas, Michael 103, 115

Einkaufen 41, 163, 207, 227, 239, 247, 255, 272
Els Calderers 224, 244 f., 285
Ensaimada 10, 89, 96, 99, 151, 267, 272 f.
Ermita de Betlém 182
Ermita de Sant Salvador 252, 255
Ermita Victòria 173, 218
Es Call 33, 35
Es Raiguer 22
Es Trenc 24, 62, 186, 204 f., 272
Estellencs 19, 22, 86 f.

Fauna 207
Feiertage 281
Felanitx 45, 55, 153, 201, 231, 250 f.
Feste 15, 65, 135, 163, 281
Fincas / Finca-Urlaub 15, 17, 56, 69, 81, 83, 85, 138, 203, 231, 279
Flora 114, 132, 207, 213
Formentor 16, 21, 24, 67, 133, 147, 152 f., 164 f., 172, 174, 199

Fornalutx 11, 122 f.
Fuentes, Carlos 120

Galerie Bennassar 158 f.
Galilea 94 f.
Gaudí, Antoni 20, 43 f., 129, 140 f., 192 f.
Glasbläsereien 272
Golf 12 f., 16, 26, 68 f., 76, 163, 175, 249
Gordiola 272
Granja 92 f., 224, 244, 284
Graves, Robert 118, 121

Haustiere 39, 274
Hierbas-Likör 272
Homar, Catalina 113 f.

Inca 27, 136, 139 f., 228, 234 f., 250, 271 f.

Jardins d'Alfàbia 222 f.
Jovellanos, Gaspar Melchor de 60, 109
Juncosa, Fray Joaquin 110

Kapernäpfel 99
Keramik 34, 56, 145, 181, 239 f., 253
Klima 21, 157, 190, 217, 257
Kolumbus, Christoph 256 f.

La Granja 92 f., 224, 244, 284
La Seu Kathedrale (Palma) 20, 33, 37, 42 f.
La Victòria 170 f., 280
Libeskind, Daniel 79 f.
Liszt, Franz 107